Bernhard Baumgartner · Karl Oswald
Naturerlebnis Niederösterreich

Bernhard Baumgartner · Karl Oswald

Naturerlebnis Niederösterreich

Landschaft · Botanik · Geologie

NP BUCHVERLAG

Dieser Wanderführer wurde mit größtmöglicher Sorgfalt und Genauigkeit zusammengestellt. Die Begehung sämtlicher Routen erfolgt jedoch auf eigene Gefahr und Verantwortung! Weder die Verfasser noch der Verlag können daher irgendwelche Haftungen übernehmen.

Die Deutsche Bibliothek – CIP-Einheitsaufnahme
Baumgartner, Bernhard:
Naturerlebnis Niederösterreich : Landschaft – Botanik – Geologie ; ein Wanderführer / Bernhard Baumgartner/ Karl Oswald. – 1. Aufl.. – St. Pölten ; Wien : NP-Buchverlag., 2000
ISBN 3-85326-136-1

1. Auflage 2000

NP BUCHVERLAG
Niederösterreichisches Pressehaus
St. Pölten – Wien

Bilder: Karl Oswald Titelbild und Seiten 22, 27, 28, 29, 60, 116, 132
Bernhard Baumgartner (alle übrigen Bilder)
Grafische Gestaltung und Layout: Werbebüro G. Linecker, Ottensheim
Kartographie: Arbeitsgemeinschaft Kartographie, St. Georgen am Steinfelde

Gesamtherstellung:
Niederösterreichisches Pressehaus
Druck- und Verlagsgesellschaft mbH
A-3100 St. Pölten, Gutenbergstraße 12

ISBN 3-85326-136-1

VORWORT

Das Angebot an Wanderführern ist nahezu unüberschaubar – es reicht von einfachen Wanderkärtchen bis zu den umfassenden Wandererlebnis-Büchern im NP Buchverlag. Mit diesem „Naturerlebnis Niederösterreich" liegt nun erstmals ein Buch vor, das eine Vereinigung von exakten Wegbeschreibungen mit fundierter naturkundlicher Information zum Ziel hat. Abwechslungsreiche Wanderrouten in typischen Landesteilen wecken das Interesse an der heimatlichen Natur. Neben der Darstellung der Landschaften soll das Buch auch Einblicke in den geologischen Aufbau vermitteln und die damit eng zusammenhängende Flora der betreffenden Gebiete ausführlich darstellen.

Durch kurzsichtiges Gewinnstreben gehen ständig wertvolle Lebensräume verloren. Im Hinblick auf diese akute Bedrohung vieler Biotope ist es das Hauptanliegen dieses Bandes, die Kenntnis über die Natur zu fördern. Denn man kann nur lieben, was man kennt, und nur was man liebt und schätzt, wird man auch zu verteidigen bereit sein. Dieses Ziel zu erreichen darf als vordringliche Absicht der Autoren gelten. Standorte von hohem naturkundlichen Wert oder selten gewordene und schon dadurch gefährdete Biotope in das Bewusstsein einer breiten Bevölkerung zu rücken bedeutet überdies, damit indirekt eine gewisse Schutzwirkung zu erzielen. Denn selbst so kostbare Lebensgemeinschaften wie Moore oder pannonische Trockenrasen werden umso leichter zerstört, je weniger bekannt sie sind. Sie sterben leise, kein Mensch nimmt Notiz davon, wenn sie nicht als für die Öffentlichkeit bedeutende Naturschätze wertvoll geworden sind. Das „Totschweigen" eines kostbaren Fundortes seltener Pflanzen oder Tiere war schon oft genug „tödlich" für diese Lebewesen!

Selbstverständlich erfordert der Besuch solcher, oft sensibler Standorte ein besonderes Verantwortungsbewusstsein. Über die Beachtung der Naturschutzgesetze hinaus darf das angestrebte „Naturerlebnis" auf keinen Fall zu einer Beeinträchtigung der Vegetation, zur Beunruhigung der Tierwelt oder zur Beschädigung von Gesteinsaufschlüssen führen. Die beschriebenen Routen bewegen sich daher durchwegs auf tatsächlich vorhandenen und oft sogar markierten Wegen.

Die interessantesten Wandergebiete und Naturlandschaften Niederösterreichs in einem naturkundlichen Erlebnisband zusammenzufassen stellt ein anspruchsvolles Projekt dar. Einerseits sollen die Beschreibungen auch einer kritischen wissenschaftlichen Beurteilung standhalten können, anderseits muss die Lesbarkeit auch für alle „Nichtbotaniker“ gegeben sein. Deshalb wurde in den botanischen Abschnitten auf die Nennung der lateinischen Artnamen verzichtet. Dafür werden die deutschen Bezeichnungen in voller Übereinstimmung mit der „Exkursionsflora von Österreich“, dem derzeit maßgebenden Florenwerk, angegeben.

Neben den Themen Landschaft und Geologie ist die Botanik ein Schwerpunkt dieses Buches, womit es sich besonders für Liebhaber der heimischen Flora empfiehlt. Als „Kompaktbuch“ in handlicher Form eignet es sich auch bestens zum Mitnehmen ins Gelände. Darüber hinaus soll es wie die bisherigen Führerwerke des NP Buchverlages zum Lesen und Erleben gleichermaßen anregen. Überwiegend botanisch oder geologisch interessierte Leser mögen vielleicht die naturkundlichen Abschnitte bevorzugen. Der begeisterte Wanderer kann sich an Touren erfreuen, die zu den schönsten in Niederösterreich zählen und zu einigen der interessantesten Naturparks und Schutzgebiete unseres Landes führen.

Durch die Vermittlung von naturkundlichen Kenntnissen in Form von geologisch-botanischen Wegbeschreibungen soll ein möglichst großer Interessentenkreis angesprochen werden. Mit der Einladung, die heimatliche Natur zu erkunden und ihre Schönheiten und unvergleichlichen Reize zu erleben, wollen die Autoren überdies dazu beitragen, dass diese Werte auch künftigen Generationen erhalten bleiben. In diesem Sinn ist dieses Buch entstanden und allen Gleichgesinnten gewidmet!

Ein so vielfältiges Land wie Niederösterreich kann nur in einer wohldurchdachten Auswahl vorgestellt werden. Die botanischen Ausführungen bei den einzelnen Routen ergeben jedoch stets einen typischen Querschnitt durch die jeweilige Vegetation der Großlandschaften. Auf Touren oder Gebiete, die in anderen Büchern des Verlages ausführlich behandelt werden, wurde aus Gründen der Handlichkeit dieses Führers verzichtet.

WANDERKARTEN
können durch die den Tourenbeschreibungen beigefügten Planskizzen nicht ersetzt werden. Die Blattnummern der „Österreichischen Karte" (im Text abgekürzt = ÖK) sind jeweils angegeben. Wo der Gebrauch zweckmäßiger ist, außerdem die Wanderkarten von Freytag & Berndt bzw. die Geologischen Spezialkarten der Geologischen Bundesanstalt (1031 Wien, Rasumofskygasse 23; die Blattnummern entsprechen der ÖK).

Vorwort 5

Wienerwald mit Meeresstrand? ***11***

1. Heferlberg und Glaslauterriegel 13
2. Mödlinger Eichkogel 19

Gipfel im Steppenwind ***23***

3. Hundsheimer Berg 24
4. Braunsberg 31

Weite Welt ganz nah! ***35***

5. Stopfenreuther Au 37
6. Sandberge Oberweiden 43

Weinviertel – Inseln im Feldermeer ***49***

7. Bockstallberg 51
8. Galgenberg, Naturpark Leiser Berge 55

Zwischen Wein und Wald – Kulturpark Kamptal ***61***

9. Kogelsteine und Feenhaube 63
10. Klopfhartsberg und Irbling 66
11. Zöbing – Heiligenstein 72

Wachau – Gebirge am Strom ***77***

12. Jägerriedel und Setzberg 80

Teiche, Moore und Wackelsteine ***87***

13. Gemeindeau Heidenreichstein 90
14. Schremser Moor 93
15. Gmünd – Blockheide 97

Goldene Wasser im Urgebirge ***103***

16. Zwettl- und Kamptal 105
17. „Dotterblumen-Marathon“ 110
18. Hauswiesenmoor 114

Schirmföhren auf hoher Wand ***119***

19. Flatzer Wand und Gösing 121

Zwischen Sandstein und Kalk ***129***

20. St. Veiter Staff 131

Im Annaberger Erzgebirge ***139***

21. „Silberstollen“ am Hocheck 142
22. Bichleralpe 145
23. Schwarzwalster und Fadental 149

Eiszeit und Schmuckblumen ***155***

24. Lunzer Seetal und Obersee 158
25. Lunzer „Musterfalten“ 165
26. Kothbergtal 168

Niederösterreichs „wilde“ Westalpen ***171***

27. Hochkar-Gipfelrunde 173
28. Schmalzmauer und Seelucken 177

Alpengarten mit Edelweißrunde ***185***

29. Rax-Plateau-Wanderung 187

Zauberhafte Zwergstrauchheiden ***197***

30. Hochwechsel 199

Register 208

Heferlberg und Glaslauterriegel · Mödlinger Eichkogel

Wienerwald mit Meeresstrand?

Unsere heimische Natur ist so sehr mit Lebendigem erfüllt, dass es zu ihrem Erleben eigentlich nur ein Öffnen der Sinne braucht! Formen, Farben, Lebensvorgänge genügen, um beim Beobachten ein Gefühl tiefer Naturverbundenheit zu wecken. Zumindest Pflanzen und Tiere vermitteln diese Beziehung von sich aus. Doch auch im Gestein wie im Aufbau der Landschaft steckt Leben, wenn auch nur in dem Sinn, dass etwas „Gewordenes" vor uns liegt. Mit einem Lebenszyklus allerdings, der sich nicht so einfach erschließt wie jener der unmittelbar belebten Natur, da seine Zeitabläufe die Vergleichsmöglichkeiten des Menschen völlig überfordern.

Das historisch fassbare Zeitmaß verhält sich nämlich zu geologischen Zeiträumen eher so wie diese zu den astronomischen Zeiten und Räumen. Wir Menschen können uns eigentlich Jahrmillionen ebenso wenig vorstellen wie Lichtjahre! Nur wenn die von den Naturwissenschaften belegten Tatsachen mit der schöpferischen Kraft der Phantasie aufgenommen werden, bleiben sie nicht ein leeres Abstraktum, sondern lassen sich geistig erfassen und damit erleben.

In dieser Grundhaltung sollten wir auch die Landschaft durchwandern, bevor wir uns den Details der sinnfällig belebten Umwelt zuwenden. Der Wienerwald gibt gleich eine nahe liegende und anschauliche Gelegenheit dazu. Nicht der Wald vor der Stadt, wie er sich an die westlichen Randbezirke der Hauptstadt anschließt, sondern sein Abbruch zum Wiener Becken entlang der sogenannten Thermenlinie, vom Stadtrand gegen Süden: Dort lässt der Ausblick zum Schneeberg die alpine Gipfelwelt erahnen und das an vielen Stellen hervorbrechende Kalkgestein erinnert an die Entstehung des Gebirges aus dem Meer.

Tatsächlich stehen wir am Ost-Fuß des Anningers an der Strandlinie eines Meeres der mittleren Tertiärzeit: Vor rund 30 Millio-

Bild links: Am Wasserleitungsweg

nen Jahren brandeten hier die Reste eines lange Zeit vorher im Erdmittelalter (Mesozoikum) vom heutigen Atlantik bis zum Indischen Ozean reichenden Weltmeers, der sogenannten Tethys, aus deren Ablagerungen unter anderem die Kalkalpen entstanden waren. Ein Ausläufer des von der Tethys verbliebenen Meeres war im mittleren Tertiär vom Süden her in den Bereich des Wiener Beckens vorgedrungen. Ursache dafür war das allmähliche Absinken des vordem geschlossenen Alpen-Karpaten-Bogens entlang von Bruchlinien, an welchen bis heute Thermalwässer emporsteigen. In diesem Einbruchsbecken breitete sich nun das Meer aus und glich die Absenkung des alpin-karpatischen Gesteinsuntergrunds, die mehrere Hundert bis weit über 1000 Meter betrug, durch tertiäre Ablagerungen aus. Diese Sedimentgesteine prägen noch heute das Landschaftsbild und sind auch wirtschaftlich bedeutend: Der Leithakalk als Baustein (von der Römerzeit bis zu den Wiener Ringstraßenbauten) und der Tegel zur Ziegelgewinnung.

Mit einem Blick vom Mödlinger Eichkogel etwa lassen sich solche Strandniveaus in der Landschaft verfolgen: Sie befinden sich auf der Perchtoldsdorfer Heide und der Richardshof-Terrasse ebenso wie jenseits der Ebene auf den Hainburger Bergen oder am Leithagebirge. Wo heute die Weingärten zur Südbahnlinie abfallen, wogten also vor Jahrmillionen die Meereswellen, die Wienerwaldhöhen zeigten sich als Küstenberge und das Leithagebirge war eine Insel. Aber nicht bloß in der Phantasie lässt sich diese ferne Periode der Erdgeschichte erleben. Die an den Brandungsterrassen entstandenen Höhlen kann man in der Einöde bei Pfaffstätten begehen. Verlockend für Mineraliensammler sind die in den einstigen Ufernischen erhaltenen Gipskristalle, die sich aus den salzigen Lösungen des allmählich versiegenden Meeres gebildeten haben.

Zwar ist der geologische Untergrund unserer Wanderung an dieser tertiären „Wienerwald-Riviera“ überaus interessant und in fossilreichen Steinblöcken oft genug sogar sichtbar. Wir wollen aber entlang dieser ehemaligen Strandlinie keine Muscheln oder Seesterne sammeln, sondern botanische Schätze beobachten. Denn heute „brandet“ die Pflanzenwelt des pannonischen Gebietes an dieser Landschaftsgrenze gegen die Alpen! Ihre wertvollsten Standorte haben sich zwischen dem weitgehend kultivierten Boden des Wiener Beckens und den geschlossenen Wäldern, die von den Berghöhen am Ausklang der Alpen herabreichen, erhalten. Der pannonische Jahreslauf, vom Klima bestimmt und in der Eigenheit der Flora ausgedrückt, lässt sich entlang der Wanderwege erleben. Die dabei begangenen „Restbiotope" verdanken ihr Bestehen – trotz aller Bedrängnis durch Wald- und Feldbewirtschaftung – der Beharrlichkeit von Naturschützern.

1. HEFERLBERG UND GLASLAUTERRIEGEL

Nur Einheimischen und Botanikern bekanntes Naturschutzgebiet am Fuß des Anningers, überaus vielfältige pannonische Flora mit typischem Pflanzenbestand und einigen Raritäten; darf nur auf den vorhandenen und beschriebenen Wegen begangen werden!

Route: Weinstraße – Wasserleitungsweg – Heferlberg – Glaslauterriegel – Tieftal – Weinstraße; 2 Std., unbezeichnete Wege, Seehöhe 240 bis 360 m.
Einkehr: In den benachbarten Weinbauorten.
Karte: ÖK Nr. 58 (Baden).
Zufahrt: Auf der „Weinstraße" zwischen Gumpoldskirchen (2 km) und Pfaffstätten (1,5 km).
Ausgangspunkt: 2 Kilometer südlich von Gumpoldskirchen bei der bergseitigen Abzweigung zweier Güterwege (westlich von P. 256 m der ÖK), beschränkte Parkmöglichkeit; Zugang von Gumpoldskirchen auf dem „Wasserleitungsweg" in 3/4 Std.

DIE GEOLOGIE: Der Untergrund der flachen Weingartenmulden besteht noch aus „Badener Schichten" des Jungtertiärs (Tegel und steinige Einlagerungen, zum Teil aus der weit entfernten Flyschzone stammend. Am Wegrand sogar einzelne Sandsteinblöcke). Der steinige Berghang gehört bereits zu den Kalkalpen (Gollerdecke), deren Gesteine am Weiterweg aber von den tertiären Ablagerungen der Richardshof-Terrasse verdeckt werden (oberes Weingartengelände). Die vom südlichen Anningermassiv herabziehenden Bergrücken bestehen am Heferlberg aus Hauptdolomit und am Glaslauterriegel aus Kössener Schichten, während gegen Gumpoldskirchen zu eher der „Anningerkalk" (Dachsteinkalk; Steinbrüche!) hervortritt. Die Bergvorsprünge sind hingegen von Aufarbeitungsprodukten des jungtertiären Meeres bedeckt (Brekzien und verfestigte Blockströme aus Trias- und Juragesteinen des Anningers).

Adriatische Riemenzunge

DIE WANDERUNG: Von der „Weinstraße" auf dem linken Güterweg entlang niedriger Böschungen und Strauchzeilen durch die Weingärten bis zu einer niedrigen Terrassenmauer. Hier an der Wegteilung besser geradeaus zu dem mit weißen Begrenzungssteinen markierten „Wasserleitungsweg" (1. Wiener Hochquellenleitung aus dem Höllental). Auf diesem links, mit Ausblick zum nördlich gelegenen Gumpoldskirchen, bis zur nächsten Kreuzung, wo bergseitig der Weg zum schon auffallenden Hangvorsprung des Heferlbergs abzweigt. Bevor der von Strauchzeilen (Schlehdorn, Weißdorn, Spindelstrauch, Roter Hartriegel, Rosen) gesäumte Karrenweg den Bergrand erreicht, zweigt rechts ins Gebüsch ein deutlicher Steig ab (Naturschutztafel). Rechts haltend gelangt man auf diesem zu einem Felsriegel, über den direkt aufgestiegen wird, worauf der Steig in Kehren über den Trockenhang den Gipfel des Heferlbergs erreicht (Rastbank). Der eindrucksvolle Ausblick umfasst im Süden Pfaffstätten, Baden und die Harzbergwarte bei Bad Vöslau, dahinter die Hohe Wand. Bei klarer Sicht reicht das Panorama von den Kleinen Karpaten im Nordosten über Hainburger Berge und Leithagebirge bis zum Hochwechsel, Sonnwendstein und Schneeberg.

Kantabrische Winde

DIE BOTANIK: Die folgende botanische Beschreibung erfolgt nach einer Begehung Anfang Juni zur Blütezeit von Adriatischer Riemenzunge und Kantabrischer Winde. Weitere Höhepunkte kann man jedoch schon im Lauf des April erleben, beginnend mit Küchenschellen und Sand-Fingerkraut. Besonders eindrucksvoll ist Ende April die Blüte der Felsenbirne – gleichzeitig blühen aber auch Österreichische Schwarzwurz, Hochstängel und Herzblatt-Kugelblume, Regensburger Zwerggeißklee, Heide-Ginster, Frühlings-Adonis und Zwerg-Schwertlilie. Diptamblüte ist Mitte Mai.
Auf unserem Weg durch die Weingärten zum Fuß des Heferlbergs begegnen wir Anfang Juni einer bunten Palette trockenheitsliebender Pflanzen: Aufrechtes Fingerkraut, Gewöhnlicher Natternkopf, Steppen-Salbei, Echte Ochsenzunge, Quirl-Salbei, Ruten-Wolfsmilch, Buntkronwicke, Morgenland-Rauke, Gelb-Labkraut, Weißer Steinklee, Osterluzei, Sichel-Schneckenklee und Breitblatt-Platterbse. Am Rande der Weingärten finden wir zwischen den Rebstöcken Österreichische Hundskamille und den imposanten Rund-Lauch.
Der Waldstreifen am Bergfuß geht rasch über in eine Strauchzone mit Pannonischem Goldlack, Breitblättriger Ungarischer Witwenblume und Gewöhnlicher Straußmargerite. Auf den anschließenden pannonischen Rasen- und Felssteppen der sonnigen Hangwölbung blühen Trübgrünes und Graues Sonnenröschen, Kurzhaar-Donarsbart, Seidenhaar-Backenklee, Feinblatt-Lein, Berg- und Edel-Gamander, Kantabrische Winde (eine südmediterrane, nicht windende Art, die in Österreich hier ihr einziges Vorkommen hat), Steppen-Glockenblume (= Sibirische Glockenblume), Heideröschen und Sichelblatt-Hasenohr. Sehr hübsch machen sich im Juni die

Fruchtstände des Federgrases. Botanisch interessant ist auch der südexponierte Hang mit Visiani-Lotwurz (= Dalmatinische Lotwurz), Färber-Meier, Pannonischer Kratzdistel, Silberscharte und Rauhaar-Alant.
An der Nordseite stocken Schwarz-Föhren, dazwischen aber auch Flaum-Eichen. Besonders artenreich ist die Waldsaumgesellschaft im Gipfelbereich ausgebildet: Kleine Wiesenraute, Schwalbenwurz, Blut-Storchschnabel, Fuchs-Klee und Diptam. Der die Verbuschung des Trockenhangs einleitende Bewuchs aus Felsenbirnen und anderen Holzgewächsen wurde vor wenigen Jahren gerodet.

Der Weiterweg erfolgt über den mit einzelnen Dolomitblöcken besetzten Rücken. Wo sich der Steig rechts in den Wald wendet, liegt links voraus noch eine weitere Lichtung mit ähnlichem Pflanzenbestand. Im Waldgelände bei einer Verzweigung auf dem rechten, stärker ausgetretenen Steig weiter. Von diesem bald wieder rechts in einen alten Hohlweg, der bald die höheren Weingartenflächen erreicht (Naturschutztafel). Rechts führt der Steig über verbuschende Trockenrasenflächen zu einer freien Kuppe mit Kalkblock und Felssteppen (oberhalb flache Weinrieden, unterhalb Eichenbestände am Bergabhang).

Unser Weg fuhrt über vom Wald bedrängte Flächen, auf welchen sich ein für das pannonische Gebiet typischer (Halb-)Trockenrasen erhalten hat. Zahlreiches Vorkommen von Frühling-Adonisröschen und Zwerg-Schwertlilie. Im Juni blühen als auffälligste Vertreter dieser Pflanzengemeinschaft Seidenhaar-Backenklee, Große Kreuzblume, Flecken-Ferkelkraut, Breitblatt-Platterbse, Aufrecht-Ziest, Blut-Storchschnabel, Rauhaar-Alant, Edel-Gamander, Adriatische Riemenzunge, Knollen-Mädesüß und Langfahnen-Tragant. Zwei hier relativ häufig vorkommende Kleearten sind der Fuchs- und der Heide-Klee, beide mit purpurnen Blüten.

Zwerg-Schwertlilie

Gelb-Lein

Man kann der nun folgenden Wegunterbrechung auch bergwärts über Weingartenwege ausweichen. Eine deutliche Wegspur führt aber auch geradeaus durch den in einer Mulde angelegten Weingarten oder korrekterweise um diesen rechts herum (Lesesteine und bemerkenswerte Gesteinsaufschlüsse an den Strauchrändern). Jenseits den Zaun eines Privatgrundstücks entlang zu einem Fahrweg mit der Naturschutztafel des nun folgenden Glaslauterriegels. Ein gleich hier rechts abzweigender Weg ist der südliche Hauptabstieg. Sehr lohnend geht man aber auf dem Fahrweg weiter bis zu einer Kurve. Dort befindet sich bei einer auffallenden Rot-Föhre (!) rechts die Abzweigung eines Steigs. Dieser führt in die von Eichengruppen bewachsenen und offensichtlich teils auf alten Kulturböden (Lesesteinhaufen) entstandenen Trockenrasen. Diese Lichtung geht wiederum talwärts in Eichenbestände über, die man aber nicht betritt. Denn inmitten der freien Fläche teilt sich der Steig: Links geht es zum Bergrand des Glaslauterriegels mit felsigem Abbruch in das Tieftal und schönem Ausblick über die Abhänge des Anningermassivs, rechts führt die Steigspur weiter zum nördlichen Hauptabstiegsweg.

Die von Baumgruppen und Waldrändern malerisch gegliederte Hangfläche des Glaslauterriegels ist landschaftlich überaus reizvoll und darüber hinaus ein besonders hervorragender Standort der pannonischen Flora, ebenso die im folgenden Waldgelände erreichten Lichtungen. Flächenhafte Verbreitung ihrer typischen Vertreter (z. B. Küchenschellen, Frühlings-Adonisröschen, Zwerg-Schwertlilie, Diptam, Gelb-Lein) und vereinzeltes Vorkommen von Raritäten wie Adriatische Riemenzunge und Kantabrische Winde. Zu den vorhin genannten Arten kommen hier noch der Acker-Wachtelweizen und der bereits selten gewordene Kamm-Wachtelweizen.

Wo im weiteren Verlauf die beiden Hauptabstiegswege zusammenführen, befindet man sich im Bereich der wärmeliebenden Eichenmischwälder. Eine bald danach erreichte große Lichtung geht unterhalb in verbuschende ehemalige Kulturflächen über. Dort führt rechts eine Steigspur zu einer bergwärts orientierten Naturschutztafel. Abgesehen von der schönen Aussicht begeistert hier wieder die prächtige pannonische Flora. Der teils steinige, von üppigem Strauchwuchs begleitete Abstieg auf dem Hauptweg (Dolomitbrekzien) führt zum Rastplatz „Reserlbank".

Auch auf diesem Abstieg gibt es neue Arten zu sehen: An lichteren Stellen im Wald blüht im Juni der Trauben-Geißklee, während die zur gleichen Familie gehörende Strauchkronwicke schon Früchte trägt. Es fallen aber vor allem drei einander ziemlich ähnliche, großwüchsige Doldenblütler auf, nämlich der Rosskümmel, das Breitblatt-Laserkraut und die Heilwurz (alle mit weißen Blüten).

Später wendet sich der Weg um den mit Steinblöcken gestuften Rücken herum in die Schattseite des Tieftals und erreicht den Fahrweg (Naturschutztafel). Hier ist eine links abseits gelegene, ruderal wirkende Fläche in der Grabensohle sehr bemerkenswert (Orchideenstandort, ferner die sonst eher im Wald vorkommende Gekrönte Kronwicke). Entlang der steilen Grabenböschung (Rüben-Kälberkropf) geht es hinaus ins freie Gelände zu einem asphaltierten Güterweg. Diesen kurz weiter entlang und bei der Verzweigung an einer steilen Böschung rechts auf einem unbefestigten Fahrweg durch die Weingärten weiter, wobei der „Wasserleitungsweg" gequert wird (auf diesem ist der Weiterweg nach Einöde und Baden in 1 Stunde möglich). Zuletzt gelangt man auf dem Fahrweg bleibend zurück zum Parkplatz an der „Weinstraße".

Blühende Felsenbirne am Heferlberg

2. MÖDLINGER EICHKOGEL

Naturschutzgebiet und beliebtes Ausflugsziel auf einer teilweise bewaldeten Bergkuppe am südlichen Stadtrand von Mödling.
Route: Exkursionsrunde über die nord- und ostseitigen Terrassenflächen, zum südöstlichen Bergrücken und den Waldrand des Westhanges entlang; unmarkierte Wege, ca. 1 Std., Seehöhe 320 bis 340 m.
Einkehr: Gaststätte beim Parkplatz.
Karte: ÖK Nr. 58 (Baden).

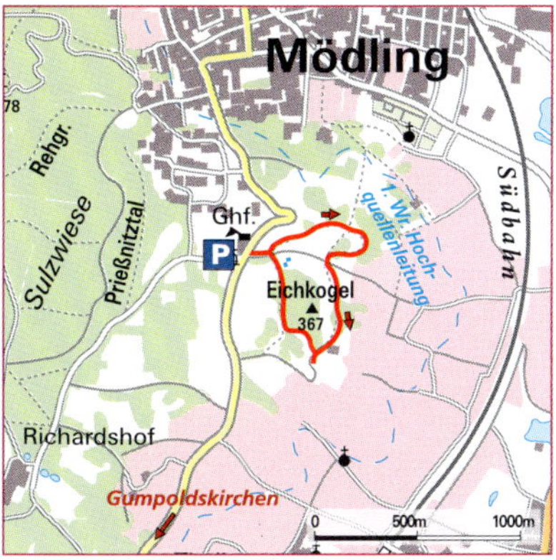

Ganz im Gegensatz zu Heferlberg und Glaslauterriegel ist der Mödlinger Eichkogel ein überaus beliebtes Ziel für Blumenfreunde und Spaziergänger. Zugleich zeigt er drastisch die Problematik von bloß unter Schutz gestellter Natur auf: Diesem hervorragenden pannonischen Biotop droht nämlich nicht etwa Gefahr durch den zahlreichen Besuch, sondern durch die fehlenden Pflegemaßnahmen, die an einem solchen Sekundärstandort einfach unumgänglich sind! Bedrängten noch vor wenigen Jahren Aufforstungen und die angrenzenden, überdüngten Felder die vielfältige Trockenrasenflora, so sind es nun zunehmend die ungehindert wuchernden Zwergweichselgebüsche! Dieser niedrige und sowohl zur Blüte- als auch zur Fruchtzeit hübsche Strauch bildet eine ernst zu nehmende Gefahr, wenn nicht dringend regulierende Maßnahmen ergriffen werden.

DIE WANDERUNG: Von der Sattelhöhe zwischen Gumpoldskirchen und Mödling (gegenüber der Zufahrt zum Hotel-Restaurant Richardshof) auf dem Asphaltweg Richtung Wasserreservoir. Gleich aber auf links abzweigendem Weg zu den Wiesenflächen an der gegen Mödling abfallenden Nordseite des Eichkogels, die an einer Umzäunung vorbei überquert werden.

Nach einem mit Sträuchern und Baumgruppen bestandenen Hügel, der vom Steig überschritten wird, erreicht man weitere freie Flächen mit ausgeprägten Trockenrasen. Tiefe Gräben erinnern an die Stellungen des 2. Weltkriegs. Vor dem ostseitigen Waldrand wendet sich der Weg nach rechts und geht südwärts die Wiesenböden aus, wobei auch die interessanten Strauchzonen und Waldränder berührt werden.

Ausblick vom Eichkogel gegen Gumpoldskirchen

DIE BOTANIK: Die Wiesenflächen sind vor allem im März und April ein Anziehungspunkt durch die dekorative Blüte von Frühlings-Adonisröschen sowie Großer und Schwarzer Küchenschelle. Anfang Juni fallen gleich auf den ersten Metern am Rand der nährstoffreichen Gebüsche Steif-Rauke und Rüben-Kälberkropf (die Rübe ist essbar, früher wurde sie als Futter benutzt) auf. Auf den anschließenden Wiesen überwiegen zunächst Arten frischer bis trockener Fettwiesen, wie Wiesen-Flockenblume, Zotten-Klappertopf, Wiesen-Pippau und Wiesen-Witwenblume. Sie werden aber im weiteren Verlauf des Wegs von Sippen trocken-warmer Magerrasen abgelöst (z. B. Langfahnen-Tragant, Gelb-Lein, Rindsauge, Sichelblatt-Hasenohr und Aufrecht-Ziest). An den Gebüschsäumen finden wir eine besonders artenreiche Pflanzengesellschaft: Aufrechte Waldrebe, Schwalbenwurz, Färber-Meier, Gewöhnliche

Straußmargerite, Blut-Storchschnabel, Groß-Ehrenpreis, Diptam (Blütezeit schon im Mai!), Heide-Klee, Rauhaar-Alant, Trauben-Geißklee und Pannonischer Goldlack. Auf dem angrenzenden Trockenrasen blühen noch weitere botanisch interessante Arten, wie Feinblatt-Lein, Seidenhaar-Backenklee, Mittlerer Bergflachs, Pannonische Karthäuser-Nelke, Siebenbürger Perlgras und der seltene, bereits stark gefährdete Bart-Wachtelweizen.

Bei einem querenden Karrenweg geht man rechts zwischen Gebüschreihen zu einer Kreuzung in Sichtweite des Wasserreservoirs. Hier scharf links in einen von dichtem Strauchwuchs gesäumten Weg, der sich bis an die Südostseite der Bergkuppe fortsetzt. Dort gelangt man zu einem vorspringenden Rücken mit Rastplatz und schönem Ausblick gegen Gumpoldskirchen.

Auf dem Weg zum Rastplatz sind Anfang Juni Rapsdotter, Acker-Wachtelweizen, Steppen-Salbei, Gewöhnliche Esparsette, Österreichischer und Kicher-Tragant, Färber-Ginster, Grau-Goldlack, Christusaugen-Alant, Österreichischer Beifuß und Spanische Schwarzwurz zu sehen. Besondere Beachtung verdienen aber der schon erwähnte Bart-Wachtelweizen und das stattliche, in Österreich sehr seltene und ebenfalls stark gefährdete Brandkraut. An dem nach Süden abfallenden Hang blühen Anfang April die Zwerg-Schwertlilien, deren Blüten verschiedene Farben (weiß, gelb, purpurn, violett) haben können.

Brandkraut

Der Weg führt nun ein kurzes Stück zurück, links den Feldrand hinan (Lössboden und Brocken von Süßwasserkalken) und dann den Waldrand entlang zur Westseite des Eichkogels und hinab zum Asphaltweg nahe dem Ausgangspunkt.

Hundsheimer Berg · Braunsberg

Gipfel im Steppenwind

An der Wiener Pforte versinken die Alpen im Untergrund des Wiener Beckens. Umso mehr überrascht bei einer Fahrt auf der Donau stromabwärts, dass im östlichsten Winkel Österreichs unvermittelt wieder Berge auftauchen. Wie ferne Riesenburgen wirken sie in dieser von ebenen Horizonten geprägten Landschaft, wo ein unvermittelter Höhenunterschied von bloß 300 m schon „echte" Gipfel entstehen lässt!

Eindrucksvoll sind diese Hainburger Berge aber auch durch ihre jeweilige Form: Von der nach Osten weisenden Ebene her (im Panorama von rechts) erhebt sich zuerst der langgezogene Spitzerberg. Breitschultrig mit dem von Steinbrüchen „angenagten" Pfaffenberg erhebt sich als höchster und beherrschender Punkt der Hundsheimer Berg, dem die felsigen Steilflanken am Hexenberg ein alpines Aussehen verleihen. Der eher nur vom Donaustrom aus auffallende Hainburger Schlossberg ist zwar am niedrigsten, aber nicht weniger schroff und von den Mauern der schon im Nibelungenlied erwähnten „Heunenburg" gekrönt!

Der nördlich anschließende, ungleich mächtigere Stumpfkegel des Braunsbergs ist geologisch als tertiäre Inselfläche bedeutend. Von der keltischen Höhensiedlung auf seinem Gipfel wurde der „Steinstadt" bedeutende Name Carnuntum auf die Römerstadt übertragen. Der steile Abbruch zur Donau bildet mit dem jenseits des Stromes neben der Marchmündung aufragenden Felsen mit der Burg Theben (von den Ungarn Arpád-Felsen genannt) den Donaudurchbruch der „Hainburger Pforte".

Wird uns bewusst, dass wir uns hier bereits in einer völlig anderen europäischen Großlandschaft befinden? Was sich nämlich in den Hainburger Bergen aus der tertiären Ebene an mesozoischen Kalken und kristallinen Massiven zu Gipfeln emporwölbt, gehört nicht mehr zu den Alpen, sondern bereits zu den Karpaten! Diese beginnen nicht erst mit dem Thebener Kogel, dem Hausberg der slowakischen Hauptstadt Bratislava (altösterreichisch Pressburg), sondern bereits diesseits der Donau. Beim Erklimmen des Hundsheimer Berges sinken die bunten Fluren der

Bild links: Rosenkäfer auf Visiani-Lotwurz

Ebene mit jedem Schritt weiter in die Tiefe. Der aus ferner Weite heranströmende Luftzug verstärkt sich nicht selten zu stürmischer Heftigkeit und unterstreicht noch das Gipfelerlebnis. Gibt es hier überhaupt einen Tag mit Windstille? Das Panorama bildet schließlich den Höhepunkt, ob es nun „nur“ über das silbrig glänzende Band der Donau reicht oder bei klarer Sicht bis zum Neusiedler See und den höheren Gipfeln des Alpenostrands.
Das Hauptmotiv für einen Besuch der Hainburger Berge ist jedoch die hier prächtig entwickelte pannonische Flora! Fels- und Rasensteppen haben sich kaum anderswo in derart schöner Ausprägung erhalten können. Eine prachtvolle Federnelke ist sogar nach Hainburg benannt, obgleich ihr Hauptverbreitungsgebiet in den Kleinen Karpaten liegt. Neben den als Fundorte der eiszeitlichen Tierwelt berühmten Höhlen steht ein Großteil des Hundsheimer Berges unter Naturschutz und bildet das älteste Schutzgebiet des WWF in Österreich.

3. HUNDSHEIMER BERG

Naturschutzgebiet des Landes Niederösterreich und des World Wildlife Fund auf dem wohl hervorragendsten Standort der pannonischen Flora in Österreich (ein beschilderter Naturlehrpfad über den Südosthang des Berges beginnt am Ortsende von Hundsheim).

Route: Hundsheim – Hexenberg – Hundsheimer Berg – Pfaffenbergsattel – Hundsheim; viel begangene, nur teilweise bezeichnete Wege, ca. 3 Std., Seehöhe ca. 220 bis 480 m.
Einkehr: In Hundsheim, Hainburg oder Deutsch-Altenburg.
Karte: ÖK Nr. 61 (Hainburg).
Zufahrt: Von der Bundesstraße 9 bei Bad Deutsch-Altenburg (Umfahrung) Richtung Prellenkirchen abzweigend und nach 1 km links nach Hundsheim. Bei der Ortstafel links vor der Neuen Siedlung aufwärts zum Sportplatz mit reichlicher Parkmöglichkeit (Infotafel des WWF).

DIE WANDERUNG: Wo die Häuserzeile endet und oberhalb der felsige Rücken des Hexenbergs aufragt, zweigt bergwärts ein deutlicher Steig ab. Dieser führt durch eine Strauchzone an den unvermittelt steil ansteigenden Bergfuß heran. Oberhalb befindet sich ein ausgeprägter Steppenhang, den die steile und steinige Steigspur emporklimmt. Nicht von dieser abweichen, in der Mitte des Rückens bleiben! Der anfangs ziemlich geschlossene Rasen weicht immer mehr dem hervortretenden Felsgrund, besonders rechts am Abbruch in einen ehemaligen Steinbruch. Oberhalb eines auffallenden Flaumeichenbusches schärft sich das Gelände zu einem gratartigen Felsaufbau. An dessen linker Seite befindet sich eine steile Halde aus Rasenböden und Geröll, die von einer typisch pannonischen „Saumgesellschaft“ begrenzt ist. Der Steig selbst bewältigt die Felszone links von der Kante, indem er durch eine Steilmulde hinaufzieht und damit den Rand der sanfteren Bergkuppe erreicht. Mit seiner bezaubernden Blütenpracht gehört dieser Aufstieg zu den großartigsten Naturerlebnissen des pannonischen Gebiets. Wegen seiner überragenden Bedeutung für die pannonische Flora wurde der Hundsheimer Berg schon sehr früh zu einem „Mekka“ für die botanische Fachwelt. Deshalb sind die Vegetationsbeschreibungen besonders detailreich ausgeführt.

DIE BOTANIK: Auf dem Weg durch die Strauchzone finden wir im Frühling typische Arten trockener Standorte, die auch etwas nährstoffreicheren Boden vertragen, wie Gewöhnliche Traubenhyazinthe, Hornkraut-Arten, Feld-Ehrenpreis, Stängelumfassendes Täschelkraut und Echte Gundelrebe. An den Gebüschsäumen treten uns Trauer-Nachtviole (mit eigenartig gefärbten Blüten) und Bogen-Gänsekresse, auf den trockenen Wiesen Zypressen-Wolfsmilch, Arznei-Schlüssel-

Hainburger Federnelke

blume, Regensburger Zwerggeißklee und Heide-Ginster entgegen. Mit dem „Steppenhang" haben wir den für botanisch Interessierte wichtigsten Streckenabschnitt erreicht, der besonders im Frühling auch einen überaus reizvollen Eindruck vermittelt: Im März und April kann man hier vor allem die Frühlings-Annuellen gut studieren. Diese meist kleinwüchsigen, krautigen Pflanzen schließen ihren Entwicklungszyklus bereits nach kurzer Zeit wieder ab und überdauern den trocken-heißen Sommer des pannonischen Gebiets als Samen. Dazu zählen Sand-, Kleb- und Niedriges Hornkraut, Finger-Steinbrech, Felskresse und Öhrchen-Gänsekresse, alle mit unscheinbaren, weißen Blüten. Weitere ab April blühende Einjährige sind das gelbblühende Kelch-Steinkraut und (auf trockenen, sandigen Rasen) das Sand- und das Hügel-Vergissmeinnicht, beide mit auffallend kleinen, blauen Blüten.

Heideröschen

Farbenprächtiger und damit auffälliger sind aber die folgenden, auf pannonischen Rasen- und Felssteppen häufig anzutreffenden ausdauernden Arten: Gewöhnliches Berg-Steinkraut, Heide-Ginster, Hochstängel-Kugelblume, Liegender Ehrenpreis, Österreichische Schwarzwurz, Sand-Fingerkraut, Silberscharte, Graues Sonnenröschen, Steppen-Wolfsmilch, Heide-Löwenzahn, Kleiner Faserschirm und ein Vertreter aus der Artengruppe Dolden-Milchstern. Ebenfalls um diese Zeit blühen die Steppenrasen-Segge und die Glanz-Segge, beide bereits gefährdete Arten.

Ende Mai bis Mitte Juni blühen dann auf den flachgründigen, felsigen Hängen die dekorative Hainburger Federnelke, die es in Österreich sonst nirgends gibt, und das Heideröschen, das seine gelben Kronblätter meist schon um die Mittagszeit abwirft. Weniger auffallend sind an sandigen Stellen die zarten weißen Blüten der Hügel-Miere.

Besonders bunt zeigen sich hingegen um diese Zeit die Gebüschsäume: Rosa schimmern die prächtigen Blütenstände des Diptams neben den purpurfarbenen Blüten des Blut-Storchschnabels. Weitere, erst ab Juni blühende Arten sind Feinblatt-Lein, Büschel-Miere, Strahldolde, Ruthenische Kugeldistel, Steppen-Glockenblume und Knäuel-Glockenblume.

Die weiterführende Steigspur ist nun recht spärlich und verläuft einige Meter rechts von einem Gebüschsaum. In der leicht eingemuldeten, tiefergründigen Wiesenfläche nur wenig ansteigend, kommt man an einzeln stehenden Sträuchern vorbei zur Einmündung eines von Nordwesten (links) aus der geschlossenen Strauchzone heraufziehenden Weges. Dieser quert kurz danach eine deutlich hervortretende Felsrippe, wodurch sich ein reizvolles und interessantes Nebeneinander von Felssteppe und damit verzahnter Wiesensteppe ergibt.
Nach dem steilen, in vorspringende Rücken und karähnlich anmutende Mulden gegliederten Erosionsrand der tieferen Berghänge folgt hier die sanfte Altlandschaft der höheren Bergkuppe. Damit gehen aber auch die „primären" (sicher ursprünglichen) Felssteppen in durch Rodung und extensive Beweidung entstandene „sekundäre" pannonische Wiesensteppen über. Nachdem der Weidebetrieb vor Jahrzehnten eingestellt wurde, versucht man nun, der zunehmenden Verbuschung (Beginn der Wiederbewaldung) durch das Auftreiben einer Schafherde entgegen zu wirken. Der sanft ansteigende „Heideboden" setzt sich in einer von Gebüschzeilen durchzogenen Mulde fort. Der Steig verläuft

Blick vom Hundsheimer Berg

leicht links haltend und geht dann auf den schon sichtbaren Waldrand zu. Dort wird ein querender Fahrweg erreicht, der links zum Gipfelpunkt auf dem Hundsheimer Berg führt (1 bis 1 1/2 Std., Rastplatz und Informationstafeln).

Auf den Wiesensteppen blühen im Mai die charakteristischen Vertreter dieses Vegetationstypus: Pannonischer Goldlack, Trauer-Nachtviole, Illyrischer Hahnenfuß, Purpur-Königskerze, Steppen-Glockenblume, Pannonische Karthäuser-Nelke, Steppen-Aschenkraut, Purpurlila Schwarzwurz, Aufrecht-Ziest, Labkraut-Sommerwurz sowie Wiener Gamander-Ehrenpreis und Österreichischer Ehrenpreis. Wo der Boden durch ehemaligen Weidebetrieb nährstoffreicher ist, finden wir Nickende Ringdistel, Echte Hundszunge und Großen Bocksbart. Auffällig sind ferner, neben den vielen schon beim Aufstieg beobachteten Arten: Sand-Veilchen, Knack-Erdbeere, Zwiebel-Steinbrech und Trugdolden-Habichtskraut (etwas links abseits). Gegen den Hochsommer zu blühen ferner Gelb-Lauch und Ähren-Blauweiderich.

Vom nordwestlich weiterführenden Fahrweg (auf diesem verkürzte Abstiegsmöglichkeit!) bald rechts abzweigend, geht man den Rücken entlang weiter. Dort führt der Steig in einen frischen Laubmischbestand mit beinahe auwaldartigem Charakter. Dessen Krautschicht besteht im Frühling hauptsächlich aus Bär-Lauch, Hohlem Lerchensporn, Gelbem Windröschen, Knollen-Beinwell, Frühlings-Platterbse und Muschelblümchen. Stark ausgetreten verläuft der Weg steil bergab bis zur Kreuzung mit einem Querweg (Wegweiser und Grenzstein „Hainburg" aus dem Jahre 1671). Von dort geht es rechts ziemlich eben weiter, bis sich der Weg bergab wendet und man eine große Lichtung erreicht (flächenhaftes Auftreten der Haarigen Gundelrebe). Von hier rechts haltend auf einem Waldsteig zu einer weiteren

Purpur-Köngskerze

freien Fläche mit Wegteilung, wo links absteigend die Felsklippen an der Nordostseite des Hundsheimer Berges, hoch über dem Hainburger Wald, erreicht werden. Der Ausblick ist besonders von einem vorgeschobenen Felsgrat mit weithin sichtbarer Signalstange eindrucksvoll: In der Tiefe die Stadt Hainburg mit dem Schlossberg und dahinter der Braunsberg, jenseits der Donau das Marchfeld, der „Arpád-Felsen" mit der Burg Theben (Devin) über der Marchmündung und der Thebener Kogel, anschließend die slowakische Hauptstadt Pressburg (Bratislava).

Die Kalkklippen entsprechen etwa den Felssteppen des im Aufstieg begangenen Hexenbergs (im Frühling mit Großer Küchenschelle, gefolgt von Frühlings-Adonisröschen und Zwerg-Schwertlilie). Die Felssteppen sind von Flaumeichen-Wäldern umgeben, an deren Rändern wir im Mai (bis Juni) den beinahe exotisch anmutenden und intensiv zitronenartig duftenden Diptam, den purpurn blühenden Blut-Storchschnabel, die Bunt-Flockenblume und die Spanische Schwarzwurz finden.

Da der Abstieg über die Felsnase nach Hainburg nicht empfehlenswert ist (die sehenswerte Stadt besucht man am besten anschließend an die beschriebene Rundwanderung), geht man auf demselben Weg zurück bis zur Kreuzung mit Wegweiser und Grenzstein. Von dort geradeaus, auf dem flachen Waldweg bleibend, durch einen „Buschwald" zu den Wiesenlichtungen am Westrücken des Hundsheimer Berges, bis der Steig in den vom Gipfel herabziehenden Fahrweg mündet. Nun geht es sanft bergab über ausgeprägte Steppenflächen, die sich bis zum Rand der südseitig (links abseits) abbrechenden Steinbruchwände hinziehen.

Großer Bocksbart

Die hier ausgebildeten Felssteppen sind vor allem durch eine ausgedehnte Federgrasflur, durch das häufige Vorkommen der Visiani-Lotwurz (= Dalmatinische Lotwurz) und das Auftreten von Brand- und Helm-Knabenkraut geprägt. Beim weiteren Abstieg entlang der Gebüschsäume gibt es Ende Juni sogar noch einige bisher nicht genannte Arten: Kicher-Tragant, Heide-Klee, Kamm-Wachtelweizen, Österreichischer Zwerggeißklee und Rund-Lauch. Im Juli findet man hier mit etwas Glück die Filz-Glockenblume.
Seltene und bereits gefährdete Süßgräser der Hainburger Berge sind: Auf extrem trockenen Böden das Zierliche Federgras, auf etwas weniger trockenen Böden Kahler Wiesenhafer, Heide-Straußgras, Pfriemengras und Furchen-Schwingel, in den Wäldern die Grannenhirse. Das dekorativste Gras dieses Gebiets ist aber der sehr seltene, bis 1 Meter hohe Goldbart, dessen Hauptverbreitungsgebiet im mediterranen Raum liegt.

Bei einem Strommast wird wieder auf dem Fahrweg weiter gewandert (links abzweigend ein Weg zum Steinbruchrand, den man aber nicht benützen sollte!). Es geht nun wieder durch dichten, oft buschartigen Laubwald mit zahlreichen Feld-Ulmen bis zu einer Kreuzung mit Wegweiser Richtung Deutsch-Altenburg bzw. Hainburg. Dort auf dem linken Fahrweg in leichtem Bogen zu einer Absperrung (Gelände der Pfaffenberg-Steinbrüche). Hier, dem Wegweiser folgend, links auf dem Fahrweg im Bogen bergab und am Bergrand entlang auf das Niveau der links gelegenen, höchst eindrucksvollen „Steinbrucharena“ (Schranken). Der mit Rot- und Schwarz-Föhren durchmischte Wald geht nun in eine Buschzone mit einzelnen höheren Laubbäumen über, die der steinige Fahrweg langgezogen durchquert. Die Lössböschungen am Wegrand, ein Wacholderbestand und einzelne kleine Lichtungen als Rest der einstigen Heideböden verdienen Aufmerksamkeit. Zuletzt im Linksbogen sogar noch leicht bergauf, wird das Sportplatzgelände am Ausgangspunkt erreicht (ca. 1 Std.).

4. BRAUNSBERG

Hausberg von Hainburg mit Bergstraße und Naturschutzgebiet, vorzüglicher Aussichtsplatz!
Route: Donauländе – Bergbad – Waldweg – Braunsberg – Bergstraße – Ruine Röthelstein – Donauweg; ca. 2 Std., teilweise bezeichnete Wege, Seehöhe ca. 140 bis 364 m.
Einkehr: Gasthof „Goldener Anker" beim Donauparkplatz.
Karte: ÖK Nr. 61 (Hainburg).
Information: Gäste-Informationsbüro 2410 Hainburg, Tel. 02165/62111-23 (Hainburger Rundwanderwege).

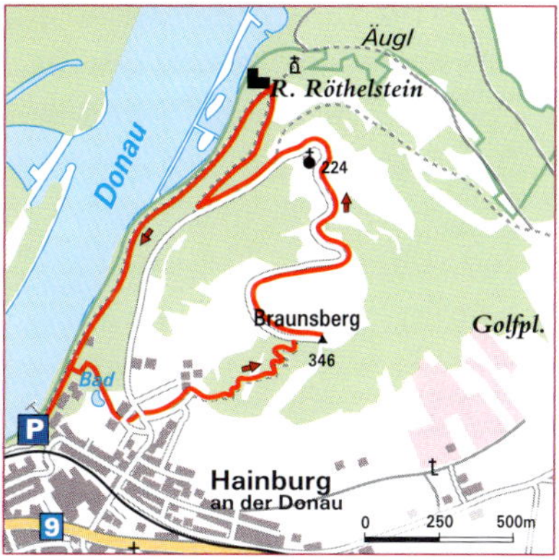

DIE BOTANIK: Über die Bergstraße erreicht man schnell den Braunsberggipfel und kann mühelos sowohl die grandiose Rundsicht als auch die interessante Vegetation an der südwestlichen Bergkante genießen. Obwohl die übrigen Abhänge des Berges dicht bewaldet sind und die nordseitigen Wiesenhänge immer mehr verwachsen, lohnt sich die kleine Gipfeltour wegen der gegensätzlichen Standorte. Besonders ansprechend ist diese Rundwanderung bereits im März: Wenn auf den Trockenrasen Große Küchenschelle, Frühlings-Adonisröschen und Sand-Fingerkraut blühen, trifft man im Laubwald bei der Ruine Röthelstein die reizvollste Auwaldflora mit Schneeglöckchen, Arznei-Schlüsselblume, Leberblümchen, Zweiblatt-Blaustern, Flecken-Lungenkraut, Hohlem Lerchensporn und Wald-Gelbstern. Bald danach öffnet der Bär-Lauch seine weißen Blüten (im Volksmund „Knofelkraut" genannt; seine Blätter werden vor der Blütezeit als Wildgemüse verwendet).

DIE GEOLOGIE: Geologisch bietet der Braunsberg einen Querschnitt durch die Hainburger Berge: Kalk und Dolomit der Mitteltrias am Westhang und an der Gipfelkante, Semmeringquarzit am Nord- und Südhang, Glimmerschiefer und Schiefergneis am Ostabfall.

DIE WANDERUNG: Vom Parkplatz an der Donaulände das Ufer stromabwärts entlang zum Beginn der Nationalpark-Markierung und dort rechts zum Bergfuß, wo ein unbezeichneter, steiler Weg zum Parkplatz des Bergbads hinaufführt. Anschließend am rechten Rand der Braunsbergsiedlung aufwärts bis zum Beginn des Naturschutzgebiets (am Waldrand neben der Abzweigung des Awarenwegs). Hier beginnt ein gut ausgebauter Fußweg (bald danach Einmündung des Braunsberg-Rundwanderwegs, der den Gipfel aber nicht berührt!). In Kehren geht es in dichtem Busch- und Waldbestand höher. Teilweise sind Föhren und Rosskastanien aufgeforstet, es überwiegen aber natürliche Bestände von Eichen, Eschen und Feld-Ahorn. In der Strauchschicht sind vorherrschend: Wolliger Schneeball, Warzen-Spindelstrauch, Gewöhnlicher Spindelstrauch und Gelber Hartriegel. Ihre Früchte beleben auch im Spätsommer, wenn das üppige Blühen der pannonischen Flora schon vorbei ist, das Vegetationsbild.

Eine der ersten Wegkehren berührt den eindrucksvollen Felsabbruch des Westhangs, höher am Südhang hinauf folgt ein ausge-

Federgrasflur am Spitzerberg

prägter Trockenrasen, und mit weiteren Kehren, zuletzt durch dichten Buschwald, wird der Plateaurand erreicht. Diesen rechts auf einer Steigspur entlang gehend hat man den besten Einblick in die Felssteppen der steil abbrechenden Bergkante mit dem unterhalb dicht geschlossenen Gebüsch- und Waldsaum (Vegetation siehe Hundsheimer Berg). Vom Gipfel mit Parkplatz und Gedenkstein ergibt sich ein großartiger Rundblick:

DAS PANORAMA: Im Westen sehr malerisch die Donau mit der Schwalbeninsel, die Stopfenreuther Au und der Kirchenberg von Deutsch-Altenburg. Näher am Bergfuß die Stadt Hainburg mit dem Schlossberg und den teils felsigen Nordflanken des Hundsheimer Berges, an den der Höhenzug zur Königswarte anschließt (dort befindet sich der aus Granitgesteinen aufgebaute Kern des unterostalpin-karpatischen Bergmassivs). Nach den Hochhausfluchten von Pressburg im Osten folgen der Thebener Kogel und die Marchmündung, jenseits der Auwälder erstreckt sich das Marchfeld mit den Schlössern Schlosshof und Niederweiden.

Für den Abstieg wählt man am besten auf 2 km Länge die asphaltierte Bergstraße (die nordseitigen Wiesenhänge sind trotz Steigspuren besonders im Spätsommer wegen der hohen Vegetation nur mühsam zu begehen). Dabei können auch die Trockenrasen und Felsstandorte oberhalb des westlichen Abbruchs mit seinem eindrucksvollen Tiefblick gut besichtigt werden! Nach einigen Kehren und an der Hubertuskapelle vorbei wird schließlich im dschungelartigen Laubwald, kurz nach einem Schranken, die Nationalpark-Markierung erreicht. Hier auf dem Waldweg rechts absteigend zum Weitwanderweg und links zur Ruine Röthelstein, wo vorgelagerte Felskanzeln einen herrlichen Ausblick über den Strom und die Auwälder bieten. Weiter geht es auf dem markierten Weg zu den Altarmen der Donau hinab und auf dem Donauweg den zuletzt felsigen Bergfuß entlang (Tunnel mit Sinterbildungen) zurück zum Donauparkplatz.

Stopfenreuther Au · Sandberge Oberweiden

Weite Welt ganz nah!

Reisen in die fernsten Weltgegenden locken auch mit völlig fremdartiger Natur, seien es nun Dschungel oder Wüsten! Wer aber nicht genug Zeit und Geld aufbringen möchte oder die Strapazen scheut, muss auf solche Abenteuer nicht verzichten. Es gibt ihn ja sozusagen vor der Haustür, den Auwalddschungel entlang der Donau, das größte derartige Gebiet Mitteleuropas. Sogar gekämpft wurde um diese Au, in handgreiflicher Auseinandersetzung zwischen Naturschützern und Exekutive! Seit diesen revolutionären Ereignissen im Dezember 1984 bis zur Gründung des Nationalparks Donau-Auen 1996 hat sich schließlich eine deutliche Wende zu einer ökologischen Orientierung der Politik zumindest angebahnt.

Zum Glück für Besucher und Anrainer zerstreuten sich die mit dem Nationalparkprojekt aufgekommenen Befürchtungen weitgehend: Die Au entwickelte sich weder zu einem mit Verbotstafeln zugepflasterten Reservat, noch wurde sie von Besuchermassen niedergetrampelt. Völlig naturbelassene Biotope können sich nun in den streng geschützten Kernzonen ausbreiten, sind aber wegen ihrer Unwegsamkeit kaum begehbar. Der Wanderer wird hingegen von Brennnesseln, Disteln und undurchdringlichem Unterholz nicht abgehalten! Ihm nützen vielmehr die gebahnten Wege, die oft zu wirklich traumhaft schönen „Auenblicken“ und Fotomotiven führen.

Von Zufallserlebnissen abgesehen, kann man die Spezialitäten der Pflanzen- und Tierwelt des Auwaldes nur in professionellen Dokumentationen bewundern. Ein gutes Angebot sind daher Führungen und Bootsfahrten mit fachkundiger Begleitung. Das Blumenerlebnis Auwald besteht eigentlich vielmehr aus den im Jahreslauf wechselnden Aspekten der „Trivialflora“, verbunden mit dem gegensätzlichen Eindruck der frei fließenden Donau und den von Schilf und Waldrändern gesäumten Altwässern.

So berühmt der Auwald geworden ist, so wenig beachtet wird die „Wüste“ unserer engsten Heimat. Als Dünen und offene

Bild links: Rosskopfarm

Sandflächen existiert sie freilich nur mehr historisch. Heute kann man kaum glauben, dass zu Maria Theresias Zeiten Wanderdünen die Siedlungen im Marchfeld bedrohten. Durch die damals eingeleiteten Aufforstungen blieben von diesen Sandfluren allmählich nur Reliktlandschaften und wir können ihren ursprünglichen Charakter – ebenso wie bei den eiszeitlichen Moränengebieten – nur mehr geistig rekonstruieren. Aber selbst mit geschlossenen Trockenrasen bedeckt, bieten die „Sandberge" einmalige Erlebnisse, die noch dazu nur wenigen Naturbegeisterten bekannt sind.

Der theoretische Einwand, dass häufiges Begehen diese Biotope zerstören könnte, widerlegt sich im Gelände von selbst. Wenn die Dünenhügel nicht mehr beweidet oder gemäht werden, verschlingen Ruderalpflanzen und hoher Graswuchs in kurzer Zeit die eigentliche Sandflora. Herumstreifende Blumenfreunde übernehmen daher – ein zugegeben wenig schmeichelhafter Vergleich – eher die Funktion einer weidenden Herde! Dieses „Abgrasen" muss selbstverständlich die seltenen Pflanzen im Sinn einer positiven Selektion aussparen. Wobei diese Idee harmlos wirkt gegen die bereits verwirklichten Vorschläge, die Sandflächen wieder zu beleben, indem die Pflanzendecke teilweise abgebaggert wird.

5. STOPFENREUTHER AU

Leicht begehbarer Nationalpark-Exkursionsweg entlang der Donau bis zur Schwalbeninsel und durch den Auwald entlang des Rosskopfarms.

Route: Stopfenreuth / Uferhaus – Treppelweg – Schwalbeninsel – Rosskopfarm – Brückelwiese – Stopfenreuth, ca. 2 Std., Seehöhe ca. 140 m.
Einkehr: „Forsthaus" Stopfenreuth.
Karte: ÖK Nr. 61 (Hainburg).
Information: Nationalpark Donau-Auen, 2304 Orth an der Donau, Tel. 02212/3450.
Zufahrt: Von der Bundesstraße 9 zwischen Bad Deutsch-Altenburg und Hainburg Richtung Marchegg abzweigend über die Donaubrücke und am Beginn des Marchfelds links nach Stopfenreuth. Links haltend durch das Dorf, am Nationalpark-Informationszentrum „Forsthaus" vorbei und über den doppelten Hochwasserdamm weiter durch den Auwald zum „Uferhaus" (ehemaliger Gasthof Donauwirt).

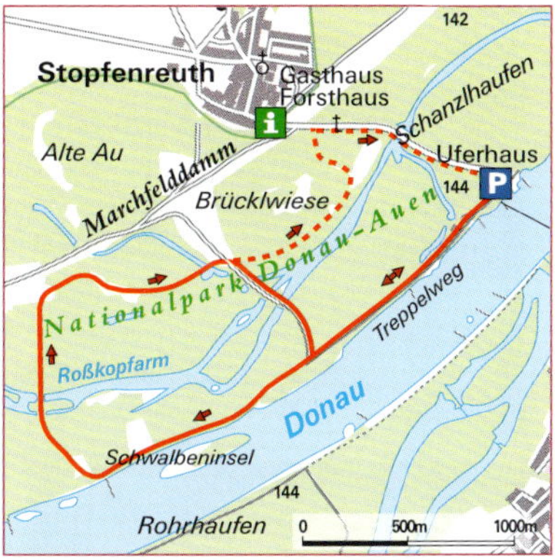

Am schönsten ist eine Wanderung durch den Auwald im Frühling, wenn man, unbelästigt von Gelsenschwärmen, das Erwachen der Natur hautnah miterleben kann. Bereits Anfang März treten massenhaft Schneeglöckchen auf. Weitere Höhepunkte folgen mit dem Laub-Austrieb und der Blüte des Bär-Lauchs im April. An den Altarmen blühen Ende Mai Wasser-Schwertlilien, und Gelbe Teichrosen kann man bis in den Hochsommer hinein beobachten.

DIE WANDERUNG: Vom Parkplatz beim Uferhaus rechts den Treppelweg entlang, vorbei an der Bootsfähre und den letzten Privathütten. Hier reizvolle Ausblicke auf Hainburg mit Braunsberg und Schlossberg sowie zu dem hinter den Pfaffenberg-Steinbrüchen aufragenden Hundsheimer Berg. Die Ränder des Treppelwegs sind dicht mit hohem Pflanzenwuchs bedeckt. Herrschen anfangs noch Robinien vor, entwickelt sich allmählich der eindrucksvolle Baumbestand der „Weichen Au" mit riesigen, bis zu 30 Meter hohen Silber-Weiden und Pappelarten (vor allem Silber- und Schwarz-Pappeln).

DIE BOTANIK: Schon auf den ersten Metern unserer Wanderung durch die Au kann man sehr gut den Reichtum an Kletterpflanzen beobachten: Gewöhnliche Waldrebe, eine echte, holzige Liane, dann aber auch krautige Kletterpflanzen, wie Hopfen, Echte Zaunwinde und Großer Windenknöterich winden bzw. ranken sich allenthalben an Holzgewächsen oder höherwüchsigen krautigen Pflanzen empor. Der Nährstoffreichtum der Auwälder wird durch eine Reihe von Stickstoffzeigern deutlich dokumentiert: Schwarz-Holunder, Große Brennnessel, Blasenkirsche (= Judenkirsche) und das einjährige Drüsen-Springkraut, eine ehemalige Gartenzierpflanze, deren Heimat am Fuß des Himalaya liegt, gedeihen hier besonders üppig und erreichen beachtliche Größen. Beachtung verdient auch die an günstigen Standorten immer wieder zu beobachtende Borsten-Karde, ein hochwüchsiges, ab Juli blühendes Kardengewächs mit weißlichen, kugeligen Blütenständen, welches anderswo schon sehr selten geworden ist.

Schneeglöckchenblüte

Die 1. Nationalpark-Infotafel behandelt hier die „Flussdynamik". Im Gelände lassen sich nach der querenden Hochspannungsleitung einige mit Steinblöcken aufgefüllte Senken im Damm erkennen. Diese Senken sind abgeriegelte und nur bei Hochwasser überströmte Verbindungen zu dem rechts verlaufenden Altarm. An einigen Stellen ist das Ufer zugänglich und je nach Wasserstand bietet sich von den vorgelagerten Geröllbänken ein ausgezeichneter Rückblick zu den Hainburger Bergen. Stromaufwärts taucht bereits die Schwalbeninsel auf.

Bei der 2. Infotafel über die „Weiche Au" befindet sich eine Forststraßen-Abzweigung mit Nationalpark-Wandermarkierung, an der man am Rückweg wieder zum Treppelweg gelangen kann. Zwischen dem Strombett der Donau und dem Treppelweg-Damm hat sich auf ausgedehnten Ablagerungen bereits eine frisch aufwachsende Kleinau mit dichtem Weidengebüsch gebildet. Anschließend an die 2. Infotafel passiert man die durch einen Seitenarm der Donau abgetrennte „Schwalbeninsel". Bei besonders niedrigem Wasserstand kann man trockenen Fußes hinüber gehen und den auf der vorhergehenden 3. Infotafel beschriebenen Standort „Kiesbank" mit seinen bunten und zum Sammeln einladenden Steinen erforschen.

Wasser-Schwertlilie

Aber auch botanisch Interessierte kommen hier auf ihre Rechnung. Am Rand der Kiesbänke befinden sich sandig-schlammige Ablagerungen mit einigen zwar unscheinbaren, aber interessanten Pflanzen: Schlammkraut, Braunes Zypergras, Wilde Sumpfkresse, Sumpf-Ruhrkraut, Schwarzfrucht-Zweizahn und Dreiteiliger Zweizahn. Daneben gibt es viele andere Arten nasser bis trockener Ruderalstellen, wie Gewöhnlicher und Haariger Schwarzer Nachtschatten, Platthalm-Simse, Milder Knöterich, Vielsamiger, Weißer und Klebriger Gänsefuß, Weißer Fuchsschwanz, Gewöhnliches Greiskraut und Gewöhnlicher Klaffmund. Fallweise sind die Schotterfluren übersät mit teilweise schon blühenden Paradeiser-Jungpflanzen, die aber kaum bis zur Fruchtreife ausdauern können (das nächste Hochwasser kommt bestimmt).

Am Weiterweg erstreckt sich nun neben dem Treppelweg eine weitläufige Auwiese, die sogar etliche trockenheitsliebende Pflanzenarten aufweist und vor der Mahd im Juni ein buntes Bild ergibt: Gelb-Skabiose, Steppen-Bergfenchel, Schmalblatt-Wiesen-Flockenblume, Klein-Bibernelle, Felsennelke, Zypressen-Wolfsmilch und Bartgras. Im späteren Hochsommer blüht an den Wegrändern ein stark aromatischer, goldgelber Korbblütler, der Rainfarn.

An die folgende Auwiese schließt eine weitere Aufläche an. Bei der Treppelwegtafel (Stromkilometer 1889,6 – von der Schwarzmeermündung gezählt) zweigt rechts ein Fahrweg ab. Dieser führt zunächst über eine malerische Lichtung mit einzelnen Kastanienbäumen und geht dann weiter durch einen mit riesigen Pappeln bestockten Auwald zum Rosskopfarm. Ein verlandetes Altwasser bietet mit seinen umgestürzten Bäumen ein urwaldartiges Bild. Kurz danach öffnet sich bei der Dammquerung der stimmungsvolle Ausblick über freie Wasserflächen mit ihrer Schilfumrahmung.

Urwald am Altarm

An den Altarmen kann man unschwer eine Reihe imposanter Pflanzenarten entdecken (allerdings ist die Artengarnitur nicht überall die gleiche!): Breitblatt-Rohrkolben, Grüne Teichbinse, Pfeilkraut, Gewöhnlicher Blutweiderich, Wasser-Schwertlilie, Wasser-Minze, Sumpf-Helmkraut, Sumpf-Vergissmeinnicht und Wiesen-Alant wachsen meist direkt am Ufer. Auf der Wasseroberfläche treibt die Kleine Wasserlinse (es kommt hier auch die Untergetauchte Wasserlinse vor). Die Gelbe Teichrose mit ihren großen, auf der Wasseroberfläche schwimmenden Blättern und den auffälligen, gelben Blüten ist kaum zu übersehen. Unscheinbarer ist hier schon der ebenfalls mit Schwimmblättern ausgestattete Froschbiss, dessen weiße Kronblätter nur etwa 1 cm lang werden. Das wie die Untergetauchte Wasserlinse submers (unter Wasser) lebende Raue Hornblatt bildet mitunter dichte Bestände und ist aus diesem Grunde leicht ausfindig zu machen.

Herbstliche Stopfenreuther Au

Man folgt der breiten Forststraße weiter gegen Norden, bis man das freie Gelände vor dem Hubertusdamm erreicht. Hier rechts abzweigend die Wiesenfläche entlang und auf einem Fahrweg durch den dichten Waldbestand zu einer weiteren großen Auwiese. Der links angrenzende Wald zeigt schon die Arten der „Harten Au“: Stiel-Eiche, Flatter-Ulme, Feld-Ulme, Feld-Ahorn, Linde. Sein Rand wird von einer dichten Strauchzone begleitet, u. a. mit Rotem Hartriegel, Liguster, Gewöhnlichem Spindelstrauch, Hunds-Rose, Einkern-Weißdorn und Schlehdorn. Lanzett-Aster, Riesen-Goldrute und Blasenkirsche ergeben im Herbst in Verbindung mit der beginnenden Laubverfärbung einen reizvollen, bunten Aspekt.

Bei einer hohen Rosskastanie beginnt der weiterführende Fahrweg durch einen höherwüchsigen, aber zugleich lichteren Auwald und erreicht schließlich eine querende Forststraße. Auf dieser nach links gehend, passiert man einen verlandeten, mit Schilf verwachsenen Altarm (1997 Fraßspuren eines Bibers an einer Flatter-Ulme) und erreicht sodann die ausgedehnte „Brückelwiese“. Der Boden dieser Wiese ist besonders rechts des Weges sehr uneben und zeigt auf den Erhöhungen einige Trockenrasensippen (z. B. Kleine Golddistel, Schmalblatt-Wiesen-Flockenblume, Echter Odermennig, Gewöhnlicher Natternkopf), während die seichten Senken den wechselfeuchten Charakter einer solchen Auwiese erkennen lassen. Weitere beachtenswerte Pflanzen sind der Wiesen-Alant und das hier relativ häufige Echte Tausenguldenkraut.

Auf dem gegen Südosten, in die rechte Ecke dieser ausgedehnten Wiesenfläche führenden Fahrweg weiter bis zum Waldrand. Die anschließende Forststraße quert (bei P. 142 m der ÖK) den auch hier geteilten Rosskopfarm mit höchst stimmungsvollen Ausblicken und der Infotafel „Altarm“. Nun eine kurze Strecke die Forststraße entlang und auf dem Treppelweg links zum Ausgangspunkt.

Wer aber in den „Auwald-Dschungel“ tiefer eindringen will, was sonst nicht empfehlenswert ist, geht zurück zur „Brückelwiese“. Gleich bei deren Anfang am Waldrand rechts auf dem Fahrweg in eine schmale Lichtung. Wo links ein breiterer Forstweg abbiegt, geht man geradeaus auf einem ziemlich verwachsenen, aber offensichtlich immer wieder begangenen Steig weiter bis zu einer üppigen Wiese, die von einer Hochspannungsleitung gequert wird. Kurz davor weist eine Wegspur links durch den Wald zur Uferstraße nahe dem Kriegerdenkmal und dem Hochwasserstein mit der Markierung des Höchststands von 1954. Auf der Asphaltstraße rechts knapp 1 km zum „Uferhaus“.

6. SANDBERGE OBERWEIDEN

Naturschutzgebiet in der Flugsand-Dünenlandschaft des Marchfelds mit artenreichem Sand-Steppenrasen und äußerst reizvollem Landschaftseindruck.

Route: Streckenwanderung über die Sandberge vom Ausgangspunkt an der Straße zwischen Schönfeld und Oberweiden; Fahrwege und Steigspuren, ca. 1 1/2 Std., Seehöhe ca. 160 m.

Einkehr: Keine Möglichkeit, nur Gasthöfe in den benachbarten Orten.

Karte: ÖK Nr. 42 (Gänserndorf).

Information: Fachbericht des NÖ Landschaftsfonds Nr. 6/97 „Dünen in Niederösterreich".

Zufahrt: Von Wien / Kagran über Breitenlee – Raasdorf – Leopoldsdorf im Marchfeld – Untersiebenbrunn nach Schönfeld. Dorthin auch von der Donaubrücke Deutsch-Altenburg über Marchegg oder Groißenbrunn – Lassee. Von Schönfeld auf der Straße Richtung Oberweiden: Einer kurzen Walddurchfahrt folgt ein längeres Waldstück. Daran schließt sich zwischen Feldflächen eine Straßenallee an (rechts werden bereits die Dünenhügel sichtbar!) und vor dem nächsten Wald befindet sich rechts die auf den „Sandberg" hinweisende Naturschutztafel (3,5 km nördlich von Schönfeld, beschränkte Parkmöglichkeit).

Durch ausgedehnte Feinsand-Ablagerungen im Bereich der periodisch wasserreichen Flüsse und das Fehlen einer schützenden Vegetationsdecke kam es während der letzten Eiszeit und zum Beginn der Nacheiszeit im östlichen Weinviertel zur Bildung ausgedehnter Dünen- und Flugsandgebiete. Diese stabilisierten sich allerdings in den folgenden wärmeren Klimaperioden durch aufkommenden Pflanzenwuchs und Bewaldung. Vor allem

infolge der frühmittelalterlichen Rodungen setzte die Winderosion wieder ein und nahm solche Ausmaße an, dass in weiten Gebieten des Marchfelds fast wüstenhafte Verhältnisse herrschten. Erst im 17. Jh. führten die Bemühungen zur Festigung der Sandgebiete, vor allem durch Aufforstungen und Verbot von Beweidung und Ackerbau, allmählich zum Erfolg.
Heute stellen diese mit pannonischen Trockenrasen bedeckten Sanddünen letzte Refugien für viele sandliebende Tier- und Pflanzenarten dar und sind auf einige kleine, unter Naturschutz stehende Restflächen zusammengeschrumpft. Sie zählen nunmehr zu den seltensten und gefährdetsten Standorten überhaupt und wurden daher von der EU in die „Liste der prioritären Lebensräume" aufgenommen. Ohne geeignetes Biotop-Management werden sie über kurz oder lang verloren sein.

DIE WANDERUNG: Bereits am Ausgangspunkt stimmt der sandig-trockene Waldrand mit seinem eigenartigen Pflanzenbestand auf das folgende Naturerlebnis ein: An der Wegabzweigung befindet sich ein verwilderter Bestand der Seidenpflanze, die früher versuchsweise zur Kautschukgewinnung kultiviert wurde. Gleich in der Nähe finden wir auch das Kali-Salzkraut, die Langblatt-Melde und den Grau-Andorn. Der Fahrweg, der zu den „Sandbergen" führt, zieht zunächst einen Schwarzföhrenwald entlang und wird an der rechten (südlichen) Seite von Ackerflächen begleitet. Diese bieten das Bild der herkömmlich bewirtschafteten, eher eintönigen Felder und stehen damit im krassen Gegensatz zu den vom Distelverein betreuten schmalen Brachflächen (1999) mit ihrer bunten Pflanzenvielfalt.

Sand-Strohblume

Am Ende des Föhrenwalds öffnet sich die einzigartige Landschaft der „Sandberge": Aus dem sanftwelligen, schon Ende Mai gemähten Wie-

senboden erheben sich niedrige, aber dennoch auffällige Hügel. Diese sind mit dichtem Rasen bedeckt, der bereits mit einzelnen Sträuchern und kleinen Bäumen durchsetzt ist, was dem Besucher die drohende Verbuschung drastisch vor Augen führt. Leider sind offene Sandflächen infolge fehlender Beweidung in den letzten Jahrzehnten völlig verschwunden. Nur an Wegrändern treten noch kleine offene Flächen mit feinem Flugsand hervor.
Die ersten beiden Dünen werden von hohem Rasen dominiert, die Kuppe der dritten Düne zeigt sogar schon dichteren Strauchbewuchs; neben dem Weißdorn gedeiht hier der sich gefährlich ausbreitende Götterbaum mit seinen eschenartig gefiederten Blättern, die beim Zerreiben unangenehm riechen. Eine hier im Herbst 1999 von Grasnarbe und Strauchwuchs befreite Fläche könnte mit ihrem nun offenen Boden in den kommenden Jahren für botanische Überraschungen sorgen! Die Senken zwischen den Dünenhügeln zeigen auf Grund regelmäßiger Mahd eine bunte Blütenpracht, wie sie bei der einstigen Beweidung hier überall zu sehen war. Auf dem anschließenden, niedrigen Hügelrücken etwa beginnt das Vorkommen der Späten Federnelke.
In der nächsten, quer verlaufenden Senke verzweigt sich der Fahrweg: Links geht es durch eine Lichtung an die Nordostseite der Waldzone (dort kommt man links, entlang von Äckern und bunten Brachfeldern, zurück zur Straße, 400 m vom Ausgangspunkt). Rechts führt der Weg hinaus in eine weitläufige, naturnahe Steppenlandschaft, deren Rasenflächen nur von einzelnen Schwarz-Föhren und Wacholderbüschen unterbrochen werden. Jenseits begrenzt Föhren- und Robinienwald diese weder von Bauwerken noch von Stromleitungen beeinträchtigte Naturszenerie. Geradeaus, auf einem schmalen Weg ansteigend, erklimmt man nun als vierte Erhebung

Fruchtendes Federgras

den eigentlichen Sandberg (Seehöhe 161 m). Dessen flachwelliger Kamm wird an der linken Seite von Mulden und weiteren Rasenrücken begleitet und vom Waldrand begrenzt, aus dem einzelne Sträucher und Schwarz-Föhren in die freie Fläche vordringen. Zur Rechten fällt der Rasenhang in die vorhin geschilderte freie Sandsteppe ab und bietet einen einzigartigen, wie durch ein Wunder naturbelassenen Ausblick, der besonders zur Fruchtzeit des Federgrases (Ende Mai bis Juni) einfach überwältigend ist.

Fahrspuren und einzelne abgemähte Streifen unterbrechen den hohen Rasenwuchs. Hier kann sich, wie bereits auf den ersten Dünenhügeln, vor allem das mit seinen zarten, weißen Blüten besonders duftig aussehende Rispen-Gipskraut behaupten, das sich zur Fruchtzeit in einen „Steppenroller“ verwandelt. Auf dem Hügelrücken weiterwandernd, folgt man am besten den Fahrspuren oder einem spärlichen Steig und gelangt so in eine Senke mit kleinen Baumgruppen und einer weiten, bis an den nördlichen Waldrand heranreichenden Steppenflur. Obwohl diese stellenweise einige Unebenheiten aufweist, wird sie offensichtlich ein- bis zweimal jährlich gemäht und bietet daher bis in den Herbst hinein immer wieder einen reizenden Blütenflor, in dem die spät blühenden Raritäten besonders auffallen (Späte Federnelke, Sand-Strohblume, Rispen-Gipskraut, Natternkopf-Habichtskraut). Es lohnt sich, genug Ausdauer aufzubringen und bis zum letzten Hügel weiter zu wandern, über dem in der Ferne die Ausläufer der Karpaten auftauchen.

Von dort (oder schon beliebig vorher) geht man rechts hinab zu einem als Pferderennbahn angelegten Sandfahrweg, der wieder zurück zum Ausgangspunkt führt. Bei einer Verzweigung rechts gehend überblickt man dabei die weite Rasensteppe ebenso wie den Hügelzug der Sandberge.

DIE BOTANIK: Da größere offene Sandflächen weitgehend fehlen (de facto nicht mehr bestehen), sind einige ihrer typischen Vertreter wie Sand-Schwingel, Sand-Radmelde, Sand-Strohblume, Sand-Gipskraut und Späte Federnelke bereits stark gefährdet bzw. stehen kurz vor ihrem Aussterben. Das heißt aber nicht, dass das Gebiet der Sandberge botanisch uninteressant wäre. Denn dort, wo

die offenen Sande von einer mehr oder weniger dichten Vegetation bedeckt werden, entstehen die nicht minder reizvollen pannonischen Trockenrasen, die sich hier – begünstigt durch die sandigen und daher sehr trockenen Böden – besonders artenreich entwickeln. Typische, an diese Standortsbedingungen bestens angepasste Arten sind: Sand-Fingerkraut, Kelch-Steinkraut, Steppen-Wolfsmilch, Österreichischer Lein, Frühlings-Brand-Knabenkraut, Österreichischer Quendel, Grau-Goldlack, Hügel-Miere, Ohrlöffel-Leimkraut, Sand-Esparsette, Steppen-Spitzkiel, Felsennelke, Feinblatt-Lein, Hügel-Meier, Österreichischer Zwerggeißklee, Kali-Salzkraut, Gelb-Labkraut, Seidenhaar-Backenklee, Ähren-Blauweiderich, Kreuz-Enzian, Berg-Haarstrang, Steppen-Bergfenchel, Pferde-Bergfenchel, Kleine Golddistel, Edel-Gamander, Jakobs-Greiskraut, Gelb-Skabiose, Gelb-Zahntrost, Pfriemengras und Bartgras.
An Wegrändern oder anderen ruderal beeinflussten Stellen finden wir Runzelnüsschen, Grau-Andorn, Feld-Mannstreu, Sicheldolde und Gewöhnliches Bitterkraut. Direkt am Weg wächst der extrem trittresistente Gleichblättrige Vogelknöterich, der mit Hilfe seiner Samen relativ leicht bestimmbar ist.

Sandberge Oberweiden

Bockstallberg · Galgenberg · Naturpark Leiser Berge

Inseln im Feldermeer

Das Weinviertel gehört zu den ältesten Siedlungsgebieten Niederösterreichs. Günstige Voraussetzungen dafür waren mildes Klima, fruchtbarer Lössboden und die leichte Zugänglichkeit, von der Donau her ebenso wie vom benachbarten Mähren mit seinen urgeschichtlichen Kulturzentren. Durch die Kontinuität der Bodenbearbeitung, über mehr als fünf Jahrtausende hinweg, blieben vom ursprünglichen Vegetationsgefüge schließlich nur spärliche Reste erhalten.

Von den natürlichen Voraussetzungen her gab es hier überwiegend den Eichen-Hainbuchen-Mischwald der Hügelstufe, savannenartige Steppen und nur wenige baumfreie „Heideböden" auf Felsuntergrund und Schotterflächen. Die Talmulden waren feucht und dicht mit Sumpfpflanzen verwachsen. Gleichwohl stand „gutes" Wasser, das heißt nutzbare Quellen, nicht im Übermaß zur Verfügung, wie die zahlreichen Ortsnamen auf „-brunn" beweisen. Seit der mittelalterlichen Erschließung überwiegt endgültig das Ackerland, wie es auch heute noch das Bild des Weinviertels prägt.

Dennoch boten sich für die intensive Agrarwirtschaft dieses Jahrhunderts immer noch Möglichkeiten zu Naturveränderungen: Bäche wurden reguliert, die letzten sumpfigen Talböden drainagiert und umgeackert (heute glaubt man wegen der drohenden Austrocknung bewässern zu müssen!). Hutweiden auf steinigen Höhenrücken wurden durch Aufforstungen mit Kiefern oder Robinien verdrängt. Wo schon Ackerland bestand, drängten die Pflugscharen noch näher an Waldränder und Raine heran, und was dann noch einigermaßen an Natürlichkeit verblieben war, fiel Kunstdünger und Giftmitteln zum Opfer.

Einigermaßen naturbelassene Standorte wirken daher im Weinviertel tatsächlich wie „Inseln im Feldermeer", zumindest aus Sicht des Naturschützers. Denn der „Agronom" sucht jeden Flecken Grund und Boden auszunützen. Für ihn ist nur wertvoll, was bebaut oder aufgeforstet werden kann und damit sofort

Bild links: Diptam am Galgenberg

oder auf längere Sicht Einkommen bedeutet. Schützenswerte Naturgebiete müssen daher durch Ersatzleistungen und bezahlte Pflegemaßnahmen abgesichert werden, sollen sie nicht vorsorglich der Vernichtung zum Opfer fallen. Unproduktive Flächen haben höchstens für die Jagd einen gewissen Wert bei der dörflichen Bevölkerung. Die ausgedehnten, meist zu Großgrundbesitz gehörenden Waldungen auf den Berghöhen ersetzen nämlich nicht die verstreuten Einstandsgebiete für das Wild, die es aber gerade in dieser „ausgeräumten" Landschaft umso dringender benötigt.

Die drei in den nachfolgend beschriebenen Touren vorgestellten „Naturinseln" sind sowohl von ihrem Landschaftscharakter her als auch hinsichtlich ihrer ökonomischen Verwendung höchst unterschiedlich. Zwei weitere Exkursionspunkte lassen sich damit leicht verbinden:

1. Zunächst im Nordwesten der Leiser Berge der pultartige Abbruch eines Ackerhügels bei Oberschoderlee. An dieser „Blauen Wand" wächst die Hornmelde, ein aus Zentralasien stammendes Relikt der eiszeitlichen Steppenflora (neben Goggendorf an der Schmida einziger Fundort in Österreich). Zufahrt vom Ortszentrum bei der Kirche (Richtung Bundesstraße 6) auf der steil durch den Wald ansteigenden Straße, wo kurz vor der Berghöhe rechts ein Fahrweg abzweigt, über den die aussichtsreiche Bergkante erreicht wird.

2. Die Salzböden bei Zwingendorf an der Pulkau, die neben jenen im Marchgebiet eine Seltenheit in Niederösterreich darstellen. Eher aus dem burgenländischen Seewinkel bekannt, findet man die dort vorkommenden Pflanzen in botanischen Bilderbüchern unter Küstenvegetation! Es gibt dazu einen Dokumentationsraum im Dorfmuseum (Auskunft Tel. 02527/563).

7. BOCKSTALLBERG

Teilweise bewaldete Bergkuppe im Höhenzug nördlich des Ernstbrunner Walds, zwischen dem oberen Göllersbachtal und Kammersdorf gelegen; wegen der überaus vielfältigen pannonischen Flora zum Naturschutzgebiet erklärt.

Route: Vom Ausgangspunkt an einer Nebenstraße östlich von Haslach Rundwanderung über den Südwest- und Südostkamm; unbezeichnete Wege und Steigspuren, Orientierung nicht ganz leicht, ca. 1 1/2 Std., Seehöhe 260 bis 352 m.
Einkehr: Keine Möglichkeit.
Karte: ÖK Nr. 23 (Hadres).
Zufahrt: Von Hollabrunn (Mühlgasse) über Wieselsfeld nach Kleinstetteldorf, weiter Richtung Nappersdorf und rechts nach Haslach abzweigend. Dort bei der Ortskapelle links zur Landstraße zwischen Nappersdorf und Enzersdorf und auf dieser rechts ca. 750 m zu einem links abzweigenden Feldfahrweg (beschränkte Parkmöglichkeit).
Oder von Ernstbrunn kommend Richtung Hollabrunn bis Enzersdorf im Thale. Dort kurz rechts (Richtung Kleinkadolz) und gleich links abzweigend Richtung Nappersdorf. Über die Anhöhe am „Stampfbühel" hinweg und 1 km danach zu dem (in dieser Richtung rechts) abzweigenden Feldfahrweg.

DIE WANDERUNG: Der Fahrweg führt östlich in eine Ackermulde hinein und biegt um eine hohe Weidengruppe herum zu einer Verzweigung. Hier geht man links (!) in einen etwas verwachsenen, von dichtem Gesträuch verdeckten Karrenweg (Wolliger Schneeball, Schwarz-Hollunder, Einkern-Weißdorn, Gewöhnlicher Spindelstrauch, Schlehdorn u. a.). Nach kurzer Strecke führt eine Fahrspur rechts über die Böschung auf eine Feldterrasse. Nächster Zielpunkt ist der oberhalb gelegene Waldrand (überwiegend Robinien). Von der Feldterrasse etwas rechts haltend über die Böschungen mit spärlichen Steigspuren zur nächsthöheren Verflachung. Nahe dem linken Waldrand ist nun ein deutlicher Steig zu finden, dem man rechts ansteigend folgt. Vorbei an Birken und einzelnen Schwarz-Föhren wird der Südwestrücken des Bockstalls erreicht.

DIE BOTANIK: Am Südwestrücken können wir Ende April bis Anfang Mai mit Waldsteppen-Windröschen, Großer Kreuzblume, Vielfarben-Wolfsmilch und Purpur-Knabenkraut einige besonders dekorative Vertreter pannonischer Wiesensteppen bewundern. Sehr hübsch sind auch die beiden hier vorkommenden Fingerkraut-Arten (Sand- u. Siebenblatt-Fingerkraut), ferner Zypressen-Wolfsmilch und Runzelnüsschen. Auch zwei in ihrem Bestand bereits gefährdete Seggen sind hier zu finden (Micheli- und Filz-Segge). Beim weiteren Anstieg fällt noch das Südliche Mariengras auf, eines der am frühesten blühenden Rispengräser. Leider sind diese im Frühling so überaus bunten und interessanten Wiesenflächen durch die zahlreich aufkommende Stein-Weichsel stark gefährdet. Zu deren Fruchtzeit Anfang Juli blüht hier am Südhang der seltene, stark gefährdete Zotten-Lein.

Purpur-Knabenkraut

Die breite Wiesenwölbung formt sich bald zu einem Kammrücken, an dem der Steig entlang zieht. Hier treten vereinzelte Stiel-Eichen, größere Bestände der Zwerg-Weichsel und Federgrasfluren auf. Nach einem Querriegel schärft sich der sonst breitflächige Berghügel zu einer auffallenden Pultform, die links (an der Westseite) sogar einen schroffen Abbruch aufweist. Dieser besteht aus Konglomeraten, die von der Ur-Donau bei ihrem im Jungtertiär über das heutige Weinviertel hinweg zum pannonischen Binnenmeer führenden Lauf abgelagert wurden (Hollabrunner und Mistelbacher Schotterkegel). Den Steilrand entlang geht man nun kurz weiter zum Gipfelplateau auf dem Bockstallberg, das einen ganz reizvollen Ausblick bietet: Der im Aufstieg vorherrschende Blick in das Hollabrunner Becken weitet sich nun gegen Nordwesten zu den Höhen bei Mailberg

(Galgenberg und Buchberg). Im Süden begrenzen die Ausläufer des Ernstbrunner Walds das von Hollabrunn ostwärts biegende Göllersbachtal mit den Ortschaften Eggendorf, Altenmarkt und Enzersdorf, sämtliche „im Thale“ gelegen.

Die Wiesen neben der Abbruchkante zeigen die bereits vertrauten Pflanzen und erst einige Schritte in den angrenzenden Eichenwald führen zu neuen Arten, die allerdings Ende April entweder bereits verblüht sind (wie Wald-Bingelkraut, Leberblümchen, Arznei-Schlüsselblume) oder sich erst knospig präsentieren: z. B. Purpurblauer Steinsame, Diptam, Waldmeister. In voller Blüte stehen jedoch Österreichischer Ehrenpreis und Spanische Schwarzwurz, ein stattlicher, gelb blühender Kreuzblütler ist der Ausdauernde Rapsdotter. Am Weiterweg liegt oberhalb der Steigspur eine kleine Lichtung mit Schmalblatt-Milchstern.

Bunt-Schwertlilie

Vom nordseitigen Waldsaum zurückkehrend, führt der Weiterweg beim höchsten Punkt des Gipfelplateaus (bei einer einzelnen Schwarz-Föhre) links auf einer spärlichen Steigspur ein paar Schritte bergab. Zwischen dem Strauchrand des Bergrückens (in Nischen des nordseitigen Waldrandes prachtvolle Diptam-Standorte) und dem vom Südhang heraufreichenden Robinienwald geht man auf einer Steigspur ostwärts weiter. Anschließend folgt ein ziemlich dicht mit Weißdornbüschen verwachsenes Gelände, wo die sonst selten zu findende Bunt-Schwertlilie sehr häufig vorkommt. Weitere und ebenfalls Ende Mai blühende Arten sind Blut-Storchschnabel, Aufrechte Waldrebe, Mücken-Händelwurz, Steppen-Salbei und Acker-Wachtelweizen. Gegen den Hochsommer zu blühen zahlreich der Seidenhaar-Backenklee und die Breitblatt-Platterbse. Diese Pflanzen sind zwar im pannonischen Gebiet nicht selten, tragen aber zum reizvollen Charakter dieser Fluren wesentlich bei.

Die Steigspur wendet sich nun nach rechts und folgt dem Südost-Rücken bis zu einem Hochstand. Von der linken Bergkante ergibt sich ein malerischer Ausblick auf die Feldfluren um Kammersdorf, unterhalb erstreckt sich am Berghang ein Laubmischwald mit teilweise bereits verwachsenden Lichtungen. Wenn Ende April die gelbe Pracht des Frühlings-Adonisröschens sich bereits dem Ende zuneigt, entfaltet hier das zahlreich vorkommende Waldsteppen-Windröschen seine auffallenden weißen Blüten. Auf dem Weg vom Hochstand abwärts begegnen wir einigen Feld-Ulmen mit bereits reifen Früchten und auffallenden Korkleisten an den Zweigachsen, sowie dem Kopf-Zwerggeißklee und dem Helm-Knabenkraut. (Mit etwas Glück lässt sich auch die Hybride zwischen Purpur- und Helm-Knabenkraut finden.)

Etwas steiler bergab geht es nun einen Robinien-Waldrand entlang. Zwischen dichteren Büschen erreichen die hier recht spärlichen Spuren den oberen Rand des Acker- und Brachengeländes. Je nach den Vegetationsverhältnissen steigt man auf der günstigsten Route zum breiten Sattel ab. Dort dem Fahrweg rechts folgend durch die teilweise feuchte Mulde leicht bergab, an der Weidengruppe vorbei und zum Ausgangspunkt an der Landstraße.

Schotter der Urdonau

8. GALGENBERG

Von Äckern und Weingärten umgebenes Naturschutzgebiet auf einer flachen Bergkuppe südlich von Mailberg, leicht erreichbar, einfache Wegführung.

Route: Rundweg über den Süd- und Westhang von der Flur Seebergen aus; unbezeichnete Fahrwege und Steigspuren, ca. 1 Std., Seehöhe 250 bis 346 m.

Einkehr: Keine (auch in den Dörfern der Umgebung kaum Gasthäuser).

Karte: ÖK Nr. 23 (Hadres).

Zufahrt: Von Hollabrunn über Aspersdorf (oder im Anschluss an den Bockstallberg von Nappersdorf) nach Oberstinkenbrunn. Im Ortsgebiet Richtung Schalladorf abzweigen, gleich nach der Linksbiegung aber rechts, eine Kellerzeile entlang, ins freie Feldgelände der „Ledererlüsse“. Nach Durchquerung einer Mulde gelangt man in ein seichtes Seitental mit Kreuzung bei auffallendem Marienbild (beschränkte Parkmöglichkeit).

DIE WANDERUNG: Auf dem rechten Fahrweg wandert man ein Gehölz entlang und links wendend aufwärts, teilweise in seichtem Hohlweg neben einem Weingarten. An der Böschung mehrerer Brachflächen, die rechts oberhalb anschließen, fallen Zwerg-Weichsel und Feld-Ulme als typische Holzgewächse für sonnige, trockene Stellen auf. Das folgende freie Gelände mit schönem Rückblick auf Oberstinkenbrunn wird zuerst links, später rechts von einem Robinienstreifen berührt. Nach letzterem rechts abbiegend zu einem Hochstand, wo der Fahrweg zuerst noch eben geradeaus und dann links aufwärts weiterführt (die direkt ansteigenden Abkürzungen verlaufen über Privatgrundstücke). Zuletzt gelangt man im Bogen von Osten her auf den Galgenberg (Rastplatz), einem Blütenparadies, das man in diesem agrarisch intensiv genutzten Gebiet nicht vermuten würde.

Gleich neben dem ehemaligen Galgen blüht etwa Anfang Juni das überaus seltene Brandkraut, ein stattlicher Lippenblütler mit quirlig angeordneten rosa Blütenbüscheln. In den Gruben der ehemaligen Steinbrüche findet man (wie bereits am Aufstieg an den Blöcken der Wegränder) fossilreiche Tertiärkalke. Abgesehen vom Waldsaum des Mailberger Buchbergs im Nordwesten bietet die flache Gipfelkuppe auch eine umfassende Rundsicht: Im Südwesten das Hollabrunner Becken, links anschließend die Ausläufer des Ernstbrunner Walds mit dem „Bockstall" und fern die Leiser Berge mit der Radarkuppel am Buschberg. Gegen Nordosten öffnet sich die Pulkau-Thaya-Mulde mit der Stadt Laa, begrenzt von der Staatzer Klippe und den Falkensteiner Bergen, jenseits der Grenze die Pollauer Berge bei Nikolsburg.

Trauer-Nachtviole

DIE BOTANIK: Die Strauchzone des oberen Südhangs setzt sich hauptsächlich aus Schlehdorn, Einkern-Weißdorn, Wolligem Schneeball, Hunds-Rose, Rotem Hartriegel und einzelnen Vogel-Kirschen (Fruchtreife Anfang Juli) zusammen. Auf dem Gipfelplateau und an seinen Rändern finden wir einige typische Vertreter pannonischer Halbtrocken- und Trockenrasen (Ende April): Vielfarben-Wolfsmilch, Zypressen-Wolfsmilch, Frühlings-Adonisröschen, Trauer-Nachtviole, Wiesen-Salbei und Bunt-Flockenblume. Dazu kommen im späteren Verlauf noch Aufrecht-Ziest, Österreichischer Ehrenpreis und Runzelnüsschen, sowie Zotten- und Feinblatt-Lein (Anfang Juli). Eine besondere botanische Attraktion des Galgenbergs ist aber, neben dem schon erwähnten Brandkraut, der sehr seltene und in seinem Bestand stark gefährdete Niederliegende Besenginster.

Der Rückweg beginnt westwärts zwischen den bereits verwachsenen Gruben der ehemaligen Steinbrüche und benützt einen mehr oder weniger deutlich ausgeprägten Steig. Teilweise ist das Gehölz gerodet (Brandrodung von 1998/99) und auf dem nun freien, üppig aufwachsenden Rasenboden entwickelt sich eine ungemein farbenprächtige pannonische Flora. Besonders Ende Mai bilden Aufrechte Waldrebe und Schwalbenwurz, Blut-Storchschnabel und Große Kreuzblume einen weiß und rot leuchtenden Blütenteppich, aus dem der prächtige Diptam in unglaublich dichten Beständen zwischen dem fruchtenden Federgras herausragt. Vor einer Strauchreihe, wo es teilweise steiler bergab geht, hält man sich eher links und nach einer weiteren Böschung mit teilweise vegetationsfreiem Boden wird bald eine Terrassenfläche erreicht. Hier befinden sich zwei auffallende Weichsel-Arten, und zwar die niedrige, reich fruchtende Zwerg-Weichsel und die deutlich höhere, zur selben Zeit (Ende April) blühende, aber kaum Früchte tragende Mittlere Weichsel. Der quer verlaufende Fahrweg leitet rechts zum Stinkenbrunner Weg und nach Mailberg. Unser Abstieg zweigt jedoch links (gegen Süden) ab und man hält sich nun am besten auf dem Rücken, einen etwas verwachsenen Feldweg entlang. Der rechts unterhalb der Böschung verlaufende Fahrweg ist aber bei hohem Bewuchs leichter begehbar. Nach Vereinigung der beiden Wege geht man mit freiem Ausblick, von Feldern und Brachen begleitet, weiter bergab und erreicht beim Robinienwäldchen wieder den Zugangsweg. Auf diesem zurück zum Ausgangspunkt beim Marienbild im Talgrund.

An den Feldrändern und auf einigen Brachflächen lassen sich interessante „Ackerunkräuter“ beobachten (Ende April): Orientalischer Ackerkohl, Acker-Senf, Acker-Rettich, Gewöhnlicher Feldrittersporn und Acker-Steinsame. Ferner blühen am Wegrand das eher unscheinbare Kelch-Steinkraut und der bis zu 60 cm hoch werdende Wild-Leindotter, beide mit kleinen, hellgelben Blüten. Neben der kleinblütigen Besenrauke blühen einen Monat später noch einige durch ihre Rotfärbung besonders auffallende Arten, nämlich Inkarnat-Klee, Sommer-Adonisröschen und Acker-Wachtelweizen. Bei der Rückfahrt können Feldkulturen mit Arzneipflanzen auffallen (z. B. Johanniskraut).

Diptam

NATURPARK LEISER BERGE

Leiser Berge

Das Landschaftsschutzgebiet Leiser Berge mit seinem 1970 eröffneten und ständig weiter ausgebauten Naturpark bildet sozusagen das historisch-naturkundliche Herzstück des Weinviertels. Besonders mit Kindern lässt sich ein abwechslungsreiches, interessantes Besichtigungs- und Wanderprogramm gestalten.

Die bis in die Steinzeit zurückreichende menschliche Besiedlung ist am „Historischen Pfad“ (Infotafeln im Gelände), auf dem Oberleiser Berg (Ausgrabungen, Aussichtswarte mit Dokumentationsraum, zum Wochenende geöffnet) und im überaus sehenswerten Urgeschichtsmuseum Asparn an der Zaya (Montags geschlossen, Tel. 02577/8240) nachzuerleben. Eher volkskundlichen Charakter haben das Weinlandmuseum in Asparn, das Schulmuseum in Michelstetten und der historisch erhaltene und bewirtschaftete Bauernhof in Simonsfeld (mit regelmäßigem Bauernmarkt, geöffnet zum Wochenende von März bis November).

Naturkundliche Schwerpunkte:

Wildpark Ernstbrunn: Geöffnet von Ostern bis Allerheiligen (außer Montag). In einer Rundwanderung von Ernstbrunn aus sehr lohnend zu erreichen, markierte und beschilderte Wege, 2 Std.; Zufahrtsmöglichkeit über Dörfles.

Fossilienschauraum: Beim Bahnhof Ernstbrunn, gegenüber dem Gasthaus Schirmböck, wo auch der Schlüssel erhältlich ist, Tel. 02576/2219 (wegen der Ruhetage besser vorher anrufen).

Fossiliensteinbruch: In kurzer Wanderung erreichbar – vom Parkplatz 2 des Wildparks auf der Forststraße (Markierung Nr. 07) ansteigend bis zur Anhöhe, dort bei Abzweigung der Markierung geradeaus weiter bis zur nächsten Gabelung (Tafel mit Fossilzeichen und Rundfahrweg), hier rechts zum bald sichtbaren, allerdings schon ziemlich „ausgeklopften" Steinbruch (die schönsten Fossilien stammen aus dem Steinbockgehege und werden an der Wildpark-Kasse sehr preiswert verkauft).

Fossil im Ernstbrunner Kalk

Einkehr: Buschberghütte (nur zum Wochenende geöffnet).

Karte: ÖK Nr. 25 (Mistelbach).

Information:

Gemeindeamt 2115 Ernstbrunn, Tel. 02576/2301 (wochentags, reichhaltiges Prospektmaterial und Wandervorschläge).
Naturparkbüro / Gemeindeamt 2152 Gnadendorf,
Tel. 02525/7070-99.

KULTURPARK KAMPTAL
Kogelsteine und Feenhaube · Klopfhartsberg und Irbling · Heiligenstein bei Zöbing

ZWISCHEN WEIN UND WALD

„Waldviertel – Kristallviertel“ und „Eggenburg am Meer“ hießen zwei Ausstellungen des Krahuletz-Museums der Stadt Eggenburg, in dem naturkundlich interessierte Wanderer sowie Fachleute in die Erdgeschichte „eintauchen“ können. Ob Rekonstruktionen erdgeschichtlicher Lebensräume oder ausgestellte Fossilien – durch einen Museumsbesuch wird das Erlebnis im Gelände sicher intensiver ausfallen. Zum Natureindruck kommt hier überdies noch der landschaftliche Gegensatz zwischen den Weinrieden des östlichen Hügellands und den gegen Westen zu allmählich zunehmenden Wäldern.

Eggenburg liegt am Manhartsberg, an einer nicht nur für die Gliederung des Landes noch heute bedeutenden historischen Linie. Diese Landschaftsgrenze erhebt sich im Süden als flacher Bergrücken, geht gegen Norden in den Abhang der Hochfläche über und bildet zugleich auch eine Verbindung zwischen Wein- und Waldviertel. Durch ihre Grenzlage auf dem östlichen Granitkern der Böhmischen Masse, dem sogenannten Moravikum, vereint sie auch die gegensätzlichsten Gesteine. Vor allem der Maissauer Granit tritt im Landschaftsbild auffallend in Erscheinung, als Untergrund karger und umso blumenreicherer Heideböden, aber vor allem durch seine oft absonderlich geformten Felsblöcke. Berühmt sind etwa die „Kogelsteine“ bei Grafenberg (übrigens auch in botanischer Hinsicht), aber auch an vielen anderen Stellen lassen sich solche Granit-Restlinge entdecken. Im nahen Zogelsdorf hingegen steht man auf den fossilen Austernbänken des Tertiärmeers, und in den Sandgruben von Kühnring können Haifischzähne und vielleicht sogar noch Seekuh-Skelette ausgegraben werden.

Bild links: Der „Wächter“ bei den Kogelsteinen

Dass solche naturkundlichen Besonderheiten auch bekannt gemacht und als „Erlebnispunkte“ erschlossen wurden, verdankt die Region zwischen Langenlois, Horn und Eggenburg dem Kulturpark Kamptal. Dieser reicht, wie der Name für dieses Kultur- und Tourismusprojekt schon ausdruckt, von der Eggenburger und Horner Bucht entlang des Manhartsbergs bis in das untere Kamptal. Dort wird die Landschaft von den bogenförmig zwischen Steilrändern und sanften Schwemmflächen verlaufenden Schlingen des Kamp geprägt.

Dieser Flusslauf gehört noch vollständig zum Viertel ober dem Manhartsberg, also zum Waldviertel. Dennoch erscheint er wie ein Abbild des Weinviertels, denn die Hochflächen beiderseits des Tals sind von Feldern bedeckt und Weingarten-Terrassen gliedern die Hänge vom Heiligenstein am Talausgang flussaufwärts bis über Stiefern hinaus. Im Frühjahr leuchtet hier, als befände man sich in der Wachau, das Felsensteinkraut wie „Sonnengold“ von den Felsen und die Küchenschellen zeigen das Vordringen der pannonischen Flora bis in die Seitengräben des ausklingenden Hochlands.

Wanderungen im Kulturpark Kamptal – ob bei Eggenburg, Gars oder Schönberg – bewegen sich daher stets zwischen Weingärten und Waldhöhen. Die Touren locken nicht mit einer Schutzhütte, sondern klingen viel wahrscheinlicher nach begeisternden Blumenerlebnissen bei einem gemütlichen Heurigen aus. Kaum anderswo sind nämlich vielfältige Naturschönheiten und eine vom Menschen durch Jahrtausende geprägte Kulturlandschaft so innig verbunden wie hier. Vermag auch nur eine Künstlerin wie Sieglinde Layr diese zauberhaften Stimmungen in ihren Bildern festzuhalten, sich selbst von dieser Landschaft zwischen Wein und Wald verzaubern lassen kann jeder naturliebende Wanderer!

Information: Kulturpark Kamptal, 3571 Gars am Kamp, Tel. 02985/2276.

9. KOGELSTEINE UND FEENHAUBE

Kulturpark-Erlebnispunkt und Naturschutzgebiet östlich von Eggenburg mit hervorragender pannonischer Flora und bizarren Granitblöcken (Hinweis: Ein ähnliches botanisches Erlebnis bietet der Hühnerbühel bei Etzmannsdorf, zwischen Grafenberg und Straning).

Route: Parkplatz am Fuß der Kogelsteine – Wackelstein – Opferstein – Feenhaube; nur tw. bezeichnete Steige u. Fahrwege, 2 Std., Seehöhe ca. 320 m.
Einkehr: In Eggenburg oder Grafenberg.
Karte: ÖK Nr. 22 (Hollabrunn).
Information: Tourismus-Information 3730 Eggenburg, Tel. 02984/3400.
Zufahrt: Von Eggenburg nach Grafenberg und bei der Ortstafel in der Rechtskurve links abzweigend (Wegweiser) bis zum Querweg, dort rechts und bei einer Kapelle links zum Parkplatz bei den schon von weitem sichtbaren Kogelsteinen (Infotafeln des Kulturparks Kamptal).

DIE WANDERUNG: Vom Parkplatz rechts zwischen Weingarten und Brachfeld zu einem Kirschbaum vor dem südwestlichsten Blockhügel mit dem Naturdenkmal „Wackelstein". Nur kurz rechts den Karrenweg entlang, dann gleich links auf einer Steigspur über Trockenrasen und einige Blockstufen, wie sie rings um den Hügel verbreitet sind, zum „Wackelstein". Zum nur wenig entfernten Blockgipfel an weiteren interessanten Steingebilden vorbei, die von Buschgruppen und niedrigen Bäumen umgeben werden (Schlehdorn, Gewöhnliche Steinmispel, Mittlere Weichsel, Liguster, Eberesche, Stiel-Eiche). Gegen Osten ragt in der Ferne die Kirche von Wartberg auf, gegen Süden erblickt man Grafenberg, dahinter den Hühnerbühel und rechts den Vitusberg. Vom östlichen Blockrand des Gipfels schräg links an der Nordseite absteigend zurück zum Kirschbaum und den Weingarten entlang zu dem beim Parkplatzanfang rechts abzweigenden Fahrweg. Zwischen diesem Fahrweg und dem bei den Infotafeln durch eine Wiesenmulde abzweigenden Fußweg zu den Kogelsteinen erstreckt sich eine „Heidefläche“. Vor den zur Kultivierung bereits im vorigen Jahrhundert durchgeführten Aufforstungen war eine solche Flur von blumenbunten Steppenrasen und Felsböden mit einzelnen Granitblöcken auf vielen Hügeln des Manhartsbergs vorhanden. Hier hat sie sich nahezu ungestört in Restflächen erhalten, die bereits im April zur Blütezeit der Küchenschellen überaus reizvoll wirken.

Am nordwärts folgenden Hügel mit den eigentlichen Kogelsteinen fällt zunächst rechts ein absonderlich geformter „Pilzstein“ auf, etwas oberhalb ein weiteres Granitgebilde mit schüsselförmigen Verwitterungsformen. Rings um den bizarr aufragenden „Wächter“ (markantes Profil mit Grafenberg im Hintergrund) überwiegen dann dichte Bestände der Zwerg-Weichsel (Blütezeit Ende April). Beim „Opferstein“ auf der höchsten Kuppe treten noch ausgedehntere Felsböden hinzu.

DIE BOTANIK: Mitte Juli finden wir am Wegrand viele Pflanzenarten trockener Ruderalstandorte des pannonischen Raums: Feld-Mannstreu, Gewöhnlicher Natternkopf, Graukresse, Weg-Ringdistel und Sicheldolde, dazu Skabiosen- und Rispen-Flockenblume, Langfahnen-Tragant, Sichel-Schneckenklee und Buntkronwicke. Sie leiten bereits zu den angrenzenden Trockenrasen über. Diese sind durch das Vorkommen von Gelb-Skabiose, Karthäuser-Nelke, Hügel-Meier, Sichelblatt-Hasenohr, Meergrünem Bergfenchel und Hasen-Klee gekennzeichnet.

Beim Aufstieg zu den Kogelsteinen können wir noch das Siebenbürger Perlgras, den Ähren-Blauweiderich, die Schwalbenwurz sowie das Natternkopf-Habichtskraut beobachten. An besonders flachgründigen, felsigen Stellen wachsen Zwerg-Sauerampfer, Felsennelke und Mild-Mauerpfeffer. Zwischen den einzelnen Felsblöcken ist der Boden oft tiefgründig, wodurch es in Verbindung mit ehemaliger Beweidung zur Ausbildung kleinflächiger Wiesensteppen mit Feld-Beifuß, Jakobs-Greiskraut, Gewöhnlichem Hornklee und Silber-Fingerkraut gekommen ist. An der Nordseite des Hügels blühen im Juli ferner Ästige Graslilie, Heide-Augentrost, Gelb-Labkraut (= Echtes Labkraut) sowie Gewöhnliche Straußmargerite. Das dichte Aufkommen der Zwerg-Weichsel, im Juli an ihren kleinen, roten Steinfrüchten leicht erkennbar, leitet die Verbuschung ein und bildet somit eine akute Bedrohung dieser mittlerweile selten gewordenen Trockenrasen.

Sand-Schwertlilie

Zur „Feenhaube": Der Abstieg vom „Opferstein" erfolgt auf einem durch dichtes Gebüsch führenden Steig in nordöstlicher Richtung auf das schon sichtbare Stoitzendorf zu (in der Ferne die große Kirche von Röschitz). Auf dem quer verlaufenden Fahrweg links gehend, kommt man zur Abzweigung der bezeichneten Route zur „Feenhaube" (Wegweiser) und folgt einem Fahrweg, der zwischen Weingärten und Äckern nordwärts führt. Auf Brachen findet man hier u. a. Einjahrs-Ziest, rot und blau blühenden Acker-Gauchheil, Feld-Rittersporn und Ackerröte. Im anschließenden Laubmischwald (Vorkommen des hier überaus seltenen Eichen-Lattichs, Blütezeit Mitte Juli) mit leider vielen Robinien geht es bergab zu einer kleinen Lichtung mit Wegweiser rechts weiter zur „Feenhaube".

Das Gelände vor diesem berühmten und absonderlich geformten Naturdenkmal ist ziemlich weitläufig und zeigt vom Südrand, von den Weingärten her, ein besonders interessantes Profil: Zwischen den verwilderten Ackerflächen im Westen und dem breiten Gebüschsaum des östlichen Robinienwalds (u. a. Zwerg-Weichsel, Wolliger Schneeball, Gewöhnlicher Spindelstrauch, Hunds-Rose) steigt eine mit Trockenrasen durchsetzte Blockflur an. Oberhalb ist eine kleine Plateaufläche ausgebildet, auf der sich zwischen bereits aufwucherndem Gestrüpp und einzelnen Eichen einige Stellen mit der sonst überaus seltenen und stark gefährdeten Sand-Schwertlilie befinden (Blütezeit Anfang Mai). Die größte Bedrohung dieses Vorkommens geht von den immer weiter vordringenden Robinien aus. Durch diese nordamerikanische Baumart kommt es zu einer starken Überdüngung des Bodens, wodurch z. B. schon viele Orchideenstandorte vernichtet wurden (anstelle von Purpur-Knabenkräutern und anderen seltenen Arten wachsen dann etwa Große Brennnessel und Schwarznessel).

10. KLOPFHARTSBERG UND IRBLING

Äußerst lohnende Wanderung zwischen Stiefern und Schönberg mit vielfältiger, pannonisch geprägter Flora und reizvollen Ausblicken.
Route: Stiefern – Klopfhartsberg – Jägerkreuz – Irbling – Jägerkreuz – Kellergasse – Schönberg (Rückfahrt mit der Bahn oder Wanderung auf dem Flusslehrpfad; nur tw. bezeichnete Wege, ca. 3 bzw. 4 Std., Seehöhe 230 bis 400 m.
Einkehr: Gasthöfe in Stiefern und Schönberg.
Karte: ÖK Nr. 21 (Horn).
Information: Gemeindeamt 3562 Schönberg am Kamp, Tel. 02733/8227 (Naturpark und Flusslehrpfad).

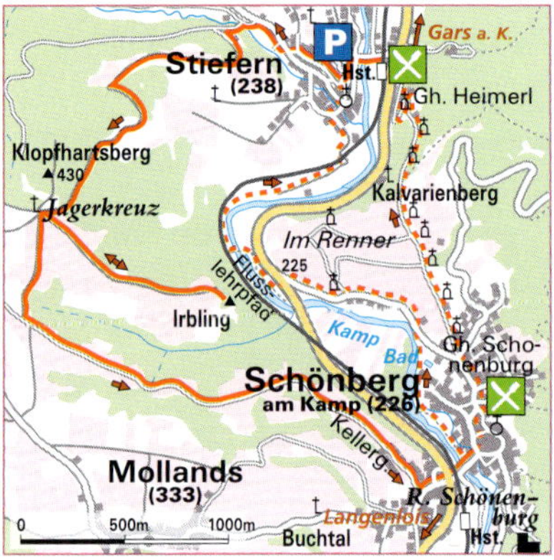

DIE WANDERUNG: Ausgangspunkt ist die Kirche von Stiefern; bei voraussichtlicher Rückfahrt mit der Bahn bei der Haltestelle parken (beschränkte Parkmöglichkeit), sonst im Ortsgebiet nahe der Kirche.

Vom Kirchenplatz in Stiefern durch die entlang einer Häuserzeile mit schmucken Vorgärten dahinführende Gasse in der „Breiten" zur Tautendorfer Straße, kurz auf dieser weiter und vor dem Ortsende links in die Klopfhartsbergstraße. Gleich beim letzten

Haus geht man links auf der Forststraße weiter (grüne Markierung) und durchwandert leicht ansteigend zunächst einen zumindest teilweise naturnahen Mischwald mit Rot-Föhre, Hainbuche, Stiel-Eiche und Sommer-Linde. Die Strauchschicht ist wenig ausgeprägt (Wolliger Schneeball, Gewöhnliche Heckenkirsche); als Ersatz finden sich hier aber zwei auffallende, gelb blühende Zwergsträucher (Regensburger Zwerggeißklee, Heide-Ginster). In der Krautschicht lassen sich Weißes Fingerkraut, Duft-Weißwurz (= Echtes Salomonssiegel) und Nickendes Perlgras entdecken.

Die Forststraße nimmt anschließend im freien Gelände den Charakter eines Feldwegs an und führt höchst reizvoll durch eine pannonisch geprägte Landschaft. An der Böschung auf der rechten Seite wachsen nun neben den schon erwähnten Sträuchern noch Berberitze und Einkern-Weißdorn. Besonders reizvoll blühen hier Anfang Mai Liegender Ehrenpreis, Wiesen-Salbei, Gewöhnliches Acker-Hornkraut und Wild-Leindotter. Von der Großen Küchenschelle sind nur mehr die Fruchtstände zu sehen (Blütezeit März bis April). Oberhalb der Böschung befindet sich ein Weingarten mit artenreicher Segetalflora (Ackerbeikrautgesellschaft), die sich hauptsächlich aus Gewöhnlichem Reiherschnabel, Acker-Taubnessel, Besenrauke, Acker-Täschelkraut, Sonnwend-Wolfsmilch, Echtem Erdrauch, Feld-Ehrenpreis, Quendel-Sandkraut und Gewöhnlichem Acker-Stiefmütterchen zusammensetzt. Auf dieser Wegstrecke bietet sich ein hübscher Ausblick auf Stiefern. Unterhalb begleiten Weingärten und Ackerstreifen den Weg, teils getrennt durch eine Strauchzeile. Bei der Wegteilung mit Rastplatz (Federgrasflur) geht man links weiter. Die Kulturflächen treten nun eher zurück und werden von den hohen Böschungen aufgelassener Weingärten abgelöst. Am Wegrand blühen hier Zwerg-Sauerampfer, Kriech-Quendel, Knöllchen-Steinbrech, Sand-Vergissmeinnicht und Behaarte Wicke.

Der Fahrweg leitet nun über zum Waldgelände (im Wesentlichen ein Eichen-Hainbuchenwald mit großem Rotföhrenanteil). In dessen Krautschicht können wir Weiches Lungenkraut, Frühlings-Platterbse, Arznei-Schlüsselblume und Wiesen-

Hainsimse sowie kurz vor dem nächsten Waldrand Duft-Weißwurz und Bogen-Gänsekresse finden. Zahlreiche „Säurezeiger" charakterisieren den Waldboden (u. a. Weißliche Hainsimse und Wald-Habichtskraut), der zunehmend mit Gräsern und Moosen bedeckt ist. Von der nächsten freien Bergecke ergibt sich ein überaus reizvoller Ausblick auf Schönberg. Das anschließende Gelände ist beherrscht von den verbuschenden Hängen ehemaliger Weingärten.

Im folgenden Mischwald des eigentlichen Klopfhartsbergs wird der Föhrenwuchs zunehmend von Fichten abgelöst, auch treten immer mehr Hainbuchen hervor, eine Waldgesellschaft, die im zeitigen Frühjahr von Leberblümchen und Europäischer Haselwurz, später von Waldmeister geprägt ist. Rechts taucht in der Folge oberhalb des Wegs der waldfreie Südosthang des Klopfhartsbergs auf. Dessen Trockenrasen werden zwar immer mehr von Sträuchern überwuchert, bilden aber auf Grund der pannonisch getönten Flora und wegen der schönen Aussicht gegen Süden für Naturliebhaber noch immer einen lohnenden Anziehungspunkt.

Von Stiefern zum Klopfhartsberg

Der folgende waldige Sattel (in der ÖK „Jägerkreuz“) weist eine mehrfache, etwas verwirrende Wegteilung auf. Die Abzweigung ganz links führt weiter zum „Irbling“ (nach dessen Besuch kehrt man wieder an diese Stelle zurück). Dieser Seitenweg wird anfangs teilweise von Zwerg-Weichselgebüsch begleitet und führt sanft bergab durch Acker- und Weingartengelände Richtung Osten. Am Wegrand haben sich neben diversen Ackerbeikräutern (z. B. Kandelaber-Kresse, Besenrauke) auch einige für Trockenrasen typische Arten angesiedelt: Kelch-Steinkraut, Liegender Ehrenpreis, Blaugrünes Labkraut. Der folgende Föhrenwaldrand zeigt ebenfalls eine Reihe von Pflanzen, wie sie für trockene, meist saure Waldsäume und Rasen typisch sind: Gewöhnliche Pechnelke, Heide-Günsel, Platterbsen-Wicke, Regensburger Zwerggeißklee, Heide-Ginster.

Zwerg-Weichsel

Zwischen Weingärten geht es leicht bergab bis zum Rand des Steilabbruchs und dann den Laubwald rechts entlang zum „Irbling“ mit seiner hoch über das Kamptal vorspringenden Felskante. Dieser Platz bietet nicht nur einen packenden Tief- und Ausblick (Stiefern, Schönberg-Neustift, Heiligenstein), sondern ist auch ein Standort mit artenreicher Flora. An Gehölzen befinden sich hier Stiel-Eiche, Vogel-Kirsche, Echter Mehlbeerbaum und Sommer-Linde. Die Strauchschicht wird aus Rotem Hartriegel, Weißdorn und Gewöhnlicher Steinmispel gebildet. In der Krautschicht finden wir einige Vertreter der pannonischen Waldsaumgesellschaft: Blutroter Storchschnabel, Bunt-Flockenblume, Steppen-Aschenkraut, Duft-Weißwurz, Aufrechte Waldrebe. Sogar der Diptam kommt hier vor! An den steil abbrechenden Felsen leuchtet Ende März das gelb blühende Felsensteinkraut, von Einheimischen bisweilen liebevoll „Wachau-Edelweiß“ genannt.

Vom „Irbling" zur Kreuzung (ÖK „Jägerkreuz") zurückgekehrt, geht man dort bei der Wegteilung links und gleich nochmals links auf einem rasenbewachsenen Fahrweg zwischen teilweise brach liegenden Feldern und Weingärten weiter. Bei einer Strauchzone wird wieder der linke Weg genommen (aber nicht in einen Graben hinab abzweigen!). Zwischen einer völlig standortfremden Lärchenaufforstung und einer Gebüschreihe von Zwerg-Weichseln kommt man zu einem asphaltierten Güterweg, der links hinab verfolgt wird. Die folgende Wegstrecke ist botanisch noch sehr abwechslungsreich und bietet bis zuletzt einige Höhepunkte.

Dem Waldrand mit Gebüschen (hier auch ein Vorkommen der Mittleren Weichsel) folgen Birken und ein auffallender Amphibolitblock. Der Weg führt dann durch ein kurzes Waldstück und wird wenig später an der linken Seite von einem teilweise lückigen Halbtrockenrasen gesäumt (Schwarze Küchenschelle, Federgras, Zwiebel-Rispengras). Kurz danach findet man eine kleine Felssteppe mit Felsen-Mauerpfeffer, Felsennelke und Mildem Mauerpfeffer. Ebenfalls an der linken Seite folgt dann ein Föhrenwald, in dem Anfang Juni das Schwertblatt-Waldvöglein und das Gewöhnliche Katzenpfötchen blühen.

Der anschließende Hohlweg führt zunächst durch einen mit Wildem Hopfen verwucherten Robinienbestand und wird dann von einer hohen Lösswand begleitet, an deren Wänden wir die Steppen-Wolfsmilch, den Gewöhnlichen Igelsamen (Anfang Mai nur die Blattrosetten sichtbar) und das Runzelnüsschen entdecken können. Zuletzt geht der Hohlweg in eine Kellergasse über, die zur Mollandser Straße hinabzieht. Rechts kommt man entlang der Hauptstraße zum Bahnhof. Über die Kampbrücke gelangt man in das sehenswerte Ortszentrum von Schönberg mit Einkehrmöglichkeit im Gasthaus „Zur Schonenburg" und anschließendem Rückweg über den Kalvarienberg nach Stiefern (1 Std.).

RÜCKWEG AUF DEM KAMPTALWEG:

(= Flusslehrpfad, 1 Std. fast ebene Wanderung auf asphaltiertem Radweg, bei nicht zu heißem Wetter empfehlenswert und auch botanisch interessant): Gleich nach der Kampbrücke links zum

Ufer hinab und den Fluss entlang am Bad vorbei. Auf der folgenden Seitenstraße zur Unterführung der Kamptalstraße und zum Kampsteg. Unterhalb der Bahn und der Irblingwand weiter in die Flussweitung vor Stiefern. Dann durch die Irblinggasse hinein in den Ort, links haltend hinauf zur „Breiten“ am Ausgangspunkt oder rechts direkt zur Kirche von Stiefern.

DIE BOTANIK: Wird die gleiche Route Anfang Juli begangen, so können wir noch viele weitere für trocken-warme Gebiete charakteristische Pflanzenarten finden:
Entlang des Feldwegs Richtung Klopfhartsberg: Trauben-Geißklee, Sichelblatt-Hasenohr, Buntkronwicke, Österreichische Königskerze, Meergrüner Bergfenchel, Eigentliche Karthäuser-Nelke, Hügel-Meier, Seidenhaar-Backenklee (schon verblüht), Edel-Gamander, Mild-Mauerpfeffer, Ähren-Blauweiderich, Echtes Johanniskraut, Graukresse, Siebenbürger Perlgras, Aufrecht-Ziest, Feld-Mannstreu (knospig), Steppen-Glockenblume (teilweise schon verblüht), Rispen-Flockenblume, Langfahnen-Tragant, Trübgrünes Sonnenröschen, Berg-Klee, Färber-Ginster, Gelb-Labkraut, Gewöhnliches Bitterkraut, Ginster-Leinkraut, Gewöhnlicher Steinquendel, Steppen-Salbei, Mährische Glockenblume, Gelb-Skabiose, Sicheldolde, Wilde Möhre, Skabiosen-Flockenblume.
Nach der Wegteilung mit Rastplatz: Kicher-Tragant, Glocken-Lauch, Weiß-Mauerpfeffer, Wild-Platterbse, Berg-Aster, Pastinak, Echtes Seifenkraut, Gelb-Lauch.
Entlang des asphaltierten Weges Richtung Schönberg: Färber-Ginster, Steppen-Salbei, Skabiosen-Flockenblume, Langfahnen-Tragant, Echtes Johanniskraut, Sichel-Schneckenklee, Heilwurz, Schmalblatt-Wiesen-Flockenblume, Gelb-Labkraut, Buntkronwicke, Hügel-Schafgarbe, Österreichische Königskerze, Wild-Platterbse, Jakobs-Greiskraut, Eigentliche Karthäuser-Nelke, Hügel-Meier, Feld-Klee, Seidenhaar-Backenklee, Großblütige Brunelle, Gelb-Skabiose, Trauben-Geißklee, Gewöhnliches Bitterkraut, Rispen-Flockenblume, Trübgrünes Sonnenröschen, Gewöhnlicher Hornklee, Felsennelke, Feinblatt-Lein, Meergrüner Bergfenchel, Wiesen-Witwenblume, Süß-Tragant, Graukresse, Sandglöckchen, Felsen-Mauerpfeffer, Früher Kriech-Quendel, Wilde Möhre, Morgenland-Rauke, Gewöhnlicher Natternkopf, Silber-Fingerkraut, Hasenklee, Sicheldolde, Knäuel-Glockenblume, Weiß-Mauerpfeffer, Vogel-Wicke, Siebenbürger Perlgras, Aufrecht-Ziest, Feld-Mannstreu.
An der Lösswand: Gewöhnlicher Igelsame, Binsen-Knorpellattich, Rindsauge, Echter Steinklee.

11. ZÖBING – HEILIGENSTEIN

Kurze Wanderung oder Exkursion auf den aussichtsreichen Bergvorsprung über dem Ausgang des Kamptals.

Route: Lauser Kellergasse – Weinlehrpfad – rot markierter Anstiegsweg – Weinbergkreuz – Kamptalwarte und retour; bequeme Fahrwege und etwas steiler Steig, ca. 1 1/2 Std., Seehöhe 240 bis 351 m.
Einkehr: Heurigenlokale in der Kellergasse.
Karte: ÖK Nr. 38 (Krems).
Zufahrt: In Zöbing beim Wegweiser „Bahnhof" von der Kamptalstraße abzweigend durch das Ortsgebiet, über die Kampbrücke und links weiter bis zum „Silberörtl" (nach den ertragreichen Weingärten der anschließenden Berghänge benannter Platz). Hier gleich rechts auf der Heiligensteinstraße zum neuen Parkplatz.

DIE GEOLOGIE: Der Heiligenstein ist durch das „Perm von Zöbing" geologisch von großer Bedeutung: Im Bereich der Diendorfer Störung abgesenkt, haben sich hier Ablagerungen des jüngeren Erdaltertums erhalten. In diesem Verwitterungsschutt der Böhmischen Masse befinden sich fossile Pflanzenreste von urtümlichen Nadelbäumen, Farnsamern und Riesenschachtelhalmen, wie sie für dieses Erdzeitalter typisch sind. Im Gelände fallen jedoch nur konglomeratische Gesteine auf.

DIE WANDERUNG: Von der Heiligensteinstraße rechts abzweigend in die den Berghang südwärts entlang führende „Lauser Kellergasse" mit einer Reihe malerischer Weinkeller, wo am Wochenende meist mehrere Heurige geöffnet haben. Am Ende der Kellerzeile auf dem Weinlehrpfad weiter (Informationstafeln, auffallend der dichte Bestand von Osterluzei, Blüte

Anfang Juli). Im folgenden scharf eingeschnittenen Waldgraben zweigt links der „Steile Weg“ ab. Besser geht man jedoch auf dem nun nicht mehr asphaltierten Güterweg weiter, der von Weingartenmauern und trockenen Böschungen begleitet wird. Die Rastbank an der später folgenden Bergecke bietet einen prächtigen Ausblick (von rechts): Zöbing, Langenlois, Schloss Gobelsburg (Weingut des Stiftes Zwettl) und das malerische Hadersdorf; dahinter die Wachauberge, Dunkelsteiner Wald, Stift Göttweig, Wetterkreuzkirche bei Hollenburg; fern über den Traisentaler Voralpen erblickt man bei klarem Wetter den Schneeberg.

DIE BOTANIK: Botanisch besonders interessant sind die an der linken Seite des Weges befindlichen Böschungen bzw. die gut erhaltenen Natursteinmauern. Hier hat sich eine wärme- und trockenheitsliebende Pflanzengesellschaft gebildet, die auch einen gewissen ruderalen Einfluss durchaus verträgt. So kommt es, dass wir noch im Juli, also einer besonders im pannonischen Raum schon sehr fortgeschrittenen Zeit, einige bemerkenswerte Pflanzenarten finden können: Gelb-, Glocken- und Kugel-Lauch, Steppen-Salbei, Langfahnen-Tragant, Echte Ochsenzunge, Sicheldolde, Sichel-Schneckenklee, Kicher-Tragant, Gelb-Skabiose, Hügel-Meier, Felsennelke und Mährische Glockenblume (Wurzelstock zumindest bei älteren Exemplaren bis zu 15 mm dick, bei der nahe verwandten Rundblatt-Glockenblume höchstens bis zu 2 mm). Eine besondere Augenweide ist die stattliche, blauviolett blühende Berg-Aster.

Ein folgendes kurzes Asphaltstück bietet eine wichtige Orientierungshilfe. Hier zieht ein von Strauchzonen gesäumter Rücken mit ziemlich verbuschten Trockenrasen bergan. Auf Steigspuren, an einem Hochstand vorbei, gelangt man zum höher oben querenden Fahrweg. Dort mündet auch der breite markierte Weg von rechts her ein, der vom unteren Güterweg erst weiter vorne bei einem Rastplatz abzweigt. An der rechten Seite des Hangrückens befinden sich oberhalb des Fahrwegs ausgeprägte Felsfluren, die Trockenrasen setzen sich aber auch noch den Rücken hinan fort und werden kurz vom markierten Steig durchquert.

Der steile Südwesthang des Heiligensteins zeichnet sich durch besondere Artenvielfalt aus. Sandglöckchen und Hasen-Klee finden wir hier in bodensaurem, trockenem Magerrasen. Das Acker-Filzkraut und der Ausdauernde Knäuel, beide ebenfalls kalkfeindlich, bevorzugen lückige, sandige Stellen. Kalkliebend sind hingegen Ästige Graslilie, Seidenhaar-Backenklee, Strahldolde, Felsennelke, Sichelblatt-Hasenohr und zum Teil auch die Karthäuser-Nelke. Meergrüner Bergfenchel und Weiß-Mauerpfeffer wachsen jedoch gleichermaßen auf sauer oder basisch reagierenden Böden (sie sind daher pH-indifferent). Das Vordringen der Zwerg-Weichsel ist hier nicht zu übersehen und wird in absehbarer Zeit zur Bedrohung für diesen kostbaren, artenreichen Trockenrasen werden.

Die Wegfortsetzung zu der schon sichtbaren Kamptalwarte führt am linken Rand der oberen Trockenrasen entlang. Entweder geht man abkürzend direkt den schwach markierten Steig hinauf oder mit kleinem Linksbogen zum ebenfalls bergwärts weisenden Karrenweg. Zwischen Buschreihen und aufgelassenen Weingartenterrassen steil aufwärts wird die Berghöhe beim „Weinbergkreuz" erreicht. Hier links auf einem Fahrweg im Wald den Plateaurand entlang zur Kamptalwarte (erbaut im Jahr 1899 durch den Österreichischen Touristenklub, nur zum Wochenende geöffnet; schöner Rastplatz).

Schwarze Küchenschelle

ABSTIEGSWEGE:

a) Direkt von der Warte auf dem wirklich „Steilen Weg" hinab zum scharf eingeschnittenen Graben nahe der Kellergasse, stets im Mischwald, nur mit rutschfestem Schuhwerk empfehlenswert (ca. 20 Min.).

b) Von der Warte in den Plateauwald hinein (Föhren), ganz bequem auf der Berghöhe dem markierten Weg folgend zur

Kellergasse am Heiligenstein (Zöbing)

Forststraße und links haltend zum Parkplatz vor der Kellergasse (1/2 Std.).

c) Am lohnendsten zurück zum „Weinbergkreuz“, dort den Karrenweg steil hinab zur Kreuzung mit dem Fahrweg. Hier unterhalb auf dem spärlich markierten breiten Weg links quer über den ziemlich verbuschten Trockenhang. Nach einer auffallenden Esche weiter abwärts, an der rechten Seite von längst aufgelassenen Weingärten begleitet, die schon wieder Steppenvegetation aufweisen. Links befinden sich die 1997/98 neu angelegten, viel kritisierten Riesenterrassen, deren Ränder allmählich verwachsen. Vom Rastplatz auf dem Güterweg rechts zurück zur „Lauser Kellergasse“ (3/4 Std.), prachtvolle Aussicht und botanisch überaus lohnend.

Setzberg bei Spitz

Gebirge am Strom

Ein Zeitsprung von mehr als zwei Millionen Jahren versetzt uns zurück in die ausklingende Tertiärzeit und soll uns zeigen, wie sich der Lauf der Donau entwickelt hat: Im Wiener Becken wogt noch eine Meeresfläche, die sich zur Pannonzeit (einem Abschnitt des Jungtertiärs) sogar noch ausbreitet und damit die größte Ausdehnung in diesem Erdzeitalter erreicht. Die Senke zwischen den weiter aufsteigenden jungen Alpen und dem schon weitgehend abgetragenen Urgebirge der Böhmischen Masse ist hingegen bereits mit tertiären Ablagerungen ausgefüllt. Ein Vorläufer der heutigen Donau sammelt dort das von den beiderseitigen Hochlagen abfließende Wasser und strömt ostwärts dem Meer zu. Zwar wollen Gewässer immer den leichtesten Weg nehmen. Aber als diese „Urdonau" die weichen Tertiärschichten durchwaschen hat, stößt sie auf das darunterliegende harte, kristalline Gestein des Böhmischen Massivs, das hier weiter nach Süden, sogar bis unter die Alpen hineinreicht. Damit ist der Strom dem verborgenen Urgebirge sozusagen in die Falle gegangen. Ein seitliches Ausweichen gibt es nicht mehr und die Wassermassen können sich durch das Kristallinmassiv nur einen Lauf bahnen, der von Bruchlinien und Störungszonen der Gesteine vorgezeichnet ist. Das auf diese Weise entstandene Durchbruchstal der Wachau ist also (wie der Strudengau) das Ergebnis einer solchen „epigenetischen Talbildung".

Von Melk her lenkt die sogenannte Diendorfer Störung den Strom in das Gneismassiv, wo nach nordwärts gerichtetem Lauf an den aus Marmor gebildeten Steilhängen mit der „Teufelsmauer" bei Spitz die Wendung gegen Weißenkirchen erfolgt. Die Innenseiten der folgenden Strombögen bei Rossatz und Loiben stehen mit ihren Schwemmflächen felsigen „Prallhängen" gegenüber und bei Dürnstein durchbricht die Donau den eisenharten Gföhler Gneis mit seinen Wänden und Zackengraten. Der Austritt in das Tullner Feld erfolgt wieder entlang der Diendorfer Störung, an der die Gesteinsmassen um 75 km horizontal verschoben und auch vertikal abgesenkt sind. Diese bis in die

Bild links: Frühling im Weingarten

Gegenwart aktive Störungszone lässt sich über den Manhartsberg bis in den Brünner Raum verfolgen. Auch die Urdonau nahm diese Richtung und trug somit die kristallinen Gerölle des Urgebirges hinaus ins Weinviertel, wo sie als Hollabrunner und Mistelbacher Schotterkegel auf den tertiären Ablagerungen erhalten sind und die ursprüngliche Mündung der Donau in das Tertiärmeer anzeigen. Erst Absenkungen im südlichen Wiener Becken führten zu einer Änderung der Stromrichtung gegen Südosten und dem „Donaubruch“ entlang strömten die ungeheuren Schmelzwassermassen der eiszeitlichen Donau schließlich durch die Wiener Pforte ins östliche Flachland.

Die Wachau ist sozusagen der „Markenname“ für die Stromlandschaft der Donau in Österreich. Der Markt Spitz genießt den Vorzug, dass sich an ihn die erste urkundliche Erwähnung des „locus Wahowa“ knüpft, lange bevor diese Bezeichnung für das gesamte Tal zwischen Melk und Krems üblich wurde. Hier mündet vom rauen Waldviertel der Spitzer Graben ein. Vom Jauerling herab, wo der Naturliebhaber kurioserweise auf einer Skipiste ein ausgesprochenes Blütenwunder vorfindet, beträgt der Höhenunterschied mehr als 700 Meter bis zu den Weinrieden rings um den Tausendeimerberg. Das angeblich westlichste Vorkommen der Goldschopf-Aster auf den Steppenfluren bei der Ruine Hinterhaus sollte ein Hinweis darauf sein, wie sehr der pannonische Einfluss hier an der Grenze seines Bereichs noch ausgeprägt ist.

Zu diesen Vorzügen der Landschaft um Spitz an der Donau kommt noch die Vielfalt der geologischen Voraussetzungen, die wirtschaftlich in der Vergangenheit freilich bedeutender waren als heute. In der „Bunten Serie“ der Böhmischen Masse gelegen, sind hier in die von granitischen Schmelzen durchsetzten Paragneise nicht nur dunkle Amphibolitzüge und Kalksilikatgneis eingelagert, sondern auch Erzvorkommen. Eisen und Kupfer baute man vor allem im Mosinggraben (Mieslingtal) ab. Der früher hauptsächlich in der „Schwarzhafnerei“ (Geschirrerzeugung aus schwarz gefärbtem Ton) verwendete Graphit kommt im Mühldorfer Tal vor, wo die ergiebigen Lager am Trenning noch vor wenigen Jahrzehnten ausgebeutet wurden. Heute sind es

nur mehr seltene Mineralien, die Sammler hierher locken. Chrysoberyll aus dem Mieslingtal und Monazit aus Amstall übertreffen sogar die besten Exemplare aus den bekanntesten Fundgebieten Österreichs, wie etwa den Hohen Tauern!
Manche Flurnamen erinnern an die dort vorkommenden Bodenschätze. So heißt der Atzberg der aktuellen Landkarten eigentlich richtig „Arzberg“ nach dem dort abgebauten Kupfererz. Das daraus gewonnene Kupfervitriol hatte einst zur Bekämpfung der Perinospora, einer Pilzerkrankung der Weinstöcke, gerade hier in der Wachau größte Bedeutung. Nach Spitz selbst werden ein hier häufiges Intrusivgestein (Granodiorit) und ein als Bau- und Dekorstein beliebter Marmor benannt (Steinbrüche bei der Ruine Hinterhaus). Im Gelände auffallend sind jedoch besonders die Pegmatitgänge. Sie entstanden aus Granitschmelzen, die aus der Tiefe in die bereits ausgebildeten Gesteine eindrangen und die Entstehung zahlreicher, oft seltener Mineralien bewirkten. Die bekannte, sagenumwobene „Teufelsmauer“ bei Spitz besteht aus einem solchen, im Gegensatz zum umgebenden Marmor, schwer verwitterbaren Pegmatit, der aber (für Sammler wirklich „teuflisch“) keine Kristallschätze birgt.

Minerale der „Bunten Serie“ (Pyrith, Göthit)

12. JÄGERRIEDEL UND SETZBERG

Abwechslungsreiche Wanderroute mit für die Wachau typischen Hangwäldern zu pannonischen Rasen- und Felssteppen sowie durch Weingärten. Vorzügliche Aussicht, sehr sonnig!

Route: Spitz – Rotes Tor – Gemeindewald – Jägerriedel – Radlbach – Setzberg – Quitten; 3 Std., Seehöhe 230 bis 440 m.

Einkehr: Heurigenlokale am Abstiegsweg.

Karte: ÖK Nr. 37 (Mautern), Freytag & Berndt WK 071 (Wachau).

Information: Verkehrsverein 3620 Spitz an der Donau, Tel. 02713/2363.

DIE GEOLOGIE: Die aus Löss aufgebaute Terrassenlandschaft der Weingärten wird am Bergrücken nach dem Roten Tor von Paragneisen abgelöst, die zwischen Weissenkirchen und Aggsbach die Talhänge der Wachau aufbauen. Eingelagerte härtere Amphibolitzüge bilden z. B. die Buschandlwand und die Felskanzeln des Dunkelsteinerwalds. Am Weg durch den Gemeindewald tritt heller, teils graublau gebänderter Marmor hervor. Dieses durch Druck und Erwärmung während der Gebirgsbildung kristallin gewordene, aber dennoch wasserlösliche Kalkgestein ist vom widerstandsfähigeren Kalksilikatgneis zu unterscheiden. Dieser entstand durch Eindringen von Granitschmelzen in vorhandene Kalk- oder Marmorschichten und macht sich in Blockbildungen und steinigen Rücken bemerkbar. Der Talausgang des Spitzer Grabens

Blick vom Roten Tor zum Jauerling

durchschneidet die am Jauerlinghang hervortretenden Granodioritgneise. Der Setzberg besteht aber, ebenso wie der felsige Abbruch bei der Ruine Hinterhaus, aus Spitzer Marmor. Hier befinden sich auch eingelagerte Pegmatitgänge, die aber landschaftlich nicht so markant hervortreten wie die ebenso aus Pegmatit aufgebaute „Teufelsmauer".

DIE WANDERUNG: Man parkt am besten beim Bahnhof in Spitz, geht von dort zum Kirchenplatz und weiter geradeaus neben dem historischen Pfarrhof in die Rote-Tor-Gasse. Diese steigt zwischen einzelnen Gebäuden und Hausgärten bald leicht an und führt dann einen steiler geböschten Berghang entlang. Dieser ist anfangs noch ziemlich feucht und nach dem Abblühen der Frühlingsflora üppig bewachsen. Bald aber folgen Trockenrasen und steinige Abbrüche, während an der Talseite Trockenmauern die Weingärten abgrenzen. Beim „Roten Tor", dem einst befestigten Zugang aus dem Mosinggraben, befindet sich ein Rastplatz mit malerischem Ausblick: Am Fuß des gegenüber aufragenden Dunkelsteinerwalds liegen entlang der Donau die „Arnsdörfer". Rechts neben der Spitzer Pfarrkirche erhebt sich der Tausendeimerberg, anschließend sieht man die Ruine Hinterhaus und den Jauerling, an den das Mühldorfer Tal anschließt.

Große Küchenschelle

Gleich nach dem Roten Tor führt links der „Hutweg" (Güterweg zum Huthof) aufwärts. Aus dem steilen Grabenhang des Mieslingbachs ziehen Mischwälder mit Fichten und Rotbuchen herauf, den Weg begleiten üppiger Strauchwuchs und mehrfach mit Farnen bewachsene schattige Felsstufen. Es treten aber dazwischen sogar Felssteppen mit pannonischer Flora auf (Große Küchenschelle), und gegen den Bergrücken zu folgen trockene Waldpartien mit locker stehenden Eichen und Föhren. An den Böschungen neu angelegter Forstwege ist Spitzer Marmor aufgeschlossen. An einigen Abzweigungen vorbei stets auf dem Hauptweg bleibend, kommt man im schattseitigen Bergwald zu einer Rastbank (Wegweiser Richtung Radlbach, gegenüber ein Steinmarterl von 1805).

Hier zweigt man links auf einem markierten Steig ab (Blau- und Gelbpunkt), der aber bald in eine neue Forststraße mündet. Diese zieht mit wechselnder Neigung den Berg hinauf und schneidet dabei immer wieder Marmorzüge an. Die schroffer hervortretenden Blockbildungen bestehen aus dem härteren Kalksilikatgneis. Später führt ein rechts abzweigender Steig (gelber Pfeil) zu einer schon etwas verwachsenen Forststraße. Bei einer Rastbank wird eine rote Markierung gequert, den Weiterweg weist aber der Pfeil zum „Erholungswald Jägerriedel". Man geht nun einen überwiegend mit Rot-Föhren, Rotbuchen und Trauben-Eichen bestockten Berghang entlang, wobei das Vorkommen der Gewöhnlichen Straußmargerite für einen trockenwarmen Edellaubwald typisch ist. Lehmige Stellen werden durch das hier relativ häufige Berg-Johanniskraut angezeigt, auf verdichteten, etwas feuchten Stellen wächst die Gewöhnliche Brunelle, während die farbenfrohe Buntkronwicke eher trockene Standorte bevorzugt. Bei einer Bergecke wird ein hübscher Aussichtspunkt mit Rastplatz erreicht, der „Jägerriedel" heißt.

Gelb-Lauch

DIE BOTANIK: Hier finden wir Ende Juni eine Vielzahl krautiger Pflanzen, wie sie für magere, kalkreiche Standorte in trockenwarmen Lagen charakteristisch sind: Blut-Storchschnabel, Ästige Graslilie, Rindsauge, Gelb-Labkraut, Wenigblüten-Gänsekresse, Seidenhaar-Backenklee, Edel-Gamander, Schwalbenwurz, Duft-Weißwurz (= Echtes Salamonssiegel), Skabiosen-Flockenblume, Pannonischer Goldlack (= Duft-Schöterich) und Eigentliche Karthäuser-Nelke. Weitere trockenheitsliebende Sippen sind der Sichel-Schneckenklee, das Sichelblatt-Hasenohr, der Meergrüne Bergfenchel und die im pannonischen Raum recht häufig vorkommende Rispen-Flockenblume. In lückigen Rasen und an felsigen Stellen fällt der Mild-Mauerpfeffer auf, wie der Scharf-Mauerpfeffer mit leuchtend hellgelben, sternförmig ausgebreiteten Kronblättern. Zu den schon bisher beobachteten Bäumen kommen hier Flaum-Eiche, Winter-Linde und Elsbeerbaum. Die Strauchschicht wird überwiegend aus Gewöhnlichem Liguster, Rotem Hartriegel und Wolligem Schneeball gebildet.

Weiter geht man den schon ziemlich verwachsenen Forstweg entlang, nimmt aber bald danach einen deutlichen, links abwärts führenden Steig. Nach der Kehre folgt ein halbschattiger Rotbuchen-Mischwald, der zu einem trockeneren Hangabschnitt mit Rot-Föhren und Eichen überleitet (Steinblöcke mit auffallendem Moos- und Flechtenbewuchs). Im folgenden, dicht bewachsenen Seitengraben durch einen Hohlweg hinab in das Waldtal des Radlbachs (auf Güterwegen talaus kurzer Rückweg nach Spitz in kaum einer halben Stunde möglich).

Man wandert nun ein Stück den Graben bergab, folgt aber bei der nächsten Abzweigung dem rechts am Hang ansteigenden Güterweg. Von diesem abzweigend führt ein Fahrweg im Bogen bis an den Rand eines Sattels mit hochgelegenen Weinrieden. Geradeaus im Gehölz weitergehend gelangt man zu den Tafeln des folgenden Naturdenkmals. Hier führt der obere Weg nach rechts weiter auf flachere, halbschattige Bergwiesen, zu deren verwildertem Eindruck ein ungepflegter Rastplatz leider noch beiträgt. Zwischen Eichengruppen führt von dort ein Steig im Rechtsbogen zur Berghöhe und zum rechts gelegenen Rastplatz auf dem Setzberg mit prachtvollem Blick gegen Spitz mit dem vorgelagerten Tausendeimerberg und in das vom Spitzerbach durchflossene Mühldorfer Tal mit seinen Wein- und Obstterrassen.

Blut-Storchschnabel

Das „Naturdenkmal“ an der Setzberg-Nordseite ist im Wesentlichen eine pannonisch geprägte Wiesensteppe, die naturgemäß reich an interessanten und schönen Arten östlicher und südlicher Herkunft ist. Zu den schon beim Jägerriedel beobachteten Arten gesellen sich noch Wiesen-Flockenblume, Wiesen-Salbei, Färber-Meier, Aufrecht-Ziest, Flecken-Ferkelkraut, Hasen-, Heide- und Berg-Klee, Ähren-Blauweiderich, Buntkronwicke, Knäuel-Glockenblume und Gelb-Labkraut.
Die am Abstieg folgende, aus pannonischen Wiesensteppen aufragende Blockwand drohte hinter dem aufkommenden dichten Bewuchs zu verschwinden. Dem beispielhaften Biotopmanagement ist es zu danken, dass naturliebende Menschen nach wie vor dieses Naturdenkmal bewundern können. Allerdings ist es nicht notwendig, auf die Felsen zu klettern oder in den Wiesen herumzutrampeln, denn alles, was diese Steppenlandschaft zu bieten hat, befindet sich auch in unmittelbarer Wegnähe!
Hier kommen alle Arten vor, die wir bereits beobachten konnten. Trotzdem: Aufmerksames Schauen lohnt sich immer um einige Arten zu entdecken, die bis jetzt nicht vorgekommen sind oder die wir einfach übersehen haben, wie die Echte Betonie, den Langfahnen-Tragant oder die zierliche Felsennelke mit ihren hellpurpurnen Blüten. Wollen wir allerdings die Blüte der Großen Küchenschelle erleben, sollten wir diese Stelle schon im März aufsuchen. Um diese Zeit blüht meist auch schon das Gewöhnliche Berg-Steinkraut, das mit seinen dicht gedrängten gelben Blüten eine weitere Zierde dieser Trockenrasen darstellt.

Mit prachtvoller Aussicht wird vom Setzberggipfel rechts weiter der Kammrücken südwärts verfolgt, zwischen Buschgruppen geht man über Wiesen und Felssteppen. Nach der mit verwitterten, schirmförmigen Rot-Föhren bewachsenen, aus einem Pegmatitgang im Spitzer Marmor bestehenden Blockwand, dem „Höhereck“, ist der Steppencharakter besser erhalten als auf dem verwachsenden Gipfelrücken. Bei der folgenden Verflachung (Bank und Vermessungszeichen) in der Nähe einiger besonders markanter Blockgruppen geht man links auf einem Karrenweg, der den mit ausgedehnten Felssteppen bedeckten Hang quert, hinein in die Weingärten am Südosthang des Setzbergs. Bei einem alten „Hiatahäusl“ (Unterstand für die Weingartenhüter) beginnt der Abstieg mit kurzen Wegkehren

Pechnelken am Wegrand

zwischen den Terrassenstufen, deren teilweise erneuerte Trockenmauern verschiedenste bunte Gesteine enthalten.
Der folgende Asphaltweg führt links hinab zum Radlbach. Hier zeigen die Weinhauerhöfe teilweise noch die in der Wachau typischen Pyramidenkamine, besonders malerisch ist ein historisches Gebäude mit „Blumenstiege" und einem die Hauswand entlang gezogenen Rebstock. Dann kommt man zum Heurigenlokal „Rondellhof" (Nothnagel) oder kann in einem der anderen Heurigen, die hier meist geöffnet haben, einkehren. Links leicht bergan folgt der Sattel mit dem eigenartigen Namen „Quitten" (beim Parkplatz des Friedhofs Abzweigung zum Tausendeimerberg). Jenseits gelangt man durch eine hohlwegartige Gasse zwischen hohen Trockenmauern und der Häuserzeile hinunter zum Kirchenplatz.

Gemeindeau Heidenreichstein · Schremser Moor · Blockheide Gmünd

Teiche, Moore und Wackelsteine

Quer durch das nordwestliche Waldviertel verläuft die europäische Hauptwasserscheide. Beim Überschreiten dieser Schwelle kommt man vom Einzugsgebiet der Donau zur Lainsitz, die mit ihren Nebenbächen zur Moldau und über die Elbe zur Nordsee fließt. An ihrem Ursprung erinnert der bekannte Nebelstein sehr an den Böhmerwald. Doch nach der kurzen Mittelgebirgsstrecke, mit dem um Weitra folgenden Hügelland, hat die Lainsitz bei Gmünd, wo sie Österreich verlässt, bereits den Charakter eines Tieflandflusses. Dieser in mächtige Sedimentschichten eingesenkte Flusslauf wird von Mäandern, Altarmen („Lahnen") und Feuchtbiotopen geprägt, die von Biologen und Naturschützern erst seit wenigen Jahren beachtet und erforscht werden.

Die niedrigste Senke der Wasserscheide liegt zwischen Hoheneich und Heidenreichstein, wo Franz-Josephs-Bahn und Prager Straße in der Nähe von Schrems Richtung Böhmen führen. Die wichtigsten Gewässer sind hier Braunau-, Schwarza- und Romaubach, deren Verlauf in Senken und Waldmulden, zwischen Hügeln und abgeflachten Rücken nur schwer zu verfolgen ist. Selbst dem Wasser scheint es schwer zu fallen, sich für eine Fließrichtung zu entscheiden. Wer die Spezialkarte zur Hand nimmt und als Orientierungswanderer unterwegs ist, kann immer wieder auf die hier typischen Landschaftselemente stoßen – nämlich Teiche, Moore und Wackelsteine.

Mit ca. 1200 Hektar Wasserfläche ist das Waldviertel das größte geschlossene Teichgebiet Österreichs. So zählt man etwa im Gebiet zwischen Gmünd und Heidenreichstein allein schon 150 Teiche. Flache Mulden mit an sich schon hohem Grundwasserstand sowie der wasserundurchlässige Gesteinsboden bieten da-

Bild links: Naturpark Schremser Moor

für die besten Voraussetzungen. Die meisten Teiche entstanden zwischen dem 14. und 16. Jahrhundert, als durch die Grundherrschaften die von Südböhmen ausgehende Teichwirtschaft zur Fischzucht übernommen wurde. Man unterscheidet Bachstaue, die selteneren Grundwasser- und Quellteiche und die „Himmelsteiche", die ihr Wasser nur vom Niederschlag her beziehen. Botanisch interessant sind vor allem die Gewässer mit flachen Ufern und Schlammablagerungen, so sie nicht zum Abfischen periodisch abgelassen werden.

Rosmarinheide

Das Waldviertel ist aber auch eine Landschaft der Moore. Ihr Ursprung reicht noch viel weiter zurück, bis in die letzte Eiszeit und die unmittelbare Nacheiszeit mit ihrem für die Torfbildung besonders günstigem Klima. Zu den geologischen Voraussetzungen im Granithochland kamen noch niedrige Temperaturen und hohe Niederschläge, sodass an vielen geeigneten Stellen Moore entstehen konnten.

Dabei entsteht eine erste Vegetationsdecke bereits unter Wasser durch den Algenwuchs. In der Folge produzieren Laichkraut- und Schwimmblatt-Gesellschaften weitere Ablagerungen (Faulschlamm) als Voraussetzung für das Verlanden. Die Ausbildung eines Röhrichtgürtels mit starkem vegetativem Wachstum schränkt die freie Wasserfläche immer mehr ein. Wenn sich die dicht verflochtenen Wurzeldecken durch Wasseranstieg vom Untergrund loslösen, können sich sogar Schwingrasen bilden! Großseggen-Bestände mit ersten aufkommenden Gehölzen (Weiden, Erlen) führen zur Entstehung von Bruchwäldern und Niedermoortorf. Mit zunehmender Torfbildung hebt sich der Moorkörper allmählich aus dem mineralstoffreichen Grundwasser heraus in den Bereich des nährstoffärmeren, sauren Niederschlagswassers. Anspruchslose Gewächse wie Birke, Föhre und

Zwergsträucher besiedeln gemeinsam mit Torfmoosen und Wollgräsern diesen Lebensraum und bilden ein sogenanntes Übergangsmoor.
Mit zunehmender Versauerung finden die Torfmoose immer bessere Lebensbedingungen. Sie wachsen ohne Verbindung zum Grundwasser wie ein in sich geschlossener Polster immer höher, nur von Niederschlägen gespeist, bis schließlich ein uhrglasförmig aufgewölbtes Hochmoor entsteht. Im Inneren läuft die sogenannte Vertorfung ab, zuerst als Vermodern bei Sauerstoffmangel, dann durch „Inkohlung" unter Luftabschluss. Dabei wird der pflanzliche Kohlenstoff nicht zu Kohlendioxyd abgebaut, sondern zu elementarem Kohlenstoff – dem braun-schwarz gefärbten, als Brennstoff geeigneten Torf.

Porst

Der Abbau von Torf reicht meist schon zwei Jahrhunderte zurück, als seine Verwendung zur Befeuerung der damals im Waldviertel errichteten Glashütten aufkam. Viele Moore wurden dadurch zerstört, aber nicht völlig vernichtet. Die Bildung großer Moorkomplexe ist vor allem mit den Klimabedingungen der kühl-feuchten Nacheiszeit verbunden. Das Wachstum der Torfmoose vollzieht sich aber auch unter den Verhältnissen der Gegenwart, wie man etwa in den stillgelegten Torfstichen von Schrems beobachten kann. Für den Naturschutz gilt trotzdem – ein Moor wächst unendlich langsam, aber es ist in kürzester Zeit zerstört!
Wissenschaftlich bedeutend sind die Moore als Archive der Vegetations- und Klimageschichte. Aus dem in den Torflagern konservierten Blütenstaub lässt sich nämlich mittels der Pollenanalyse die Pflanzenbedeckung von den Tundren der Späteiszeit über die nacheiszeitliche Waldentwicklung bis zu den Vegetationsveränderungen durch Eingriffe des Menschen nachweisen.

13. GEMEINDEAU HEIDENREICHSTEIN

Der Naturpark in Heidenreichstein bietet mit Gemeindeteich, Moorlehrpfad und Moormuseum eine überaus gut gelungene Einführung in die geheimnisvolle Welt der Moore.

Route: Parkplatz beim Gemeindeteich – Hängender Stein – Moorlehrpfad – Winkelauer Teich – Gemeindeteich; 2 Std., Seehöhe ca. 600 m.

Einkehr: Buffet beim Strandbad.

Karte: ÖK Nr. 6 (Waidhofen an der Thaya).

Information: Gästeservice 3860 Heidenreichstein, Tel. 02862/52506 (sehr empfehlenswerte Informationsbroschüre „Moor- und Torfmuseum").

Zufahrt: Vom Zentrum Heidenreichsteins bei der Wasserburg auf der Straße Richtung Waidhofen an der Thaya (Wegweiser Bundesstraße 5 – Wien). Am Berganstieg nach der Kurve an der zweiten (!) Abzweigung rechts Richtung Gemeindeteich. Im freien Gelände geradeaus weiter und bei der im Gemeindewald folgenden Wegkreuzung rechts abbiegend leicht bergab zum Parkplatz beim Gemeindeteich. Die Rundwanderung kann auch vom beschilderten Parkplatz (im Waldgelände an der Straße von Heidenreichstein Richtung Waidhofen) begonnen werden. Man geht von dort direkt zum „Hängenden Stein" und zweigt beim Rückweg vor dieser Felsgruppe links zum Ausgangspunkt ab.

DIE WANDERUNG: Vom Parkplatz auf dem Zufahrtsweg zurück bis zur Kreuzung nahe dem Waldrand und von dort geradeaus stets im Hochwald weiter bis zur nächsten Gabelung. Hier rechts auf der breiten Forststraße bis zur linken Abzweigung mit Wegweiser „Hängender Stein, Lehrpfad" (Weg Nr. 2). Auf breitem Waldweg weiter, an der linken Abzweigung (zum Parkplatz und Lehrpfad) aber vorbei und zum „Hängenden Stein". Mit nur geringen Auflageflächen ruht dieser Granitklotz auf einigen aus

dem Waldboden „wachsenden“ Blöcken. Weiterhin auf die Route achten, denn die Nadelmischwälder (vorwiegend Fichte, im Moorbereich Birken und Rot-Föhren) sind von einem zwar beschilderten, aber trotzdem verwirrenden Wegnetz durchzogen.
Beim „Hängenden Stein“ nicht auf der geradeaus führenden Wegspur weiter, sondern seitlich links (nordöstlich) auf einem abkürzenden Waldsteig in die Mulde hinab. Rechts im Föhrenbestand macht sich bereits die Moorsenke der Gemeindeau bemerkbar und bald ist die Forststraße mit dem Wald- und Moorlehrpfad erreicht. Rechts weiter zu Informationstafeln und dem besonders eindrucksvollen Steg ins Hochmoor.

DIE BOTANIK: Die extremen Standortverhältnisse eines Moores bieten nur wenigen hochspezialisierten Pflanzenarten eine Lebensmöglichkeit, was eine gewisse Artenarmut zur Folge hat. Dennoch üben Moore eine große Faszination auf den Naturliebhaber aus, können aber meist nicht betreten werden. Dieser Moorlehrpfad bietet dazu eine Gelegenheit. Vom Steg erblicken wir in nächster Nähe: Scheiden- und Schmalblatt-Wollgras, Moor-Preiselbeere („Moosbeere“), Rosmarinheide sowie Rundblatt-Sonnentau. Zwischen den „Bülten“, den üppig grünen, stellenweise rötlichen und bei größerer Trockenheit auch gelbbraun gefärbten Torfmoospolstern, befinden sich die tiefschwarzen Wasserstellen der „Schlenken“. Auf einzelnen Erhöhungen halten sich Birken und Rot-Föhren, weniger feuchte Stellen sind von Pfeifengras bedeckt. Auch die mit Pilzen symbiontisch zusammenlebenden Heidekrautgewächse wie Besenheide und die hier sehr häufige Heidelbeere bedecken vielfach die Moorfläche und den anschließenden Waldboden.

Auf der Forststraße weiter wandernd wird die rechte Seite von anmoorigem Hochwald eingenommen (dichte Bestände von Heidelbeere und Moor-Rauschbeere). Links folgt dem offenen Moor (im Winter 1998/99 Rodung der vereinzelten Kiefern) ein Moorwald, aus dem Ende Mai weiß blühende Büsche leuchten – das ist der überaus seltene Porst, eine Reliktpflanze der Eiszeiten (bei den Tafeln „Ohrweide“ und „Faulbaum“). An der bald danach folgenden Biegung werden eine Informationshütte und der Aussichtsturm am Winkelauer Teich erreicht, der einen sehr reizvollen Ausblick über die weitläufige Wasserfläche und ihre Niedermoor-Umrandung bietet. Am Weiterweg auf der Forststraße bemerkt man bei der Tafel „Aufforstung“ im Fichtendickicht unschwer die zur Entwässerung mit Riesenpflügen gezogenen Furchen, auf deren Rücken Fichten angepflanzt wurden. Der Lehrpfad biegt nun rechts ab, man geht jedoch besser auf einer neueren Forststraße in südlicher Richtung weiter. Der Waldboden und die Lichtungen werden hier häufig von dichtem „Seegras“ eingenommen (Seegras-Segge; anstelle des an den Meeresküsten vorkommenden Echten Seegrases früher zum Füllen von Matratzen verwendet).

Bei einer Lichtung mit zahlreichen Sumpfstellen geht man auf der rechts führenden Forststraße dem Waldrücken entgegen. Dort wird der markierte Weitwanderweg Nr. 630 + 605 erreicht, der stets im Hochwald bis zu einer Kreuzung die Forststraße benützt. Nun links abzweigend zum schon durch das Gehölz erkennbaren Gemeindeteich. Obwohl für den Badebetrieb genutzt (öffentlich zugängliches Strandbad), ist der landschaftliche Reiz dieses Gewässers durch die umrahmenden Hochwälder und die von Röhricht beherrschte Verlandungszone nach wie vor gegeben!

Strauß-Gilbweiderich

Ende Mai blüht am Ostrand des Teichs der mit Schwimmblättern an der Wasseroberfläche treibende und mit seinen weißen Blüten sehr dekorative Schild-Wasserhahnenfuß, während der Brenn-Hahnenfuß erst seine gelben Blüten entfaltet. Die hier häufige Ohr-Weide ist schon längst verblüht und der am Teichrand stehende Gewöhnliche Wolfsfuß wird erst im Juli seine kleinen, weißen Blüten öffnen. Gewöhnliche Waldbinse, Flatter- und Faden-Simse sowie die Vielblütige Große Sumpfbinse sind grasartige Pflanzen, deren sichere Bestimmung nicht immer einfach ist. Die relativ großen, auf der Wasseroberfläche treibenden, meist elliptischen Blätter gehören zum Schwimmenden Laichkraut. An dieser Seite des Teichs sind Blasen- und Grau-Segge sowie der Breitblatt-Rohrkolben vertreten. Ein sehr unscheinbares Pflänzchen mit kleinen, vierzipfeligen weißen Blüten ist das am Ufersaum wachsende Sumpf-Labkraut. Noch interessanter erweist sich das Südwestufer des Teichs: Im Mai blühen dort Kuckuckslichtnelke und Gewöhnlicher Quendel-Ehrenpreis, später werden das Blutauge und der seltene, bereits stark gefährdete Strauß-Gilbweiderich folgen. Zusätzlich zu den beiden an der Ostseite des Teichs vorkommenden Sauergräsern sind hier noch die Schnabel- sowie die Braun-Segge festzustellen. Im Hochsommer (Mitte Juli) sind weiters zu beobachten: Sumpf-Helmkraut, Sumpf-Haarstrang, Große Seerose; außerdem einige nur für versierte Botaniker interessante Arten feuchter bis nasser Böden, z. B. Borsten-Moorbinse, Eigentliche Zitzen-Sumpfbinse, Gilb-Fuchsschwanzgras. Nur sehr selten kann man die Kleine Zypergras-Segge beobachten, sehr häufig ist hingegen die Zart-Simse.

14. SCHREMSER MOOR

Ein seit ca. 30 Jahren aufgelassener Torfstich, dessen Moorvegetation sich inzwischen auffallend regeneriert hat, soll als jüngster Naturpark des Landes erschlossen werden. Naturparkverein und Stadtgemeinde wollen damit zeigen, dass Naturschutz und das Öffnen eines Gebietes für Wanderer kein Widerspruch sein müssen!

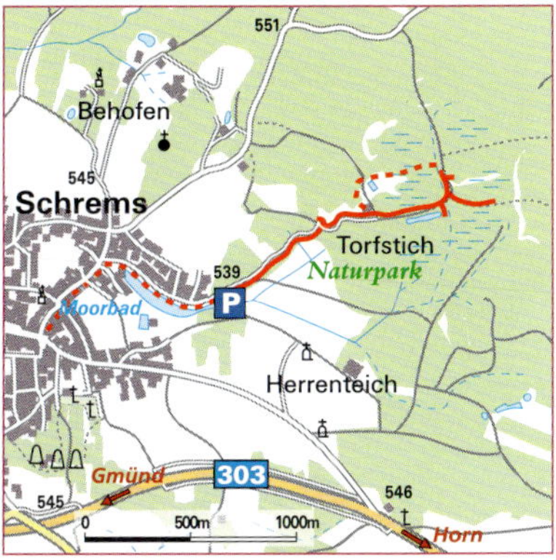

Route: Rundweg durch den ehemaligen Torfstich nordöstlich von Schrems; Fahrwege und Fußsteige, teilweise bezeichnet, 1 1/2 Std., Seehöhe ca. 535 m.
Einkehr: In der Stadt Schrems.
Karte: ÖK Nr. 5 (Gmünd) u. 6 (Waidhofen an der Thaya).
Information: Stadtamt 3943 Schrems, Tel. 02853/77454-21.
Zufahrt: Von der Bundesstraße 303 in das Zentrum von Schrems, am Ende des Stadtplatzes links (Wegweiser „Moorbad“) und bei der Moorbadstraße rechts den Badeteich entlang. Bald danach endet die Asphaltstraße und auf einem Güterweg, bei der nächsten Verzweigung ganz links, geht es durch einen Wald und in Bögen über eine weite Wiesenlichtung zum Waldrand bei einzelnen Häusern (reichlich Parkmöglichkeit).

DIE WANDERUNG: Auf dem Fahrweg (rote und blaue Hinweiszeichen) leicht bergab in die an den Rändern mit Bruchwald bedeckte, nur wenig eingesenkte Mulde des ehemaligen Torfstichs. Rechts wird bald durch das dichte Gehölz eine Lichtung sichtbar. Zwei Wegspuren weisen kurz nacheinander dorthin und mit wenigen Schritten steht man vor einem langgestreckten Moorbecken mit tiefschwarzem, offenem Wasser. Üppig wuchernde grün und rötlich gefärbte Torfmoose, schlammige Uferstreifen und im Hintergrund der aus Birken, Rot-Föhren, Faulbaumsträuchern und Weidenarten zusammengesetzte Moorwald ergeben ein höchst ungewöhnliches Landschaftsbild. Auf dem Fahrweg weiter gelangt man zu einer Biegung, wo rechts ein breiter Dammweg abzweigt. Dieser bietet einen prächtigen Rückblick auf die vorhin beschriebene Moorteichfläche. Zurück zum Hauptweg und auf diesem weiter zur „Querweg-Abzweigung“ (Markierungspflock, wichtig für den hier nordwärts führenden unbezeichneten Rückweg). Beim roten Markierungszeichen geradeaus wandernd findet man einen weiteren, überaus interessanten Moorkomplex. Mit einigen Windungen verläuft hier der Weg auf einem mit Rot-Föhren und

Ehemaliger Torfstich bei Schrems

Birken bestandenen Torfrücken. Dieser ist dicht mit Heidelbeersträuchern und Besenheide bewachsen, dazu kommen noch Preiselbeere und Moor-Rauschbeere. Links ist der Zugang zu einem langgestreckten Moorbecken möglich, bei dem offenes Wasser und Torfmoos-Bülten samt Totholz sowie ein völlig aus Torf gebildeter Uferstreifen beobachtet werden können. Vorsicht bei der Uferbegehung, da hier stellenweise der Rundblatt-Sonnentau auftritt (der nackte Torfboden selbst kann kaum Schaden erleiden). Der rot markierte Weg leitet als Rundwanderung über Brunnberg – Langschwarza – Ehrenhöbarten nach Schrems zurück (11 km, Gehzeit an die 3 Std.), besser geht man jedoch zurück zum Ausgangspunkt.

Oder man wählt den folgenden, unschwer zu findenden Rückweg: Zurück zum Markierungspflock an der „Querweg-Abzweigung" und hier in Gehrichtung rechts (nordwärts, Loipenroute) auf einem Fahrweg weiter. Ein rechts gelegener Seitendamm führt zu einem weiteren Becken des ehemaligen Torfstichs mit Verlandungszone und Pfeifengras-Beständen. Ein kurzes Stück später abzweigend ist sein anderes, von offenem Wasser begrenztes Torfufer leicht zugänglich (Vorkommen der seltenen Rasen-Simse; ob ein hier vermutlich gepflanzter, zum Standort aber gut passender Porst-Strauch wohl überleben oder sich sogar ausbreiten wird?).

Zurück zum Fahrweg, der aber im weiteren Verlauf für die Rückkehr zum Ausgangspunkt nicht geeignet ist (weiter vorne allerdings ein kleiner Torfstich mit anschaulichem Bodenprofil). An der linken (westlichen) Seite des Fahrwegs erstreckt sich eine unbegehbare Bruchwaldzone. Nur wenn man das kleine Holzbrückerl zu einer zwischen den Sträuchern erkennbaren Lichtung findet (in der Nähe des zuletzt beschriebenen Beckens), kann man den Rückweg wie beschrieben fortsetzen. Denn nur hier gelingt relativ einfach die Durchquerung des folgenden, überaus eindrucksvollen Moorbereichs.

Anfangs geht man noch auf einem breiteren Weg zwischen zwei mit Wasserlinsen dicht bedeckten Torfstichbecken. Dann folgt ein schmaler Torfkamm entlang des sich links ausbreitenden großen Moorbeckens. Dieses hat zwar mehr offenes Wasser, allerdings nicht von so tiefschwarzer Farbe wie bei den vorigen Standorten, sondern wirkt zwischen den üppig bewachsenen Torfmoosufern eher wie eine bräunliche Brühe. Im anschließenden Bruchwald stößt man auf eine auffallend stattliche Fichte und erreicht leicht rechts die nächste alte Dammkrone. Diese führt zu einer Lichtung. An einem Adlerfarn-Bestand entlang kommt man zu einem Fahrweg mit der Markierung Nr. 12 b. Nun links an einem neuen Fischteich vorbei zur großen Wiesenlichtung nahe dem Ausgangspunkt, den man links querend erreicht.

DIE BOTANIK: Im Randbereich des ehemaligen Torfstichs finden wir außer den schon genannten Holzgewächsen noch folgende Arten: Dorn-Wurmfarn, Sumpf-Haarstrang, Sumpf-Labkraut, Blutauge, Rundblatt-Sonnentau, Wasserschlauch (eine nicht näher bestimmte Art), Besenheide, Große Sumpfbinse, Schnabel-Segge, Flatter-Simse und die sehr zarte und daher leicht übersehbare Rasen-Simse. Teichrosen, Rohrkolben und Sumpf-Schwertlilien wurden offensichtlich zur „Verschönerung“ des Geländes angepflanzt.

Heidelandschaft (Besenheide)

15. GMÜND – BLOCKHEIDE

Einer der beliebtesten Naturparks von Niederösterreich, charakteristisch für das nordisch anmutende obere Waldviertel. Für Kinder erlebnisreicher „Marienkäferweg".

Route: Grillenstein – Malerwinkel – Mondteiche – Pilzstein – Großeibenstein – Naturparkzentrum; bezeichnete Wege, bequem und mit vielen Rastplätzen, 2 Std., Seehöhe ca. 500 m.

Einkehr: Schutzhütte im Naturparkzentrum, Gasthöfe in Grillenstein und Großeibenstein.

Karte: ÖK Nr. 5 (Gmünd).

Information: Tourismusbüro 3950 Gmünd, Tel. 02852/52506-38; Sehenswertes Stein-, Glas- und Heimatmuseum in Gmünd. Broschüre „Naturpark Blockheide".

Zufahrt: Von der Bundesstraße 41 beim Kreisverkehr Gmünd-Ost (Einmündung der Zwettler Straße) ins Zentrum von Gmünd abzweigen. Bei den Wegweisern zur Blockheide zweimal rechts abbiegen. Für die beschriebene Rundwanderung „Parkplatz 1" in Grillenstein benützen. Oder Weiterfahrt zum „Parkplatz 2" in Großeibenstein: Günstig für den „Marienkäferweg", lohnend vor allem mit Kindern unter Benützung der Restbiotop-Broschüre (dabei besser abkürzend vom Pilzstein zurück zu Aussichtsturm und Informationszentrum).

DIE WANDERUNG: Vom Ausgangspunkt in Grillenstein nicht sofort zur Blockheide, sondern zuerst rechts haltend zum Malerwinkel, einem romantischen, von Granitblöcken überragten Flussabschnitt am Braunaubach mit der „Märchenwelt". Durch Eichen- und Birkenbestand bis zu einem Steg und hier links hinauf zum Naturparkeingang Grillenstein.

Bei der rechts folgenden Kreuzung auf dem Schullerweg weiter. Zwischen Magerrasen, die von Buschgruppen und Baumreihen gegliedert sind, und an Streifenfluren vorbei kommt man zu einem Wäldchen mit dem ursprünglichen Baumbestand dieser Landschaft (Birken und Eichen). Dort befindet sich, neben dem „Meridian-Denkmal“ (15 Grad östliche Länge), eine Ansammlung von Riesenblöcken mit sagenumwobenen Namen, wie „Schuldstein“, „Teufelsbettstatt“ und „Teufelsbrotlaib“. Nun rechts, der gelben Markierung nach, zur Rastwiese, einer überaus malerischen kleinen Blockheide mit Birkengruppen. Der folgende Christophweg führt durch wenig intensiv bewirtschaftetes Bauernland: Einzelne Äcker und Brachen wechseln mit Magerwiesen und vielfach üppig bewachsenen Feuchtflächen.

DIE BOTANIK: Biotop „Magerwiese“: Auf den artenarmen bodensauren Magerrasen blühen im Hochsommer: Heide-Nelke, Mährische Glockenblume, Gewöhnlicher Arznei-Quendel, Kleines Habichtskraut, Silber-Fingerkraut u. a. Das zarte Rot-Straußgras wird auf den Heidewiesen in Waldrandnähe (etwa vor dem Christophstein) vom auffälligen Land-Reitgras abgelöst. Kennzeichnend für die anschließende Waldsaumgesellschaft sind Dolden-Habichtskraut, Trauben-Geißklee und Färber-Ginster.

Links haltend wird am Christophweg leicht ansteigend das Waldgelände mit der mehrschichtig getürmten Blockwand des „Christophsteins“ erreicht, offenbar ein energiereicher Platz, der von esoterisch überzeugten Menschen „zum Auftanken“ genützt wird. Gleich rechts hinter dem Stein weiter auf dem Steinbearbeitungs-Lehrpfad, der die vielfältigen, meist schon historischen Verwendungsmöglichkeiten des Granits zeigt. Oberhalb des Weges befindet sich der „Wackelstein III“ als angeblich schönster Wackelstein Österreichs! Die folgenden „Mondteiche“ sind ehemalige Steinbruchkrater, die trotz der Gestaltung zu einem idyllischen Biotop noch bemerkenswerte Naturzüge aufweisen. Vor allem wird hier der aufgeforstete Fichtenmischwald immer mehr von einem lichten Föhrenwald abgelöst, dessen Boden dicht mit Heidelbeersträuchern bedeckt ist (Fruchtzeit im Juli; gleichzeitig blüht der vorwiegend im Wald vorkommende Gewöhnliche Wachtelweizen).
An der Steinmetzhütte vorbei geht man bis zu einem breiten Forstweg und kurz links zum Jägerkreuz. Dort weist die Markie-

Blockheide Gmünd

rung rechts abzweigend auf eine Waldkuppe mit ungewöhnlich geformten Granitblöcken (schöne Rastplätze mit Steintischen). Der mächtigste heißt „Pilzstein" und zeigt sogar eine Verwitterungsform im Übergang zum Wackelsteintypus mit noch breit erhaltener Auflagerungsfläche. Man könnte nun der gelben Markierung nach auf dem Steinbruchweg über Kirchenwald und Herschenberg bis Großeibenstein wandern. Etwas kürzer geht man, vor dem „Pilzstein" stehend, schräg links hinab, wo man die Schutzhütte am rot markierten Rundwanderweg erreicht. Wer die Wanderung noch mehr abkürzen möchte, kann hier (ebenfalls sehr lohnend) direkt zum Aussichtsturm und Informationszentrum gehen.

Sonst gelangt man, auf dem rot markierten Weg beim „Wackelstein II" vorbei, aus dem Föhrenwald bald in Eichenbestände und schließlich in die Waldrandzone mit auffallenden Hochstaudenfluren (Wild-Engelwurz, Waldschlag-Weidenröschen). Die hier häufigeren Lupinen sind zwar besonders im Waldviertel weit verbreitet, aber als eine aus dem westlichen Nordamerika stammende Art (Vielblatt-Lupine) eigentlich standortfremd, ebenso wie die hier ausgepflanzten Blaufichten. Die agrarisch-forstliche Nutzung überwiegt auch auf den nachfolgenden Flächen, die auf einem Fahrweg bis Großeibenstein durchquert werden.

Biotop „Acker“: Die kleinflächigen Getreide-, Erdäpfel- und Maisfelder weisen bemerkenswerte „Beikräuter“ auf, da sie wenig gedüngt und kaum mit sogenannten Pflanzenschutzmitteln behandelt werden: Acker-Spörgel, Kleiner Winden-Knöterich, Ampfer-Knöterich, Acker-Minze, Hohlzahn-Arten u. a. Der folgende feuchte Fichtenforst zeigt noch die tiefen Furchen, die zur Trockenlegung gezogen wurden. Kurz vor dem Ortsgebiet links ein hingegen standortgemäßer Erlenbestand. Rechts kann man auf ausgeprägt sandigem Feldrand das Liegende Mastkraut und die viel seltenere Acker-Schuppenmiere entdecken.

Auf der Ortsstraße durch Großeibenstein, vorbei am Gasthof „Zur Blockheide“ (dahinter der geräumige „Parkplatz 2“) und links am Kiosk vorbei zum Naturparkeingang beim Gasthof „Blockheidealm“. Dort führt ein Fahrweg zunächst durch eine bäuerliche Kulturlandschaft mit Feldern in breiter Streifenflur. Die nächste Senke leitet bereits über zum Restbiotop der Feuchtflächen.

Biotop „Graben“ (im Querschnitt der Vegetationsperioden): Sumpfdotterblume, Kuckucks-Lichtnelke, Sumpf-Kratzdistel, Schlangen-Knöterich, Echtes Mädesüß, Großer Wiesenknopf, Sumpf-Labkraut, Rispen-Gilbweiderich, Gewöhnlicher Blutweiderich. Die dicht aufwuchernden Bestände der „Sumpfgräser“ werden beherrscht von der Gewöhnlichen Waldbinse. Neben Schwarz-Erlen ist der auf Heiden und Moorflächen verbreitete, meist strauchartige Faulbaum zu sehen (Blüten unscheinbar, blühend im Mai, fruchtend im Juli).

Der sandige Fahrweg führt leicht ansteigend in das trockenere Heidegelände. Hier zweigt man besser rechts auf dem Weg mit Weitwander-Markierung ab und gelangt zum Blockhügel im Zentrum des Naturparks: Zwischen dem lockeren Bestand von Birken und Stiel-Eichen (dazu spärlich Eberesche, Spitz-Ahorn und Faulbaum) türmen sich mit „Hollerstein“, „Koboldsteinen“ und „Wackelstein“ die absonderlichsten Granitrestlinge. Ferner befinden sich hier Informations- und Freizeitanlagen, wie Aussichtsturm, Schutzhütte und Spielplatz. Rechts kann man eine Blockgruppe mit etlichen Steinschalen erklimmen, links weist eine Reihe riesiger Blockquader sogar Bearbeitungsspuren der einstigen Granitgewinnung auf (Einkerbungen zum Ansetzen der Spaltkeile und Bruchflächen). Von diesem Blockhügel beliebig bergab zur Hubertuskapelle und zum idyllisch angelegten Blockheideteich.

Biotop „Teich“: Obwohl ursprünglich gärtnerisch gestaltet (mit Großer Seerose, Wasser-Schwertlilie, Gelber Teichrose und Breitblatt-Rohrkolben), hat sich eine für das Gebiet typische Ufervegetation entwickelt: Brenn-Hahnenfuß, Sumpf-Haarstrang, Gewöhnlicher Wolfsfuß, Flatter-Simse u. a. Die am Weiterweg berührten Feuchtstandorte sind von hohen „Schilfgrasbeständen“ geprägt.

Am besten geht man nun links um den Teich herum, an dessen Ufer vorspringende Riesenblöcke mit dicht bewachsenen Ufersäumen abwechseln. Besonders malerisch ist eine kleine Insel mit Schwarz-Erlen und Birken. Sehr empfehlenswert ist auch der links ausgreifende Wegbogen mit dem Geologischen Freilichtmuseum. Dann rechts haltend zu einem Wäldchen mit schönem Wegkreuz und leicht bergab zu Äckern mit interessanten Beikräutern, Wiesenflächen und Brachen. Rechts folgen noch der Fuchsstein und nahe dem „Carl-Hermann-Haus“ des Österreichischen Naturschutzbundes der Ausgang nach Grillenstein. Zuvor aber verdient gleich links am Beginn dieses freien Geländes eine schon längere Zeit aufgelassene Feldfläche besondere Aufmerksamkeit.

Biotop „Brachfläche“: Zwischen dem schon entwickelten Magerrasen kommt es bereits zu den ersten Stadien der natürlichen Wiederbewaldung mit einzelnen Birken. Auch die Besenheide dringt von angrenzenden Rainen vor und leitet die Entwicklung zum erst in Jahrzehnten aufkommenden Heidewald mit Rot-Föhren, Eichen und Heidelbeerunterwuchs ein. Im derzeitigen Zustand überwiegt noch ein bunter Blumenflor (Bestand Juli): Heide-Nelke, Mährische Glockenblume, Hügel-Schafgarbe, Echtes Johanniskraut, Gewöhnliches Ferkelkraut u. a. Auf ähnlichen sandigen und bodensauren Standorten könnten auch stark gefährdete Arten vorkommen, wie der Lämmersalat und der Bauernsenf. Das hier nicht seltene Wasser-Greiskraut tritt hingegen eher auf feuchten Böden auf.

Zwettl- und Kamptal · „Dotterblumen-Marathon" · Hauswiesenmoor

GOLDENE WASSER IM URGEBIRGE

Die Flüsse des Waldviertels schimmern goldbraun wie Bernstein, wenn sich die Sonnenstrahlen im eisenhältigen Wasser verfangen. Was golden glitzert, sind aber nur Glimmerplättchen, und wenn man in das auch bei völliger Reinheit dunkle Wasser steigt, ist auf seinem Grund meist nur grober Quarzsand zu spüren. An den Ufern liegen, zumindest im Weinsberger Massiv, in großer Menge weißliche, quaderförmige Feldspatkristalle. Damit sind die gewöhnlichen Bestandteile des Granits auch schon aufgezählt: Feldspat, Quarz und Glimmer.
Nördlich von Zwettl gibt es aber ein namenloses Wässerchen, das die Geologen wegen seiner Metallführung tatsächlich „Goldbach" nennen! Im Stift Zwettl wird überdies ein Messkelch verwahrt, dessen Gold im Mittelalter aus dem Kamp „gewaschen" wurde, und sicherlich stammt ein Teil des Donaugoldes aus dem Granit-Hochland. Die Perlen der habsburgischen Kronjuwelen sind ja schließlich auch in Flussperlmuscheln gewachsen, wie sie noch heute im oberen Kamp vorkommen.
Für Menschen unserer Zeit werden andere Schätze wohl immer mehr bedeutend, ja sogar lebenswichtig. Dazu zählen vor allem unversehrte Natur und möglichst ursprünglich gebliebene Landschaften, die man am besten zu Fuß erleben kann. Beim Wandern im Waldviertel ersetzen übrigens Weitwanderwege die in den Alpen üblichen Gipfeltouren. Denn obwohl in einem „Urgebirge" unterwegs, erleben wir hier eine von der Horizontalen geprägte Landschaft. Aber wandern von Dorf zu Dorf? Wenn im Waldviertel der Weg zum Ziel werden soll, bieten sich für Naturwanderungen vor allem seine „goldenen Wasser" an.
Das Gebiet zwischen Zwettl und Weinsberger Wald verdient wirklich (im Gegensatz zu den Zentralalpen) die Bezeichnung

Bild links: Naturschutzgebiet Oberes Kamptal

„Urgebirge“. Seit dem Erdaltertum wirkten hier die abtragenden Kräfte und hinterließen ein nahezu ebenflächiges Gipfelniveau. Erst wo Kamp und Zwettl die Landschaft formten, hat sich annähernd der Charakter eines Mittelgebirges entwickelt. Diesen beiden Flüssen zu folgen, bedeutet daher mehr als eine Weitwanderung, wenn man möglichst unmittelbar an ihrem Lauf bleibt. Zum Erlebnis „Wasser“ kommen dann nämlich die abwechslungsreichsten Landschaftsmotive und eine vielfach unerschlossene Natur.

Von der Stadt Zwettl ausgehend bis zur Quelle des Zwettlbachs und am Großen Kamp entlang zurück zum Ausgangspunkt findet man nicht überall markierte Routen oder überhaupt Wege. Während der mehrtägigen Tour sind sogar völlig weglose Abschnitte als „Orientierungswanderung“ zu bewältigen. Dieser „Dotterblumen-Marathon“ (womit die günstigste Begehungszeit schon angedeutet ist) verläuft aber leider auch über Asphaltstrecken, wenn Straßen die Flüsse entlang ziehen. Die gesamte Runde mit dem Rad oder etwa sogar mit dem Auto abzufahren, erscheint daher gar nicht so abwegig, wenn auf die nur zu Fuß erreichbaren Höhepunkte nicht verzichtet wird.

Die Rundstrecke durch das Zwettl- und Kamptal wird eher für Blumenfreunde beschrieben. Gleiches gilt für eine Tour jenseits des Urgebirges, wo man überdies durch den Höhenunterschied zum nahen Donautal den bergigen Charakter der Landschaft viel intensiver erleben kann. Dort sind die Wasser zwar nicht „golden“, sie bergen aber dennoch einen Schatz für Naturliebhaber, nämlich sozusagen ein Moor zum Angreifen: Im Unterschied zu vielen anderen Feuchtbiotopen ist nämlich zumindest ein Teil dieser „Hauswiese“ bei St. Oswald leicht zugänglich.

16. ZWETTL- UND KAMPTAL

Rundwanderung durch lieblich-romantische, in die Hochfläche südwestlich von Zwettl eingesenkte Tallandschaften mit typischer Vegetation des oberen Kampgebiets.

Route: Zwettl – Syrafeld – Moidramswald – Gschwendtmühle – Kamptal – Zwettl; gut markierte Wege, 3 Std., Seehöhe 510 bis 615 m

Einkehr: Hotel-Restaurant Schwarzalm.

Karte: ÖK Nr. 19 (Zwettl).

DIE BOTANIK: Waldlehrpfad im Zwettltal:
Die erste Wegstrecke ist als Waldlehrpfad angelegt, der sich hervorragend zum Kennenlernen der heimischen Bäume und Sträucher eignet. Die Verwendung eines Bestimmungsbuches (es kann durchaus auch ein „Bilderbuch" sein) wird empfohlen, da die Hinweistafeln eher spärlich sind.

An Bäumen fallen Sommer-Linde, Spitz-Ahorn, Berg-Ahorn, Schwarz-Erle, Gewöhnliche Robinie, Zitter-Pappel, Stiel-Eiche und Gewöhnliche Esche auf. Die Strauchschicht wird gebildet aus Warzen-Spindelstrauch, Gewöhnlichem Spindelstrauch, Liguster, Gewöhnlichem Kreuzdorn, Schlehdorn, Schwarz- und Trauben-Holunder, Gewöhnlicher Hasel, Einkern-Weißdorn, Berberitze, Rotem Hartriegel und Stachelbeere.

Die Krautschicht besteht vorwiegend aus stickstoffliebenden Arten, wie Kletten-Labkraut, Wiesen-Kerbel und Schöllkraut. An feuchten bis frischen Stellen finden wir Breitblatt-Arznei-Baldrian, Wald-Sternmiere, Berg-Goldnessel und Gamander-Ehrenpreis, an trockeneren Standorten hingegen Gewöhnlichen Feldsalat und das anmutige Nickende Perlgras, eines der am frühesten blühenden Süßgräser unserer Heimat. An Farnen begegnen wir dem Gewöhnlichen Tüpfelfarn und dem Nordischen Streifenfarn, beides Arten, die kalkarme bis kalkfreie Felsen besiedeln.

DIE WANDERUNG: Vom Parkplatz an der Gerungser Straße über den Zwettlfluss zum Promenadenweg, der als Waldlehrpfad und Weitwanderweg rot markiert ist. Den romantischen Flusslauf begleiten stattliche Baumriesen, der Unterwuchs ist dicht und teilweise von ruderalem Charakter. An einem freien Hangvorsprung mit „Trockenstandort", der allerdings bereits durch standortsfremde Schwarz-Föhren ersetzt ist, ergänzen Vogel-Kirsche und Berg-Ulme den Baumbestand. Die Krautschicht wird hier von einem großen Bestand der Wald-Weißwurz beherrscht.

Vom Rastplatz ergibt sich ein schöner Blick über den flachen Flussbogen zum gegenüberliegenden steilen Talrand mit typischem Mischwaldbestand: Schwarz-Erlen am feuchten Flussufer, Rot-Föhren und Eichen am trockenen Steilgelände. Durch einen mit denselben Baumarten bewachsenen Prallhang gelangt der Weiterweg zu Lichtungen mit dem natürlichen Fettwiesen-Charakter der Schwemmböden. Der im Randbereich eines Fichtenwalds verlaufende Weg wird von einer Reihe stattlicher Eichen begleitet. Bald nach der „Langer-Ruhe" und einer der im Waldviertel zahlreichen „Graslhöhlen" wird das Ende des Waldlehrpfads erreicht (1/2 Std.).

Nun links auf der Brücke über den Demutsgraben und vorwiegend im Waldgelände weiter, wo Aufforstungsversuche mit Douglasien, mit Fichten verwachsene Lichtungen und eine Schlagfläche (unter der Hochspannungsleitung) auffallen. Der Nadelwald ist nun, wie das Flussbett, immer mehr mit Blöcken durchsetzt und gewinnt dadurch einen romantischen Charakter. Bald folgt eine große Talwiese (Rastbank), die mit ihrer Umrahmung durch hochragende Waldränder und mit dem idyllischen Lauf der Zwettl als schönstes Wegstück gelten kann. Der Wiesenweg steigt gemächlich zum folgenden Waldrand an. Von dieser Stelle aus ergibt sich ein besonders schöner Blick über die ausgedehnte Feuchtwiese und ihren trockeneren Hangabschnitt.

Ab Mitte Mai wird der feuchte Talboden durch die rosa Blüten des Schlangen-Knöterichs prächtig geschmückt, dazu kommen noch die Kuckuckslichtnelken mit ihren fleischfarbenen Blüten (im Volksmund „Fleischblume"). Zusätzliche Farbtupfen erhält die Wiese noch durch die eher spärlich auftretende, blau blühende Wiesen-Glockenblume und den purpurviolett blühenden Echten Beinwell. Echtes Mädesüß und Kraus-Ringdistel, die hier ebenfalls vorkommen, zeigen sich um diese Zeit erst knospig. Wo der Boden hangaufwärts trockener wird, blüht u. a. herrlich purpurn die Gewöhnliche Pechnelke.

Vom folgenden asphaltierten Güterweg links abzweigend auf einem Waldsteig wieder hinab zu den Uferwiesen, deren dichter Bewuchs in scharfem Gegensatz zu den Hangböschungen mit auffallenden Trockenrasen-Elementen (teilweise sogar gärtnerisch gestaltet) steht. Auf dem Wiesenweg hinein nach Syrafeld. Im Ort links über die gleich neben einer Wehranlage gelegene Zwettlbrücke und die Straße entlang bis zur nächsten Kurve. Dort auf einem Karrenweg abzweigend (rot markiert, Nr. 12) weiter durch den Moidramswald hinan. Auf einen schönen Mischbestand mit Fichten, Rot-Föhren und Heidelbeerbewuchs folgt ein dichter Forst mit den Geländestufen einstiger Streifenfluren. Vor dem Waldrand (voraus im freien Gelände Trockenrasen und Lesesteinhaufen) links zum Kuenringerstein neben einer oberhalb aufragenden Blockburg und innerhalb des Waldrands weiter zur Straßenquerung.
Jenseits der Straße geradeaus in den Nadelwald, kurz danach aber rechts abzweigend (!) hinab gegen die Kampniederung. Der Waldgraben weist feuchte Bestände mit Faulbaumsträuchern, aber auch trockene Riegel mit Föhrenwuchs auf. Zuletzt auf Asphalt hinab zur Gschwendtmühle.
Die ruhige Wasserfläche oberhalb der zum Zwettler E-Werk gehörenden Wehranlage wirkt wie ein dunkler, von hohen Fichten und Erlen gesäumter Teich – ein sehr reizvolles, ruhiges Flussbild an dem sonst eher verblockten, lebhaften Lauf des Kamp. Über den Steg ans jenseitige Ufer und ansteigend zur Schwarzalm (bis hieher 2 Std.; trotz des Hotelbetriebes auch für Wanderer angenehme Einkehrmöglichkeit). Man kann von hier auch auf dem rot mit Nr. 3 markierten Touristensteig zurück nach Zwettl wandern, braucht aber um eine halbe Stunde länger und versäumt den nachfolgend beschriebenen reizvollen Talweg.

Man geht nun am besten auf dem gleichen Weg zurück zum Steg bei der Gschwendtmühle und wendet sich dort rechts flussabwärts. Der Kamp ist hier ein sehr reizvolles, mit Blöcken durchsetztes Wildwasser. Diesen Charakter hat das gesamte Naturschutzgebiet „Oberes Kamptal“ flussaufwärts bis nach Roiten (die überaus lohnende Wanderung zwischen Roiten, Hohem Stein und Utissenbachmühle ist im „Wandererlebnis Waldviertel“ ausführlich beschrieben). Bald nach dem nächsten Steg mit Abzweigung zu den nahen Granitblöcken am „Kaltenbrunnerfelsen“ verläuft der Wanderweg den Werkskanal des schon um die Jahrhundertwende erbauten Zwettler Elektrizitätswerks entlang. Hier ergeben die dichten Hochstaudenfluren bis zum Spätsommer ein buntes Blütenbild, während jenseits des dunkel und ruhig dahinströmenden Wassers sich Farnwedel und die Zweige riesiger Fichten über das Ufer neigen.

Beim E-Werk beginnt eine Sandstraße, die das Kamptal entlang zieht und an einem historischem Rastplatz (errichtet zum fünfzigjährigen Regierungsjubiläum Kaiser Franz Josephs) vorbeikommt. Man geht dabei durch Fichten-Hochwald und Mischwälder mit Fichten, deren hohe Wipfel die Erlen und Weiden

Großer Kamp bei Arbesbach

am Flussufer überragen. Mehrfach stehen dort auch uralte Rot-Buchen. Der Kamp fließt hier schon als ruhiger Fluss dahin, obwohl die Talhänge noch recht steil sind und immer wieder mit Moosen, Farnen und Heidelbeerbüschen bewachsene Blockfluren bilden. Nach längerer Wegstrecke über die Kampbrücke beim Wasserwerk zu einem Promenadenweg, der von Baumriesen begleitet wird und den parkartigen Talboden entlang zieht. Man befindet sich hier auf der Schwemmfläche des „Gleithangs", also an der Innenseite des Flussbogens. Sehr lohnend ist aber auch der weitere Verlauf des hier einmündenden „Touristensteiges" (Begehung auf eigene Gefahr, aber völlig unschwierig): Vor der Brücke rechts den Hang leicht ansteigend auf einem Forstweg entlang und von dessen Ende auf einem durch Geländer gesicherten Steig hoch über dem Kamp den „Prallhang" querend weiter. An der Außenseite der Flussbiegung hat hier der Kamp eine sehr steile, hohe Böschung in die Hochfläche gegraben. Diese ist trotz des schroffen Geländes wie im Zwettltal mit einem überaus stattlichen Mischwald bestanden. Die eindrucksvollste Stelle wird bei der „Kanzel" erreicht, dann senkt sich der Steig nach längerer Querung in Kehren zum Talboden hinab. Am Flussbad vorbei kommt man über einen Betonsteg zum Spielplatz und geht auf der Kamptalstraße zum Ausgangspunkt an der Gerungser Straße. Sehr lohnend sind auch der Aufstieg von der Lourdesgrotte zur Propstei (Friedhofskirche mit romanischen Bauteilen) und der folgende Abstieg über den Kalvarienberg.

Die Vegetationsbeschreibung im Zwettltal entspricht einer Begehung Ende Mai.
„Frühblüher" im April: Wiesen-Schaumkraut, Busch-Windröschen, Weiß- und Bach-Pestwurz, Wechselblatt-Milzkraut, Wald-Soldanelle, Wald-Gelbstern, Moschuskraut, Hohe Schlüsselblume.
Blühend von Juni bis Juli: Geißbart, Weg-Ringdistel und Kohl-Kratzdistel, Echtes Johanniskraut, Echter Beinwell und Großer Fingerhut. Stellenweise gibt es dichte Bestände der Österreichischen Gämswurz.
Im späteren Sommer kommen noch Hain-Greiskraut, Wild-Engelwurz, Gewöhnliche Bärenklau und Wald-Witwenblume hinzu. Im schnell fließenden Wasser des Kamp blüht der Flutende Wasserhahnenfuß.

17. „DOTTERBLUMEN-MARATHON“

Mehrtägige Weitwanderung als Rundtour von Zwettl aus, kein offizieller und markierter Weitwanderweg, sondern Flusswanderung entlang von Zwettlbach und Großem Kamp (Erstbegehung: Bernhard Baumgartner 1994).
Route: Zwettl – Schloss Rosenau – Jagenbach – Rosenauerwald – Gross-Gerungs – Langschlag – Bruderndorferwald – Schanz / Kampbrücke – Kamp – Höllfall – Neustift – Ritterkamp – Roiten – Zwettl; gesamte Streckenlänge ca. 85 km, Gehzeit insgesamt mindestens 30 Std. (verteilt auf drei Tage), Seehöhe 518 bis 900 m.

Nächtigung: Langschlag („Waldviertlerhof“, Tel. 02814/8286) und Pretrobruck (Gasthof Seidl, Tel. 02813/(8)410).
Karte: Freytag & Berndt WK 111 (Zwettl).

Einzelne Teilstrecken sind im „Wandererlebnis Waldviertel“ (2. Auflage, 1997) beschrieben, die folgenden kleinen Rundwanderungen berühren die schönsten Teilstrecken (Orientierung nach der Spezialkarte). Sehr lohnend ist auch ein Besuch der Naturdenkmäler „Lohnbachfall“ und „Große Schütt“ im Bereich des Kleinen Kamp, die an Wanderrouten des vorhin genannten Führers liegen (Zugang von Pretrobruck bzw. von der Schönbacher Straße).

ROSENAUERWALD:

Durchbruchstal des Zwettlbachs zwischen Jagenbach und Groß-Gerungs als landschaftlicher Höhepunkt dieses Tals; Zufahrt von Groß-Gerungs oder Rosenau / Dorf bis Wendelgraben.
Vom hier abzweigenden Güterweg bei der ersten Wegteilung rechts zum folgenden Abstieg ins Zwettltal bei der Klingenmühle. Flussaufwärts unmarkierter Fahrweg bis zur Preindlmühle, dann auf dem rot markierten Weitwanderweg im Talgrund überaus reizvoll weiter bis zur Holzmühle und links hinauf zur Straße nahe dem Ausgangspunkt (ca. 2 Std.).

GROSSER KAMP – KIENAUWALD:

Großteils weglos am „jungen Kamp" zwischen Schanz / Gasthof Kampbrücke und Komau / Lehrmühle (nur mit organisierter Rückfahrmöglichkeit); der mittlere Abschnitt dieser schwierigen Tour ist als weglose Orientierungswanderung durch großartige „Urnatur" zwischen Neumühle und Antenfeinhöfen möglich. Zufahrt von Langschlag über Kainrathschlag und Bucheck bis Kuchlreith.
Auf asphaltiertem Güterweg zur Neumühle und den Großen Kamp bachabwärts über Wiesen bis unterhalb des nächsten Gehöfts (Grudl), dort Brücke zum Südufer und im folgenden dichten Fichtenforst möglichst knapp am Kamp entlang (verwachsen, schmale Durchgänge im Gehölz, mühsam). Von der folgenden Brücke an, nun landschaftlich sehr schön, auf Karrenweg bequem weiter, leichter Anstieg und vom nächsten flachen Sattel gleich wieder links hinab in den Talgrund.

Am jungen Kamp (bei Langschlag)

Zuerst am Bergrand weiter, dann auf gut gangbarem Schneisenweg durch den Jungforst ins freie Gelände (rechts oben ein ehemaliges Gehöft). In Bachnähe führen Wegspuren über diese malerischen Talwiesen, zuletzt kurz im Wald zur nächsten Brücke. Diese überquerend auf dem Fahrweg zu aussichtsreichen Wiesenflächen mit den Häusern Antenfeinhöfe Nr. 25 und 23, wo den Kamp entlang noch keine Aufforstungen vorgenommen wurden. Wo der Güterweg sich links hinan wendet, kann man noch auf dem Talboden entlang der Mäander des Kamp und am anschließenden Waldrand sehr lohnend weitergehen bis zu dem von Altenberg her einmündenden Seitengraben. Vor diesem links aufwärts über einen Forstweg und Lichtungen zum Fahrweg bei den Antenfeinhöfen. Über „In der Goass“ kommt man stets auf Güterwegen zurück zum Ausgangspunkt (ca. 3 Std.).

HÖLLFALL:

Eindrucksvollstes Wildwasser des Großen Kamp nordöstlich von Arbesbach, kurzer Spaziergang mit Zufahrt von Pretrobruck durch den Eisgraben bis zu einer auffallenden Birkengruppe. Auf dem asphaltierten Güterweg weiter zum „Zeller Marterl“ bei der Kampbrücke (alter Wallfahrerweg nach Mariazell; „Höllfall“ in der Karte falsch eingezeichnet, er befindet sich südwestlich von P. 718 m).

Auf dem Forstweg entlang der von Blockwänden umgebenen Durchbruchsstrecke ansteigend, mehrfach mit Zugang zum verblockten Flussbett, dessen Wildwasser als „Höllfall“ bezeichnet wird. Wo der Kamp oberhalb der Steilstelle wieder ruhig fließt (rechts stimmungsvoller Flussblick), zweigt nach der Felswand links eine Forststraße ab, auf der man über einen Sattel hinweg wieder zum Ausgangspunkt gelangt (ca. 1 1/2 Std.).

DIE BOTANIK: Der Aufstieg entlang dem Höllfall führt durch einen frischen, schattigen und ziemlich bodensauren Wald. Auffällige Blütenpflanzen gibt es hier höchstens vereinzelt zu sehen, bemerkenswert ist aber das Vorkommen verschiedener Farne: Wald-Frauenfarn und Echter Wurmfarn zählen zu den größten heimischen Farn-Arten. Ihre Wedel (= Blätter) sind rosettig angeordnet und bilden auffällige Trichter. Fast ebenso groß wird der Dunkle Dornfarn, dessen Wedel zwar ebenfalls rosettig angeordnet sind, allerdings keine so ausgeprägten Trichter bilden wie bei den beiden vorhin genannten Arten. Deutlich kleiner sind der Buchenfarn und der Eigentliche Eichenfarn, deren Wedel keine Trichter bilden, sondern einzeln dem kriechenden Wurzelstock (= Rhizom) entspringen.

„GRANITKLAMM“ BEI DER HEUMÜHLE:

Schon bei der Hausmühle zwischen Arnreith und Feuranz befindet sich eine völlig verblockte Flussenge ähnlich der Großen Schütt (die Wiesenböden vom Höllfall flussabwärts sind übrigens äußerst malerisch und am Nordufer leicht zu begehen). Ebenso unbekannt wie diese Stelle ist auch der Durchbruch des Großen Kamp in einer tatsächlich zum Teil als Klamm ausgebildeten Schluchtstrecke oberhalb der Heumühle (Orientierungswanderung, nicht leicht). Zugang von Neustift (zwischen Pretrobruck und Rappottenstein) auf einem Fahrweg bis zur Heumühle. Dort am Südufer flussaufwärts (etwas schwierige Orientierung, am Kamp entlang eher dicht verwachsen) bis zur Engstelle der Klamm, wo man über den steilen, mit Blockstufen abbrechenden linken Begrenzungsriegel ansteigend ausweichen muss (der höchste Punkt liegt nahe einem nach Neustift führenden Fahrweg). Jenseits kann man wieder zum Kamp absteigen und das zunächst noch stark verblockte Wildwassertal etwas mühsam, aber äußerst lohnend weiter entlang wandern, bis die Hausbacher Straße bei P. 691 erreicht ist (ca. 2 Std.).

Muscheln im Frauenwies-Teich

18. HAUSWIESENMOOR

Moorgebiet nördlich von St. Oswald (Yspertal), auch Burgstein- oder Hinterbergmoor genannt. Als Exkursionsziel oder bei der später beschriebenen Rundwanderung besucht, bietet sich hier ein hervorragender Standort der Moorvegetation an. Im Gegensatz zu anderen Mooren kann zumindest ein Teil der Moorfläche ohne Schwierigkeit und ohne Schaden anzurichten betreten werden.

Zufahrt: Von Ysper Richtung St. Oswald und auf der Berghöhe rechts abzweigend Richtung Dorfstetten. Aus der folgenden freien Hangmulde (Loseneggeramt), zuletzt stark ansteigend am Hinterberghof vorbei, umfährt man im Wald den Hinterberg (von rechts Einmündung des Herzsteinwegs) und befindet sich dann im flachen Gelände bereits auf dem das Moor durchschneidenden Straßendamm. Beschränkte Parkmöglichkeit am folgenden Waldrand (Seehöhe 790 m).

Für das Hauswiesenmoor wurde bereits vor einigen Jahren ein Naturdenkmalantrag gestellt, der jedoch unerledigt blieb. Daher hat der WWF Österreich 1999 neuerlich um die Einleitung eines Verfahrens ersucht, um dieses Feuchtbiotop zu schützen.
Das durch massenhaftes Auftreten des sonst sehr seltenen Siebensterns ausgezeichnete Hauswiesenmoor gliedert sich gegenwärtig in zwei völlig gegensätzliche Bereiche:
Östlich des Straßendamms liegt ein weitgehend ungestörtes Flachmoor, das gegen die kaum hervortretende Wasserscheide zwischen Losenegger- und Loizenbach in einen Moorwald überleitet. Dieser Moorbereich ist nicht zu betreten, aber es gibt gute Beobachtungsmöglichkeiten vom Straßendamm aus bzw. vom Waldrand unterhalb des Loizenwegs. Die südlich des offenen Flachmoors einsetzende allmähliche Verlandung wird durch das

Aufkommen von Sträuchern und vereinzelten Bäumen dokumentiert. Die Hauptentwässerung erfolgt durch einen Graben entlang der Straße und ein am nördlichen Waldrand verlaufendes Bächlein.

Westlich des Straßendamms befindet sich die eigentliche „Hauswiese", ursprünglich ein ausgedehntes, mittlerweile jedoch weitgehend zerstörtes Flachmoor, das, vom Loseneggerbach westwärts, vor vielen Jahren in einen standortfremden, ökologisch höchst bedenklichen Fichtenforst umgewandelt wurde. Damals hatte man versucht, mit den zu dieser Zeit gebräuchlichen Riesenpflügen das gesamte Moor trockenzulegen, ein Vorhaben, das zum Glück von keinem großen Erfolg gekrönt war! Der Boden besteht seither aus in west-östlicher Richtung verlaufenden, nun längst wieder bewachsenen Torferderücken, die der seinerzeitigen Aufforstung widerstanden haben. Die dazwischen verlaufenden Furchen sind noch immer moorig-feucht bis nass und enthalten nach wie vor einige für Moore charakteristische Pflanzenarten. Den schon erwähnten Siebenstern, eine ab Mai blühende Sippe mit weißen Blüten, finden wir besonders zahlreich an der Nordostseite gegen den Waldrand zu. Dieses Primelgewächs ist ein eiszeitliches Relikt. Durch fortschreitende Zerstörung der Moore sind seine Standorte in den letzten Jahrzehnten bedrohlich zusammengeschrumpft, sodass dieses hübsche kleine Blümchen mittlerweile zu den gefährdeten Arten zählt. Aber nicht nur für Pflanzen, auch für Reptilien (Bergeidechse), Amphibien (Grasfrosch) und Insekten (Hochmoor-Perlmuttfalter, Weißbindiger Mohrenfalter und Kurzflügelige Beißschrecke) stellt dieser Teil des Moores ein wertvolles Rückzugsgebiet dar.

Fieberklee

Das Betreten dieses westlich der Straße gelegenen ehemaligen Flachmoors erscheint wegen des widerstandsfähigen Bodens kaum bedenklich (vorteilhaft mit Bergschuhen, Gummistiefel meist nicht erforderlich). Die Verlandung und damit auch eine Wiederbewaldung erfolgt unabhängig von den einstigen Bemühungen zur „Kultivierung", wird aber durch die tiefen Bodenfurchen sicherlich beschleunigt. Im Südwestteil der „Hauswiese" hat sich bereits ein ansehnlicher Birkenbestand entwickelt.

DIE BOTANIK: Das Vorkommen zahlreicher gefährdeter Arten unterstreicht den Wert (und damit die Schutzwürdigkeit) dieses schon sehr selten gewordenen Standorts. Der Blumenreigen beginnt bereits im April, wenn das Wiesen-Schaumkraut und das Sumpf-Veilchen zu blühen beginnen. Im Mai setzt dann die Hauptblüte ein und es blühen hier neben dem Siebenstern noch das Sumpf-Vergissmeinnicht, die unscheinbare Bach-Sternmiere, das sehr seltene Sumpf-Läusekraut, der Sumpf-Baldrian, das Bach-Aschenkraut und der jedem Naturfreund sofort auffallende Fieberklee mit seinen weißen bis blassroten Blüten. Zwei hier vorkommende Orchideen sind das Breitblatt- und das Gefleckte Fingerknabenkraut. Von Mai bis Juni blühen dann einige der für Moore typischen Heidekrautgewächse: Rosmarinheide (ein kleiner Halbstrauch mit nickenden, purpurrosa Blüten), Gewöhnliche Moor-Preiselbeere (im Volksmund „Moosbeere", mit rosaroten, später turbanartig zurückgeschlagenen Kronzipfeln), Heidelbeere und Preiselbeere. Ab Juni entfaltet das in seinem Bestand bereits gefährdete Blutauge (ein zu den Fingerkraut-Arten gehörendes Rosengewächs) seine purpurbraunen Blüten. Der Rundblatt-Sonnentau, der mit seinen mit klebrigen Tentakeln bestückten Blättern kleine Insekten fängt (und anschließend verdaut) zählt zu der Gruppe der „Fleischfressenden Pflanzen". Er öffnet erst ab Juli seine kleinen weißen Blüten. Die Besenheide, wie die schon erwähnte Heidelbeere zu der Familie der Heidekrautgewächse gehörend, blüht vom Juli bis in den Herbst hinein. Im blühenden Zustand wenig auffallend sind das Schmalblatt-Wollgras und das Scheiden-Wollgras, im fruchtenden Stadium sind sie dagegen äußerst dekorativ und ein stark belebendes Element jeder Moorlandschaft. Zuletzt sei noch die Schlamm-Segge genannt, eine grasartige, unscheinbare Pflanze aus der Familie der Riedgräser, die in Niederösterreich als „stark gefährdet" eingestuft wird.

Siebenstern im Hauswiesenmoor

DIE WANDERUNG: Rundwanderung auf dem Herzsteinweg: Ausgangspunkt – Zufahrt wie zum Hauswiesenmoor, aber bereits am Anfang des Loseneggeramts bei der Kreuzung Richtung Waldhausen rechts zur Verzweigung des Güterwegs „Windhag – Steina“ (beschränkte Parkmöglichkeit).

Auf dem rechten Asphaltweg entlang von Böschungen mit blumenreichen Magerrasen (im Juli Blüte von Sandglöckchen und Heide-Nelke) zum Gehöft Pireitsteiner, wo sich rechts im Feld das „Steinerne Kornmandl“ befindet. Den Wegweisern folgend besucht man nun die eindrucksvolle Blockformation mit dem „Totenkopf“ und geht nach Rückkehr zum Waldrand auf dem Herzsteinweg nordwärts weiter. Nach Durchquerung des Mischwalds am Westhang des Weißenbergs wird die Wiesenmulde unweit des Windhaghofs erreicht. Dort geht man am Waldrand rechts (Richtung Ysper), nimmt jedoch bei der Verzweigung im folgenden Hochwald den linken Weg. Dieser mündet in eine Forststraße, der man links mäßig ansteigend folgt (zunehmend prächtigere Blockbildungen). Am Ende dieser Forststraße findet man oberhalb einen Steig, der über den steilen Waldhang mit dem östlichen Abfluss der Hauswiese zum Loizenweg quert. Auf diesem Forstweg gelangt man links ansteigend, bald aber in flacherem Gelände (links im überaus romantischen Moorwald die Wasserscheide zwischen Loizen- und Loseneggerbach) zur Dorfstettner Straße beim Hauswiesenmoor.

Nach Besuch des westlichen Moorteils marschiert man auf dem Straßendamm südwärts, bis links der Herzsteinweg abzweigt. Auf diesem um den Hinterberg herum, dessen Blockgipfel neben der hübschen Aussicht ins obere Yspertal ab Anfang Juli auch ein üppiges „Heidelbeerparadies“ bietet. Am „Herzstein“ vorbei führt der markierte Wanderweg teilweise sehr reizvoll im Waldgelände weiter. So gelangt man nach einem aufgeforsteten Sattel, bald am aussichtsreichen Waldrand absteigend (Blick zu Ötscher, Ybbstaler Alpen und Gesäusebergen), zu einer Eichengruppe auf botanisch interessanten Magerrasen. Vom unterhalb gelegenen Hof Windhag führt der asphaltierte Güterweg bergab zum Ausgangspunkt (Gehzeit ca. 3 Std.).

Schirmföhren auf hoher Wand

„Thermenalpen“ werden jene Berge genannt, die vom Wiener Stadtrand entlang der Südbahnstrecke gegen das Semmeringgebiet ziehen. Sie gehören geografisch zum Wienerwald bzw. zu den Gutensteiner Alpen und bilden zugleich den Alpenostrand. Ihre Formenwelt ist durchaus voralpin, mit abgerundeten Kammrücken, mäßig ausgedehnten Hochflächen und felsigen „Klausen“ vor dem Austritt der Flüsse in das Wiener Becken. Einzig die Hohe Wand wirkt wie ein von den Kalkhochalpen abgesunkener Plateauberg. Ab einer mittleren Höhenstufe von 700 bis 1000 m überwiegt der voralpine Bergmischwald mit Rotbuchen und Fichten.

Wo aber die aus der Ebene aufsteigenden Berghänge Felswände und Schluchten bilden, fühlt man sich plötzlich weit in den Süden versetzt. Hier haben die Schwarz-Föhren ihren konkurrenzlosen Standort, nicht nur, wo sie schon im vorigen Jahrhundert auf Heideböden und sogar in Felsnischen aufgeforstet wurden, sondern von Natur aus. Die österreichische Unterart der Schwarz-Föhre, die in den Gebieten der westlichen Balkanhalbinsel ihren Verbreitungsschwerpunkt besitzt, hat hier in diesem begünstigten Gebiet zumindest die letzte Eiszeit überdauert und sich in den folgenden wärmeren Klimaperioden wieder ausgebreitet.

Der Schwarzföhrenwald selbst ist zwar durch die alljährlich abfallenden älteren Nadelgenerationen relativ artenarm und steril, weist jedoch einige attraktive botanische Besonderheiten auf (etwa auf dem Gösing den Dinarischen Wundklee, nach dem berühmten Botaniker auch Jacquin-Wundklee genannt). Typisch ist die Vegetationsgemeinschaft der „Föhren-Erika-Heide“ mit dichtem Auftreten der Schneeheide und Begleitpflanzen wie der Buchs-Kreuzblume. Die Föhrenwälder sind überdies durch eine schon historische Bewirtschaftung geprägt. Allenthalben findet man nämlich die Spuren der „Pecher“, denn vor Einführung der

Bild links: Aurikel am Gösing

Erdölraffination war Föhrenharz ein unentbehrlicher Rohstoff, sei es für die Herstellung von Anstrichen (Terpentin) oder auch für medizinische Zwecke.
Die von uns besuchte Flatzer Wand und der anschließende Gösing, beide nordwestlich von Ternitz aufragend, wirken wie eine verkleinerte „Hohe Wand“. Mehr noch als jenes Ausflugsziel, das überaus bekannt ist und vor allem am Fuß der Felswände für Botaniker ein reiches Betätigungsfeld bietet, vereint unser Bergmassiv die Vegetationseinflüsse der pannonischen Trockengebiete mit den Elementen der illyrischen und alpinen Flora. Wie ein Sinnbild dafür beherrscht der nahe Schneeberg den Ausblick von den Wettersteinkalk-Klippen des Gösing, während die Felskante der Flatzer Wand den bunten Fluren des Wiener Beckens und den ruhigen Bergzügen des Wechselgebiets zugewendet ist. Diese beiden Bergseiten haben auch ihre attraktive Nachbarschaft, die vor lauter "Kletter- und Blumenfreude" bei der Wanderrunde vom idyllischen Dörfchen Flatz aus nicht übersehen werden sollte: Im Sierningtal ist es der Naturpark mit seinem interessanten Informationszentrum bei der Hoyos-Burg Stixenstein, im Nordosten unseres Berggebietes lockt die Johannesbachklamm bei Würflach als gemütliche Wanderung.

Jacquin-Wundklee

19. FLATZER WAND UND GÖSING

Landschaftlich und botanisch hervorragende Bergwanderung mit Teilstrecken, die Schwindelfreiheit und Trittsicherheit verlangen (Ausweichmöglichkeit vorhanden).

Route: Flatz – Jubiläumssteig – Flatzer Wand – Neunkirchner Haus – Gösing – Flatz; markierte Wege und leichter Klettersteig, insgesamt 4 Std., Seehöhe 461 bis 898 m.
Einkehr: Neunkirchner Naturfreunde-Haus (zum Wochenende geöffnet).
Karte: ÖK Nr. 105 (Neunkirchen), Freytag & Berndt WK 012 (Hohe Wand).
Zufahrt: Von der Südautobahn A 2 (Ausfahrt Knoten Wiener Neustadt) auf der Bundesstraße 17 nach Neunkirchen, weiter rechts haltend Richtung Ternitz und nach Übersetzung der Südbahn abzweigend über Mahrersdorf nach Flatz. Parkmöglichkeit – am besten links durch die Bründlgasse zum Ortsrand (Endpunkt der Wanderung).

DIE WANDERUNG: In Flatz von der Bründlgasse zur Ortsmitte und auf der Flatzer Straße, an der Abzweigung der Wandgasse vorbei, bergan in Richtung Raglitz. Am Ende des Siedlungsgebiets links (blaue Markierung, Wegweiser „Tropfsteinhöhle, Klettersteige") auf einen Fahrweg abzweigen und gleich bei der ersten Verzweigung links bleiben. Der Weg führt kurz zwischen Strauchzeilen dahin (Aufblick zur Wand mit dem weiß gestrichenen „Jausenstein") und wendet sich, bald etwas steiler, leicht nach rechts. Im Randbereich des Schwarzföhrenwalds gelangt man zu einer Wegkreuzung und folgt links, grün und rot markiert, dem Wegweiser zu den Klettersteigen und zum Naturfreundehaus. Der zunächst steil ansteigende Karrenweg mündet im weiteren Verlauf in eine neue Forststraße. Unsere Wanderroute verläuft auf dieser links, an Abzweigungen zu Klettersteigen und an der „Waldandacht“ vorbei, bis zur grün markierten Abzweigung des „Jubiläumssteigs“ (Klettergewandtheit und Schwindelfreiheit erforderlich; auf der Forststraße weitergehend kommt man zum ganz leichten „Fürststeig“).

DIE BOTANIK: Zu Beginn unseres Weges sollten wir unsere Aufmerksamkeit der hier besonders artenreich ausgebildeten Strauchschicht zuwenden. Die meisten hier vertretenen Arten bevorzugen lichte, trockenwarme Standorte: Warzen-Spindelstrauch, Roter Hartriegel, Einkern-Weißdorn, Gewöhnlicher Liguster und Wolliger Schneeball. Gewöhnliche Hasel und Gewöhnlicher Spindelstrauch besiedeln auch frischere Stellen. Weiter oben, auf noch trockeneren Böden, finden wir die Strauchkronwicke (mit relativ großen, gelben Schmetterlingsblüten) und die Gewöhnliche Felsenbirne, ein Rosengewächs mit weißen, außen filzig behaarten Kronblättern (daher auch „Edelweißstrauch“ genannt). Die Krautschicht enthält ebenfalls einige recht bemerkenswerte Arten, wie Kanten-Wolfsmilch, Schwertblatt-Waldvöglein, Immenblatt, Hufeisenklee, Schwalbenwurz und den auffälligen, leuchtend gelb blühenden Felsen-Goldlack.

„Jubiläumssteig“: Zunächst weist ein sehr steiler Weg in den Hangwald hinauf und erreicht links biegend den Fuß der Felsen. In kurzen Kehren und über eine kleine Leiter geht es nun rechts aufwärts unter der Felswand weiter. Sodann wird eine mit teils mächtigen Föhren bewachsene Kanzel erreicht, und man erblickt schon den gesicherten Wandaufstieg (unweit rechts davon eine weithin sichtbar an die Felswand gemalte Österreich-Flagge). Die erste, sehr steile Edelstahlleiter des unschwierigen Klettersteigs überwindet eine freie Wandverschnei-

Schwarz-Föhren auf der Flatzer Wand

dung, weniger steile Leitern führen im folgenden Felskessel höher (Stahlrechen als Sperre gegen herabfallendes Laub und Steinschlag). Drahtseile leiten innerhalb der rechten, gut gestuften Felskante weiter steil hinauf. Die folgende, nur mehr gering ansteigende Rechtsquerung am freieren Abbruchrand entlang bietet eindrucksvolle Tiefblicke. Dann ist die Rasenlichtung des Plateaurands erreicht. Der Ausblick von einer rechts benachbarten Bank am Ausstieg des „Doppelsteigs" ist besonders hübsch (Flatz, Wechselgebiet).

Der Aufstieg über den Klettersteig (Jubiläumssteig) erweist sich als botanisch äußerst interessant und reichhaltig, da hier Pflanzen verschiedener Florengebiete zusammentreffen.

Zu den bereits erwähnten Sippen wie Schwalbenwurz und Felsen-Goldlack gesellen sich Herzblatt-Kugelblume, Quendel-Sandkraut, Kleine Wiesenraute, Grau-Leuenzahn und Echte Hundszunge. Besondere Beachtung verdient jedoch das Ende Mai blühende Scheibenschötchen, eine auffällige, bis 60 cm hoch werdende Pflanze aus der Familie der Kreuzblütler mit weißen Blüten, aus denen sich später scheibenförmige Früchte entwickeln (Name!). Diese Art, deren Hauptverbreitungsgebiet auf der Balkanhalbinsel liegt, kommt in Niederösterreich nur am Alpenostrand vor. An Gehölzen können wir hier vor allem die Schwarz-Föhre, die Sommer-Linde, die Stein-Weichsel und die bereits erwähnte Gewöhnliche Felsenbirne beobachten. Das Ende der Felswand wird vor allem von Scheibenschötchen, Österreichischem Quendel, Felsen-Goldlack, Schwalbenwurz und Österreichischem Labkraut besiedelt. Ende Mai blüht hier ein Vertreter aus der Artengruppe Schmalkopf-Mohn (mit auffallenden, roten Blüten).

Auf dem anschließenden ebenen Waldweg ändert sich die Vegetation, und wir finden eine an frische, kalkreiche Edellaubwälder angepasste Flora. An Bäumen treten Tanne, Hainbuche und Echter Mehlbeerbaum auf. In der Krautschicht ist zwar das Scheibenschötchen nach wie vor vertreten, doch finden sich zunehmend Waldmeister, Berg-Goldnessel, Schmalblatt-Arznei-Baldrian und Mandel-Wolfsmilch. An schattig-feuchten, etwas felsigen Stellen blüht die Moos-Nabelmiere. An einem kleinen Felsvorsprung finden wir noch weitere, bisher nicht beobachtete Arten: Wiesen-Salbei, Ginster-Leinkraut, Edel-Gamander und Österreichischer Ehrenpreis. Eine der bemerkenswertesten Pflanzen dieses Gebiets ist aber sicherlich das Ende April blühende Gösing-Täschelkraut, das – ähnlich wie das Scheibenschötchen – seinen Verbreitungsschwerpunkt auf dem Balkan hat. Diese ausdauernde Art, der Familie der Kreuzblütler zugehörig, ist von dem hier ebenfalls vorkommenden Stängelumfassenden Täschelkraut auf Grund seiner dicht gedrängten Laubblattrosetten (Blätter bis 10 cm lang), seiner relativ großen Blüten (Kronblätter 7 bis 8 mm lang) und seinen mit etwa 3 mm langen Griffeln leicht zu unterscheiden.

Der Plateaurandweg geht nun im Waldgelände links rot markiert weiter und steigt sogar noch etwas an. Nach einer Wegteilung kommt man (links und leicht bergab) wieder näher an den Rand der Hochfläche. Über steinige Stellen am etwas abschüssigen Abbruch entlang und weiter abwärts in einen Graben, wo der rot markierte „Fürststeig" einmündet (leichter Weg durch ein Felstor, Waldlehrpfad). Die nach einer auffallenden, stattlichen Rotbuche folgende Lichtung mit Rastbank und kleiner Felswand ist besonders reizvoll. Der trockene Mischbestand mit Linden, Haselsträuchern und Schwarz-Föhren wechselt nun zu einem Braunerde-Buchenwald mit eingestreuten Eichen und typischen Waldmeisterbeständen. Dann ist nach 1 1/2 Stunden Gehzeit das Naturfreundehaus auf der Kranzstätten erreicht (ca. 750 m Seehöhe).

Auf dem Hüttenfahrweg bequem bergab zur Sattelwiese am „Flatzer Anger" mit einer alten Steinsäule. Von den sich hier sternförmig verzweigenden Wegen wählt man die schräg links voraus weiterführende Forststraße. Von dieser zweigt bei der nächsten Lichtung rechts ein rot markierter Forstweg ab, der den Nadelhochwald des Gösinggipfels entlang zieht. An seiner Westseite endet der Forstweg schließlich an einem Umkehrplatz. Nun steigt ein rot markierter Steig zu einer oberhalb verlaufenden Forststraße an, und kurz nach deren Umkehrplatz folgt die für das Naturerlebnis wichtigste Abzweigung (die rote Markierung führt über die Gipfelkuppe des 898 m hohen Gösing hinweg im geschlossenen Schwarzföhrenwald mit ausgeprägtem Schneeheiden-Unterwuchs).

Mit wenigen Schritten auf dem rechten, unmarkierten Steig wird oberhalb einer schroffen Felswand das überaus eindrucksvolle „Schneebergbankerl" erreicht. Von dort führen mehrere Steigspuren zu den südwestlichen Felsabbrüchen des Gösing mit ihren kanzelartigen Vorsprüngen und Felsgraten (Tiefblick auf Sieding und die Burg Stixenstein im Sierningtal): Die Südwestecke des Berges bildet den ersten mächtigen Felsabbruch, der leicht rechts haltend erreicht wird. Der links davon (weiter gegen Südosten) folgende zweite Felsvorbau bricht ebenfalls sofort steil ab. Die anschließende, in eine Schutthalde auslaufende Steilrinne wird vom niedrigen Felsrand des Plateaus abgeschlossen. Hier kann man unterhalb der Felsen vorsichtig weiterqueren oder ganz einfach auf den oberhalb verlaufenden Steigspuren bleiben. Der folgende dritte Vorbau hat zunächst einen Rasenplatz, setzt sich aber in einem anschließenden Felsgrat fort. Diese Felskante kann ein kurzes Stück mit Vorsicht begangen werden (Schwindelfreiheit und Trittsicherheit vorausgesetzt) und bietet einen landschaftlichen und botanischen Höhepunkt. Die nächste steile Einbuchtung umgeht man auf Steigspuren oberhalb im Plateauwald. Dann springt der Bergrand nochmals in einem leicht begehbaren Waldrücken vor, dessen abschließende Felskanzeln an der rechten Seite einen phantastischen Blick auf den vorigen Felsgrat und den Schneeberg im Hintergrund bieten.

Mit dem Schneebergbankerl ist der „Ausgangspunkt" für eine botanisch ausgesprochen interessante Exkursion erreicht. In einem Umkreis von etwa 100 Metern findet man hier so ziemlich alles, was dieses illyrisch getönte Schwarzföhrengebiet an Besonderheiten zu bieten hat. Auf den flachgründigen, trockenen Böden, verbunden mit einer gewissen Luftfeuchtigkeit, dominiert naturgemäß die Schwarz-Föhre. Mit ihren ausladenden, schirmförmigen Kronen bildet sie einen prächtigen Kontrast zu den sonst vorherrschenden Laubmischwäldern und Fichtenforsten. In der sehr locker ausgeprägten Strauchschicht finden wir die bereits Ende April blühende Felsenbirne, die Steinmispel und den Mehlbeerbaum, dessen Blätter unterseits eine weißfilzige Behaarung als Schutz gegen allzu starke Verdunstung aufweisen.
Überaus reich an „Kostbarkeiten" präsentiert sich die Krautschicht mit Arten, die sonst vor allem in der alpinen Stufe vorkommen und die sich hier nur als „Glazialrelikt" erhalten konnten. Typische Vertreter dieser Gruppe sind das gelb blühende Brillenschötchen (mit brillenähnlichen Früchten), das Kalk-Blaugras, der Alpen-Bergflachs, die Augenwurz und die Buchs-Kreuzblume, ein Zwergstrauch mit

Flaum-Steinröserl

zweifärbigen Blüten (gelb-weiß oder purpurrot-gelb). Weitere kleinwüchsige Zwergsträucher sind die Herzblatt-Kugelblume, die mit ihren an die Bodenoberfläche angeschmiegten Ästen kleine „Teppiche" bildet, und das Graue Sonnenröschen. Der Hufeisenklee mit seinen doldig angeordneten gelben Blüten ist nicht ganz leicht zu unterscheiden von der sehr ähnlichen Scheiden-Kronwicke mit ihren etwas fleischigen, blaugrünen Blättern (die Nebenblätter sind nicht miteinander, sondern nur kurz mit dem Blattstiel verwachsen). Ferner findet man zahlreich den gelb blühenden Heide-Ginster und das wunderbar duftende Flaum-Steinröserl mit rosa Blüten.

Ein botanische Rarität ersten Ranges ist auch die Felsen-Wolfsmilch, eine kleine, endemische Art mit unscheinbaren Blüten, die nur in den nordöstlichsten Kalkalpen Niederösterreichs vorkommt. Weitere, meist an den Abbruchkanten wachsende Sippen sind der Meergrüne Bergfenchel, der Berg-Gamander, die Zypressen-Wolfsmilch, die Österreichische Schwarzwurz und die leuchtend dunkelblau blühende Bittere Kreuzblume. Um die Blüte der Aurikel zu erleben, müssen wir uns bereits Ende April hierher bemühen.

Nun Vorsicht beim Weiterweg! Auf der hier im Föhrenwald bergab verlaufenden Steigspur (links davon eine neue Schlaglichtung) darf auf keinen Fall weitergegangen werden, denn sie zieht in das Sierningtal hinab. Man muss wieder ein Stück zurück gehen und dann auf die höchste Kuppe des Gösing steigen (Gipfelzeichen und rote Markierung). Von dort verläuft der markierte Steig an der Nordseite bergab zu einer Forststraße, auf der man rechts weiter geht. Von dieser zweigt links ein markierter Steig ab und führt, mehrmals die Straße querend, bergab zum flachen Ostrücken des Gösing. In der folgenden Senke bleibt man konsequent auf der Forststraße, beachtet deren Linkswendung nicht und geht immer geradeaus weiter, zuletzt leicht ansteigend, zum Bergrücken nach dem Schönbühel. An der rechten

Kammseite führt dort ein steiler Hohlweg hinab, bis sich links davon ein Rastplatz zeigt (Markierungstafeln, P. 684 m der ÖK). Besser bleibt man nun abseits der Markierung auf dem Rücken und erreicht eine Rastbank mit prächtigem Blick auf Flatz, Flatzer Wand, Würflach und Hohe Wand (Hinweistafel des Waldlehrpfads). Bis zur Querung einer Forststraße geht man geradeaus weiter und benützt dann die links in einen Waldhang abzweigende Forststraße (Markierung des Waldlehrpfads mit orangen Punkten). Nach wenigen Schritten ermöglicht links ein alter Weg die Abkürzung der Straßenkehre. Weiter unten bleibt man besser auf der Forststraße und erreicht nach der nächsten, weit ausholenden Kehre bei einer Wegkreuzung mit einer stattlichen Rotbuche die gelbe Markierung. Hier links abwärts auf einem Steig durch einen allmählich verflachenden Wald, zuletzt auf einem Fahrweg mit abschließendem Ausblick gegen die Flatzer Wand hinab zum Dorfrand (bei der empfohlenen Parkmöglichkeit).

Gösing-Täschelkraut

St. Veiter Staff

Zwischen Sandstein und Kalk

So gegensätzliche Landschaften wie der Wienerwald und die Voralpen besitzen eine typische Gesteinswelt. An ihrer Grenzlinie entlang des Gölsentals stoßen Sandstein und Kalk aneinander, getrennt durch eine breite Talfurche, die über Traisen und Triesting das nördliche Alpenvorland mit dem Wiener Becken im Osten verbindet. Die Zubringer der Gölsen zeigen daher an den beiden Talseiten ein sehr gegensätzliches Verhalten. Die lehmige Oberfläche der Sandsteinberge lässt das Niederschlagswasser eher oberflächlich abfließen, neigt daher zu rasch anschwellenden Hochwässern und zu bei Trockenheit alsbald versiegenden Quellen. Im klüftigen Kalkboden hingegen versickert das Wasser leichter und dringt erst weiter talwärts, an wasserstauenden Schichten, wieder ans Tageslicht, wobei die Quellen beständiger fließen und auf starke Niederschläge erst allmählich reagieren.

Hinsichtlich der Vegetation erkennt man vor allem an den beiden hier verbreiteten Heidekrautgewächsen den Gesteinsunterschied. Die sauren Boden bevorzugende Besenheide wächst auf den Wienerwaldhöhen, die kalkliebende Schneeheide, im Traisen- und Gölsengebiet als „Zeamat" bekannt, ist eine Charakterpflanze der Voralpen. Eigentümlich für die Gemeinde St. Veit an der Gölsen ist, dass manche Pflanzen Standorte einnehmen, die zu ihrem sonst üblichen Verbreitungsgebiet völlig im Gegensatz stehen. Das Schneeglöckchen, eigentlich zum Wienerwald und den Auwäldern der Niederung gehörend, wächst auf der sogenannten „Hahnwiese", einem Bergsattel südlich des Sengenebenbergs, der übrigens als der nördlichste „Tausender" der Alpen angesehen werden kann. Die Frühlings-Knotenblume, als „Märzenbecher" in den Tälern der Kalkalpen verbreitet, ist hingegen auf einer sumpfigen Wienerwaldlichtung westlich der Kukubauerhöhe zahlreich zu finden. Dieser Ausläufer des südwestlichen Wienerwalds mit seiner zauberhaften „Alpenszenerie" zeigt da-

Bild links: Obstblüte im Mostviertel (St. Veiter Staff)

neben noch andere botanische Raritäten. Auf feuchten Wiesenböden beim Gehöft „Hochedler", dessen Besitzer als Biobauern am bekannten „St. Veiter Bauernladen" mitarbeiten, hat sich neben mehreren Orchideenarten auch die Sumpf-Ständelwurz erhalten. Beim Bauernhof der Familie Lechner, vulgo „Moreder" südwestlich von Schwarzenbach (dieser Hausname heißt in der ÖK „Maret"), findet man während der schönsten Wanderzeit zur Obstbaumblüte auch den blühenden Zungen-Mäusedorn.
Die größte Besonderheit von St. Veit an der Gölsen, als typischem Ort des Voralpenrands, ist hingegen der Staffberg. Nicht wegen der frühmittelalterlichen Burgstelle auf seinem spitzkegeligen Gipfel, sondern wegen der interessanten Gesteinsverhältnisse und der außerordentlich vielfältigen Vegetation. Die nachfolgend als „Naturerlebnis-Wanderweg" beschriebene Route soll sogar durch die Gemeinde, im Zusammenwirken mit dem Verein für Dorferneuerung und dem Touristenverein „Naturfreunde", als Musterbeispiel einer solchen Wanderstrecke erschlossen werden. Zu diesem Projekt gehört ferner ein Lehrpfad mit typischen Gesteinen des angrenzenden Wienerwalds und der Kalkvoralpen.

Frühling im Brillergraben

20. ST. VEITER STAFF

„Naturerlebnis-Wanderweg" durch die Bergbauernlandschaft am Kalkalpenrand mit Hinweisen auf die artenreiche Vegetation und den geologischen Bau der Voralpen.

Route: St. Veit – Brillergraben – Oberhauser – St. Veiter Staff – Staffhütte – St. Veit; markierte Wege, ca. 2 Std., Seehöhe 369 bis 786 m.

Einkehr: Staffhütte der „Naturfreunde" (Wochenend-Bewirtschaftung von Ostern bis zum Nationalfeiertag).

Karten: ÖK Nr. 56 (St. Pölten), St. Veiter Wanderkarte (= ÖK 1:25 000 V).

Information: Marktgemeinde 3161 St. Veit an der Gölsen, Tel. 02763/2212.

DIE WANDERUNG: Ausgangspunkt: Bei der Wehrmauer des ehemaligen St. Veiter Kirchhofs neben der Bundesstraße 18 mit Informationstafel und Gesteinslehrpfad (Parkmöglichkeit auf dem Kirchenplatz oder beim Sportplatz jenseits der Gölsenbrücke).

Bereits am Anfang des Weges reihen sich am Werksbach entlang die typischen Strauch- und Baumarten des Wienerwald- und Voralpengebiets aneinander: Gewöhnliche Esche, Berg-Ulme, Sommer-Linde, Hunds-Rose, Schwarz-Holunder, Rot-Hartriegel, Gewöhnliche Hasel, Gewöhnlicher Spindelstrauch, Hopfen, Einkern-Weißdorn und Feld-Ahorn. Jenseits der Göl-

Zungen-Mäusedorn

Sumpf-Ständelwurz

sen befindet sich der Erlebnispunkt „Gölsental". Über dem von der Gölsen mit hohem Steilrand abgeschnittenen Schwemmkegel des Brillerbachs erstreckt sich eine Terrassenfläche mit einer nährstoffreichen „Futterwiese". Den Strauchrand entlang führt der Weg an den Bachlauf heran zum Erlebnispunkt „Brillerbach". Aufgrund der nur behutsam und schon vor längerer Zeit durchgeführten Bachverbauung konnte sich hier eine artenreiche Ufervegetation bilden, die Anfang Mai vor allem von Lauchkraut, Wilder Brunnenkresse, Sumpfdotterblume, Zwiebel-Zahnwurz, Scharfem Hahnenfuß, Kriechendem Günsel, Wald-Vergissmeinnicht, Bach-Nelkenwurz, Woll-Hahnenfuß, Bär-Lauch und Knollen-Beinwell geprägt wird.

Nach einem Fichtenforst mündet der Weg, an der Abzweigung zum Lechnerbauern vorbei, in die Brillergrabenstraße. Diese führte kurz vorher beim Reservoir der Ortswasserleitung vorbei. Dort treten am Böschungsrand noch deutlich Sandsteine und Mergellagen der Wienerwald-Flyschzone hervor (Jungtertiär, Alter mehr als drei Millionen Jahre). Nach einem kurzen Stück taleinwärts gelangt man im Bereich der ersten Kalkgesteinsaufschlüsse zum Erlebnispunkt „Kalkalpenrand". Die hier auftretenden Schichten gehören zur sogenannten Frankenfelser Decke, die den Rand der Kalkvoralpen einnimmt. Die Gesteine stammen aus der oberen Triaszeit (Hauptdolomit und Rauwacke) und sind etwa 200 Millionen Jahre alt. Daraus ergibt sich die Überschiebung der älteren Kalkschichten, die während der Kreide- und Tertiärzeit von Süden her erfolgte. Durch solche „tektonischen" Bewegungen in der Erdkruste und durch spätere Hebungs- und Abtragungsvorgänge formte sich das heutige Alpengebirge. Der Gesteinswechsel bedingt auch das Auftreten von Quellen (Fassung für die alte Ortswasserleitung).

Im Pflanzenwuchs zeigen die zahlreichen, nur auf Kalk und Do-

Fossilien aus der Frankenfelser Decke

lomit vorkommenden Schneerosen den Gesteinswechsel an (Blütezeit bereits zwischen Jänner und März). Wir können hier aber auch einige typische Vertreter der Braunerde-Buchenwälder („Edellaubwälder") kennenlernen, wie Waldmeister, Wald-Veilchen, Sanikel, Flecken-Lungenkraut („Hänsel und Gretl"), Knollen-Beinwell, Europäische Haselwurz, Zyklame, Süß- und Mandel-Wolfsmilch, Frühlings-Platterbse und Wald-Weißwurz.
Bei den folgenden Häusern bleibt der Brillerbach zwar scharf eingeschnitten, jedoch tritt der Wald etwas zurück und flachere Mulden gliedern die sonst steilen Berghänge. Die Straßenböschung zeigt neben Blumen des Waldrands und der mageren Wiesen auch zwei Orchideenarten, nämlich das Bleiche Knabenkraut (Blüte bereits Mitte April) und die Mücken-Händelwurz. Der Fahrweg wendet sich dann nach rechts zum Gehöft Gaupmann, vulgo „Briller".
Mit einer Abzweigung bergwärts schließt nach einer Kehre der am Hang entlang weiterführende Fahrweg mit dem Erlebnispunkt „Wegböschungen" an. Am sonnigen Steilrand hat sich oberhalb ein schöner Halbtrockenrasen ausgebildet, der einige typische Vertreter dieses Vegetationstyps aufweist: Arznei-Schlüsselblume, Echter Wundklee, Zypressen-Wolfsmilch, Siebenblatt-Fingerkraut, Buchs-Kreuzblume und einige eher unscheinbare Sauergräser (Berg-, Vogelfuß-, Micheli- und Frühlings-Segge), dazu mehrfach das bereits erwähnte Bleiche Knabenkraut. Am weiteren Wegverlauf folgt eine abwechslungsreiche Strauchgesellschaft mit Gelb-Hartriegel (= Dirndlstrauch), Weißdorn und Schlehdorn. Wie eintönig dagegen eine (stark gedüngte) Fettwiese ist, zeigt uns ein Blick nach links.
Der am Weiterweg gequerte felsige Vorsprung mit einem Hochstand und die folgenden Wiesenflächen bilden den Erlebnispunkt „Felsklippen und Hangmulden". Innerhalb der Frankenfel-

ser Decke tritt hier ein schmaler Streifen rötlicher und weißgrauer Jurakalke hervor. Die ebenso auffallende und früher zusammenhängende Felsmauer jenseits der Wiesenmulde hat der anschließenden Flur den Namen „Am Saustein“ gegeben. Auf den Felsen wachsen Rundblatt-Glockenblume, Moos-Nabelmiere, Mild- und Felsen-Mauerpfeffer sowie Große Fetthenne. An der Böschung fallen das im Hochsommer purpurrosa blühende Waldschlag-Weidenröschen und der Zwerg-Holunder auf. Die talaufwärts folgenden Ablagerungen aus Sandsteinen und Mergeln begünstigen mit dem auflagernden Verwitterungsschutt das Auftreten von Quellen und Hangwasser. Die Wiesen sind daher stellenweise ziemlich feucht und zeigen an den steileren, kaum gedüngten Stellen eine bemerkenswerte Pflanzenwelt, u. a. mit Stattlichem Knabenkraut, Geflecktem Fingerknabenkraut und Sumpf-Baldrian. Inmitten der Mulde ragt eine stattliche Winterlinde als „Schattenbaum“ für das Weidevieh auf. Die Aussicht reicht über das Gölsental hinweg zu den Ausläufern des Wienerwalds.

Bleiches Knabenkraut

Der Fahrweg geht die Hangmulde in weitem Bogen aus und wird dann von einem vielfältigen Jungwald begleitet. Beim Stadel vor der Kehre treten die typischen Arten eines feuchten Waldsaums auf: Trauben-Gilbweiderich, Alpen- und Wald-Ziest, Flaum-Johanniskraut, Knoten-Braunwurz und Echter Beinwell. Nach der Kehre befindet sich oberhalb ein ausgedehnter Halbtrockenrasen, der spät gemäht wird und daher noch im Hochsommer einen prächtigen Blütenflor zeigt.

Hier befindet sich auch der Erlebnispunkt „Frankenfelser und Lunzer Decke“: Trotz der täuschenden Kalksteinaufschüttung der Forststraße befinden wir uns noch immer auf den Sandstein- und Mergelschichten (wie in der vorhergehenden Wiesenmulde), die als bräunlich-bröckelige Gesteine am oberen Wegrand und bei der folgenden Abzweigung hervortreten. Das zum Aufschottern verwendete Gesteinsmaterial wird an der hohen Steilböschung entlang der geradeaus weiterführenden Forststraße beim Eintritt in den Bergwald sichtbar. Es sind graue, vielfach wie verbogen oder geschuppt wirkende Aptychenkalke aus der Unterkreide (Alter ca. 145 Millionen Jahre). Vom Umkehrplatz an, wo sich die Route als Steig zwischen dem natürlich gewachsenen Hochwald und aufgeforsteten Fichten fortsetzt, werden oberhalb schroffe Felsbildungen sichtbar, deren abgestürzte Blöcke bald auch am Wegrand liegen. Es handelt sich um die Obertriaskalke der hier aufgeschobenen Lunzer Decke (Opponitzer Kalk, Alter ca. 210 Millionen Jahre). Der folgende Hochwald mit seinen stattlichen Rot-Buchen und auffallend vielen Eiben (als Relikt einer wärmeliebenden Pflanzenwelt der Tertiärzeit) führt zur Querung eines Felsriegels. Dort hat sich der alte Fahrweg noch deutlich erhalten, und diese ehemalige Zufahrt zum Gehöft Oberhauser, dem einstigen Meierhof der Staffburg, war auch der historische Burgweg! Am Waldrand nach der Felsecke und entlang der folgenden Lichtung treten Dreischnittiger und Berg-Baldrian sowie häufig die Große Sterndolde auf. Dann erreicht man durch ein feuchtes Laubwaldstück die vom Sattel beim Oberhauser herabziehenden Hangmulden mit Wiesen, die kaum mehr genützt und höchstens einmal gemäht werden.

Hier befindet sich der Erlebnispunkt „Oberhauser Bergwiesen", deren Untergrund Lunzer Schichten mit leicht verwitterbarem Sandstein bilden. Auf solchen wasserundurchlässigen Böden (mit den lebensnotwendigen Quellvorkommen) befinden sich die für bergbäuerliche Siedlungen am besten geeigneten Standorte der Voralpen.

Die tiefste Mulde der Bergwiese hat noch relativ viel Feuchtigkeit und ist dicht mit Doldenblütlern bewachsen (u. a. Gold-Kälberkropf). Am Waldrand entlang aufwärts findet man jedoch bald die mehr Trockenheit und Wärme liebenden Pflanzen eines artenreichen Halbtrockenrasens, der schon Anfang Mai einige bemerkenswerte Arten aufweist, darunter Hochstängel-Kugelblume, Waldsteppen-Windröschen und Trauben-Pippau. Im Hochsommer kommen noch hinzu: Wiesen- und Skabiosen-Flo-

Rotes Waldvöglein

ckenblume, Pannonische Kratzdistel, Zweifarben-Sonnenröschen, Eigentliche Karthäuser-Nelke, Rindsauge, Hügel-Meier, Sichel-Schneckenklee, Gelb-Labkraut, Edel-Gamander, Heidefackel-Königskerze, Braunrote Ständelwurz, Groß-Ehrenpreis, Südliche Skabiose, Echte Betonie, Berg-Klee und Weiden-Alant.

Wo die Markierung Richtung Lilienfeld abzweigt, quert der Weg vom Strauchrand mit einer Rechtskehre zum Südhang des Gipfels mit dem Erlebnispunkt „Orchideenberg St. Veiter Staff". Im Buchenwald rechts von der genannten Kehre befindet sich ebenso wie den querenden Weg entlang ein besonders schönes Vorkommen des sonst seltenen Roten Waldvögleins (Blütezeit Mitte Juni). Weitere Orchideen, die hier und am folgenden Wegstück im Lauf des Jahres beobachtet werden konnten: Bleiches und Stattliches Knabenkraut, Geflecktes und Holunder-Fingerknabenkraut, Großes Zweiblatt, Cremeweißes- und Schwertblatt-Waldvöglein, Grünliche und Weiße Waldhyazinthe, Mücken-Händelwurz, Pyramidenständel, Braunrote und Breitblatt-Ständelwurz, Helm-Knabenkraut und Kugelständel. Ein hier seltener, erst im Spätsommer blühender stattlicher Doldenblütler ist der Österreichische Haarstrang.

An der linken Ecke der Hanglichtung, wo der leicht begehbare südliche Steig zu den deutlich erhaltenen Wallformen der ehemaligen Staffburg abzweigt (ausführliche Information in der Ortsgeschichte „400 Jahre Markt St. Veit", erhältlich im Gemeindeamt) beginnt auch ein Querweg durch die steilen Westflanken des Staffbergs. Dessen Südhang besteht aus Hauptdolomit und gehört mit den Jurakalken des Gipfels zur Lunzer Decke. Die im Nordhang anstehenden jüngeren Aptychenkalke gehören bereits zur Frankenfelser Decke.

Nach einer Riesenbuche und der Abzweigung des sehr steilen nördlichen Gipfelweges verlässt man den Wald und betritt den Erlebnispunkt „Staffwiese“. Dieser sanft geneigte Hang ist von mergeligen Gesteinen (Kössener Schichten) unterlagert und daher am Waldrand ziemlich feucht. Seit einigen Jahren wird diese Wiese nicht mehr bewirtschaftet und damit der natürlichen Wiederbewaldung überlassen. Dabei handelt es sich bei der oberen Staffwiese um einen absolut schützenswerten Biotop, dessen Charakter durch einjährige Mahd erhalten werden sollte. Besonders im Hochsommer wirkt diese voralpine Bergwiese überaus farbenprächtig, denn zu den vielen schon genannten Arten kommen hier noch Nordisches Labkraut, Östlicher Wiesen-Bocksbart, Echtes Johanniskraut, Kleiner Klappertopf und Zickzack-Klee hinzu. Nicht zu übersehen ist der hier häufige Türkenbund.
Der Rechtsbogen des Wiesenwegs, vorbei an einer stattlichen Birke, endet am besonders blumenreichen Waldrand, zuvor prachtvolle Aussicht gegen Steinwandleiten, Kaiserkogel und das westliche Mostviertel. Der markierte Steig verläuft im Wald weiter. Auf dem von der teilweise aufgeforsteten unteren Staffwiese her einmündenden Karrenweg kommt man in steilem Abstieg zur Staffhütte. Der Weiterweg führt nun ins freie Gelände mit einem Panoramablick über den südwestlichen Wienerwald, das obere Gölsental und den Voralpenrand, ferner bis zum Waldviertel mit dem Ostrong. Man bleibt auf dem Hüttenfahrweg und durchquert Weideflächen mit dicht aufwucherndem Gesträuch (u. a. Vorkommen der im Juni blühenden Feuerlilie). Bei der Wegkehre am unteren Waldrand befindet sich rechts eine Gruppe außergewöhnlich schöner Feldahornbäume, bevor der Hangvorsprung beim Gehöft Gruber, vulgo „Reitbauer“ erreicht wird. Der weitere Abstieg nach St. Veit erfolgt am bequemsten auf dem Güterweg in weitem Bogen durch den „Pfarrerwald“ zum Sportplatz nahe dem Ausgangspunkt, wenn man nicht den rot markierten, durch Flyschuntergrund etwas feuchten Abkürzungsweg nimmt.

„Silberstollen“ am Hocheck · Bichleralpe · Schwarzwalster und Fadental

Im Annaberger Erzgebirge

Wohl jedem Mineralienfreund wird „Annaberg im Erzgebirge“ als historisch bedeutender Bergbauort in Sachsen ein Begriff sein. Dass der bekannte Wallfahrtsort Annaberg in Niederösterreich einst auch durch sein „Erzgebirge“ berühmt war, wissen jedoch nur die Einheimischen und heimatkundlich Interessierte. Nicht zu vergessen jene Forscher, die mit unermüdlicher Ausdauer seltenen Mineralien und oft damit verbundenen, längst aufgelassenen Bergwerken auf der Spur sind.

Die folgende, für Laien fast kurios anmutende Geschichte begann 1772. Damals beschrieb Ignaz von Born erstmals einen gelb-rot durchscheinenden Bleispat mit unserem Annaberg als Fundort. Dieses sogenannte „Gelbbleierz“ wurde später zu Ehren des berühmten Naturforschers F. X. v. Wulfen als „Wulfenit“ bezeichnet. Bei einem Besuch im kärtnerischen Bleiberg bekommt man dieses dort gar nicht so seltene Mineral sogar als Andenken zu kaufen. Die Belege aus Annaberg sind hingegen historische Funde, aufbewahrt u. a. im Wiener Naturhistorischen Museum und in der Stiftssammlung von Lilienfeld (der damaligen Grundherrschaft von Annaberg). Als Teil der Bornschen Sammlung gelangte der Wulfenit sogar in das Britische Museum in London. Neufunde aus Annaberg gab es seither nicht mehr und so wurde der niederösterreichische Fundort als „Typlokalität“ allmählich angezweifelt. Nicht jedoch von einem begeisterten Mineralienforscher namens Christian Auer aus Neunkirchen, der die Suche nach dem Annaberger Wulfenit nicht aufgab.

Mehr als 200 Jahre nach den Erstfunden ereignete sich schließlich 1983 „ein kleines mineralogisches Wunder“, wie die Fachwelt meint. Für Annaberg als historischen Bergbauort war es sogar ein epochales Ereignis. Christian Auer gelang die Öffnung

Bild links: Annaberg mit Ötscher

Wulfenit (Bleiberg)

der Nepomuk-Grube am Galmeikogel und dort fand er in der Folge mit seinen Gefährten nicht nur Wulfenit, sondern auch Vanadinit und Descloizit. Diese beiden Minerale waren „von den Alten“ nicht erkannt worden, sonst wäre auch für sie Annaberg als „locus typicus“ in Frage gekommen. Für den Wulfenit bleibt Bleiberg weiterhin das wichtigste Vorkommen. Annaberg gilt jedoch als gesicherter „Erstfundort“ und soll nunmehr als „Typlokalität“, wo dieses Mineral auch erstmals beschrieben wurde, endgültig Anerkennung finden.

Seinen Ruf als „Erzgebirge“ verdankt Annaberg allerdings nicht dem Wulfenit, sondern einem überaus ergiebigen Silberbergbau, der allerdings nur von 1752 bis 1767 bestand. Die Annaberger Grube, an der sogar Kaiserin Maria Theresia Anteile hatte, galt zu dieser Zeit als reichstes Silbervorkommen der Monarchie. Wie bei den anderen hier erschlossenen Bodenschätzen (Eisen, Blei und Zink) waren die Lagerstätten aber nur kurze Zeit oder überhaupt zu wenig ergiebig. Förderung und Verarbeitung der Erze wurden daher bereits im 19. Jahrhundert endgültig eingestellt. Kohlebergbau betrieb man zuletzt in der Zeit des 1. Weltkriegs, Versuche zur Wiederaufnahme der Eisengewinnung blieben 1939/40 wegen zu geringer Rentabilität vergeblich. Heute gibt es nur mehr wenige Erinnerungen an die Bergbauzeit: Den Ortsnamen „Schmelz“ für die ehemaligen Verhüttungsanlagen am Lassingbach und die 1758 und 1765 geprägten Annaberger Maria-Theresien-Taler.

Von weitaus längerer Dauer war die Gipsgewinnung in Annaberg. Bereits 1753 brachte der Annaberger Pfarrer als Verwalter des Stiftes Lilienfeld Gips in den Handel und erst 1922 wurde der letzte Gipsstollen beim Bergbauern geschlossen. 1990 stieß man dort bei der Suche nach Wasser für die Beschneiungsanlagen auf eine – für den Besuch nicht erschlossene – „Seegrotte". Der früher als Baustoff und Düngemittel verwendete Gips entstand am Beginn des Mesozoikums (Erdmittelalter) durch teilweise Eindampfung seichter Küstenlagunen in einer sehr trockenen Klimaperiode. Wie die alpinen Salzlagerstätten ist er in den tiefsten Gesteinsformationen der Kalkalpen, den Werfener Schichten, enthalten. Im Zusammenhang mit Gips finden wir noch heute in Annaberg eine merkwürdige, leider nur wenig beachtete geologische Naturerscheinung. Es sind die tiefen Kluftbildungen auf dem „Ginsel" (neben dem Spazierweg zwischen Gamsburg und Ötscherbankerl), hervorgerufen durch das Abgleiten der starren Kalkgesteine auf dem Gleithorizont der unterlagernden, gipshältigen Werfener Schichten.

Das bemerkenswerte „Augenbründl" im Annaberger Zeiserlgraben (unterhalb der einst als Bergverwaltung dienenden Volksschule) ist jedoch längst versiegt. Es weist aber auf den geologisch-medizinischen Hintergrund so mancher Legende hin, wie sie sich um die an Wallfahrerwegen häufigen Heilbrunnen ranken. Diese Quellen können nämlich durch Vererzung der Kalkschichten, aus denen sie entspringen, einen wenn auch oft nur geringen Zinkgehalt aufweisen. Dieser wiederum ist die Ursache für ihre bei Augenleiden lindernde Wirkung!

In der heutigen Zeit sind Heilwirkungen anderer Art gefragt. Dabei geht es nicht so sehr um körperliche Leiden, welchen die Menschen in früherer Zeit meist hilflos ausgeliefert waren. Heute bereitet vielmehr zumeist die Seele Probleme. Höchst wirksame psychische Heilfaktoren sind doch unzweifelhaft mit körperlicher Bewegung verbundene, Freude vermittelnde Erlebnisse in der freien, unverfälschten Natur, wie sie das Wandern vermittelt. Dieser „Reichtum" des „Annaberger Erzgebirges" lässt sich auf Blumen- und Steinwegen genießen, wie sie etwa der Tirolerkogel als eines der beliebtesten Voralpenziele bietet. Ebenso blickt man von der einsamen Bichleralpe bei Josefsberg in das Walstertal mit seinen Blütenwundern und auf das Hochhock mit seinem interessanten geologischen Innenleben, das einst den Bergsegen dieser Gegend bewirkte.

21. „SILBERSTOLLEN“ AM HOCKECK

Geologische Rundwanderung zu den ehemaligen Erzstollen am Galmeikogel und Hocheck.

Route: Annaberg / Innere Schmelz – Dachsboden – „St. Anna-Fundgrube“ – Ortbauernalm – Gsenger – Eiserner Löffel – Koteau; ca. 2 Std., Seehöhe 863 bis 1190 m.

Einkehr: Gasthaus in der Schmelz.

Karte: ÖK Nr. 73 (Türnitz).

Zufahrt: Durch die Schmelz bis zur Abzweigung Richtung Fadental (Parkmöglichkeit).

DIE GEOLOGIE: Südwestlich von Annaberg gibt es eine „tektonische Komplikation“, wodurch Erzlager mit Silber, Blei, Zink, Eisen und Kupfer entstanden: Das aus Annaberger Kalk aufgebaute Hocheck gehört (nach neueren Untersuchungen) mit den Lunzer Schichten des „Schmelzfensters“ zur Sulzbachdecke. Von Nordosten her reicht die Dolomitzone der Reisalpendecke bis in den Erzgraben. Ausläufer der Unterbergdecke bilden die Gutensteiner Kalke des Galmeikogels und die eingelagerten Werfener Schichten mit ihren kupferhältigen, aus Basalten des Ozeanbodens entstandenen Diabasvorkommen.

DIE WANDERUNG: Ein kurzes Stück auf der Ulreichsberger Straße weiter und auf der rechts abzweigenden Forststraße ansteigend den Waldrand entlang. Am sumpfigen Boden und an den Sandsteinaufschlüssen der Böschungen und Gräben sind die Lunzer Schichten erkennbar. Im folgenden Wald tritt jedoch bereits Annaberger Kalk hervor, der auch die Felsabbrüche über der Engstelle des Lassingbachs aufbaut. Erst jenseits der Bergecke kommen wir in den Bereich der erzführenden Gutensteiner Kalke. Im flacheren Gelände befindet sich rechts neben der Straße ein verschütteter Stolleneingang mit Resten der Zimmerung. Kurz danach erblickt man oberhalb im Hochwald auffallende Vorsprünge – die Halden von zwei noch offenen Stollen! Wir befinden uns im Bereich der „Lilienfelder Eisenstollen", die bereits ins 15. Jahrhundert zurückreichen. Sogar noch 1940 wurde für diese Brauneisensteinlager, allerdings vergeblich, das Schürfrecht für ein Grubenfeld „Bergmannsglück" beantragt.

Bei der Waldwiese am Dachsboden zweigt links eine Forststraße zum Erzgraben ab, wir gehen aber geradeaus und kommen nach der „Finsterreit" zum Bergrücken mit dem „Barbarabild". Rechts bemerkt man hier einen Ziehweg Richtung Galmeikogel, wo 1765 der „Hoffnungsbau" auf Blei-, Zink- und Kupfererze eröffnet wurde (Galmei ist ein auch „Bergmilch" genanntes Zink-Mineral). In der wieder verschütteten Nepomuk-Grube wurden 1983 die bereits erwähnten Wulfenit-Kristalle gefunden.

Die am Hang des Erzgrabens weiterführende Forststraße bietet schöne Ausblicke zum Großen Sulzberg. Wo sie sich auf das Hocheck zuwendet, fällt oberhalb ein verschütteter Stolleneingang auf, und kurz danach zieht eine Felsrippe vom Galmeikogel herab. Rechts an der Fichtenaufforstung vor-

St.-Anna-Fundgrube am Hocheck

bei erreicht man hier einen abgespaltenen Turm aus dünnplattigem Gutensteiner Kalk mit einem Felsfenster. Die Kluftbildungen sind wohl durch den Gleithorizont der vom Erzgraben heraufziehenden Werfener Schichten entstanden, die kurz danach entlang der Forststraße durch ihre rötliche Färbung auffallen. Bei der Kehre links abzweigend kommt man zur „St.-Anna-Fundgrube" mit dem in einer Felsrippe aus Annaberger Kalk sich öffnenden Silberstollen.

Zurück zur Forststraße und auf dieser, am steil aufragenden Hocheck entlang, ansteigend zur Sattelwiese der Ortbauernalm (früher „Hollerer-Alm" genannt und Fundort der ersten „silberglänzenden Steine" im Jahr 1751). Die links ansteigende Forststraße führt zum Hocheck, man geht aber geradeaus weiter zum flachen Rücken des „Gsenger", wo links eine neue Forststraße mit prachtvollem Ötscherblick am Bergrand entlang weiter führt. Gleich bei deren erster Biegung geradeaus zu einem alten Ziehweg hinab, dessen feuchter Rand die unterlagernden Werfener Schichten verrät. Der für diesen Bergsattel übliche Flurname „Sulz" wird häufig für feuchte Geländestellen verwendet. Im folgenden Grabengrund auf Steigspuren rechts bergab zur Forststraße am „Eisernen Löffel".

Auf dieser rechts weiter bis vor die nächste Kehre mit Tiefblick in die Schmelz. Hier fallen an den Böschungen bereits wieder die bräunlichen Sandsteine der Lunzer Schichten auf. Der Hochwald ist auf diesem vegetationsfreundlichen Boden dicht mit Moosen und Farnen bewachsen, bei der unteren Kehre treten über dieser wasserstauenden Schicht Karstquellen hervor. Im folgenden Graben wächst stattlicher Hochwald von Tannen, Fichten und Rot-Buchen, durchsetzt von ausgedehnten Feuchtbiotopen. Hier wurde Mitte des 19. Jahrhunderts durch die Gewerken Fischer aus St. Aegyd ein Kohlebergbau eingerichtet, der auch noch während des 1. Weltkriegs in Betrieb war. In der folgenden Koteau, wo die Straße zum Ausgangspunkt zurückführt, bestand das Maschinenhaus der „Gewerkschaft Annaberg" (Lassingrotte Nr. 25).

22. BICHLERALPE

Einer der schönsten Aussichtspunkte im östlichen Ötscherland, ohne Almauftrieb und daher auch ein „Geheimtip" für Blumenfreunde. Als Alternative zu dem an Sonn- und Feiertagen überlaufenen Tirolerkogel empfehlenswert; Beschreibung als botanische Wanderung.

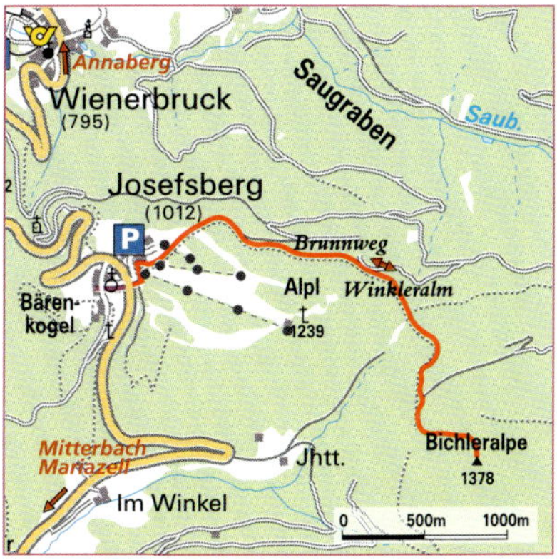

Route: Josefsberg / Schilift-Parkplatz – „Brunnweg" – Winkleralm – Bichleralpe; durchgehend gut markierter Weg, am Gipfelaufstieg steil, reine Gehzeit für den Aufstieg 1 1/4 Std. (zurück auf dem gleichen Weg), Seehöhe 1012 bis 1378 m.
Einkehr: Keine Möglichkeit.
Karte: Freytag & Berndt WK 031 (Ötscherland).

DIE BOTANIK: Wandert man im Juli auf die Bichleralpe, so erhält man einen vorzüglichen Überblick über die Vegetation der niederösterreichischen Kalkvoralpen. Gleich im ersten Waldstück finden wir Große Sterndolde, Wald-Habichtskraut, Hasenlattich, Gewöhnliche Ähren-Teufelskralle und Berg-Wachtelweizen, am Waldsaum können wir den Großen Fingerhut sehen.
Anschließend überschreiten wir eine typische Fettwiese mit Großem Wiesen-Labkraut, Wiesen-Flockenblume, Gewöhnlichem Wiesen-Leuenzahn, Wiesen-Pippau, Vogel-Wicke, Gewöhnlicher Bärenklau, Östlichem Wiesenbocksbart, Groß-Bibernelle und Gewöhnlichem Wiesen-Klee. Da es sich hier um einen teilweise als Weide genützten Rasen handelt, kommen auch Arten wie Mittel-Wegerich, Flecken-Johanniskraut und Gewöhnlicher Hornklee vor. Vereinzelt gibt es aber auch flachgründige, trockene Stellen, die einige typische Vertreter der Kalkmagerrasen zeigen, wie Grannen-Klappertopf, Echten Dost, Rindsauge, Arznei-Quendel und Scheuchzer-Glockenblume. Im weiteren Verlauf kommen Weiß-Germer, Berg-Greiskraut und Wollkopf-Kratzdistel hinzu, auf dem hier stellenweise etwas feuchteren Boden noch die Sumpf-Kratzdistel.

DIE WANDERUNG: Nach einem kurzen Wald- und Wiesenstück führt unser Weg („Brunnweg" nach der darunter verlegten Josefsberger Wasserleitung) durch einen ziemlich artenreichen Fichten-Tannen-Buchenwald.

In diesem finden wir weitere Arten, wie Wald-Gilbweiderich, Kleb-Salbei, Wolfs-Eisenhut; außerdem gibt es hier einige stattliche Farne, wie den Echten Wurmfarn, den Dunklen Dornfarn und den Gewöhnlichen Schildfarn, der besonders schöne Bestände bildet. Wo Bäume gefällt oder vom Sturm umgerissen wurden, hat sich eine artenreiche Waldschlaggesellschaft ausgebildet: Stink-Storchschnabel, Berg-Weidenröschen, Wasserdost, Fuchs-Greiskraut, Großer Fingerhut, Flaum-Johanniskraut und Echtes Leinkraut bieten ein farbenfrohes Nebeneinander. Frische bis feuchte Waldstellen werden von Mauerlattich, Geißbart, Großem Springkraut, Nessel-Glockenblume, Rundblatt-Steinbrech und Knoten-Braunwurz eingenommen. Nach einiger Zeit tauchen neue Farne auf: Der prächtige Wald-Frauenfarn, dessen Blätter (= Wedel) bis 120 cm lang werden können, bildet stattliche, trichterförmige Rosetten. Der Zerbrechliche Blasenfarn wird meist nur 40 cm hoch. Der nur halb so große Schwarzstielige Streifenfarn besitzt einfach gefiederte Blätter mit einer durchgehend schwarzbraunen Blattspindel.

An einer durch den Forstraßenbau entstandenen felsigen Böschung blühen Moos-Nabelmiere, Alpen-Gänsekresse und Niedrige Glockenblume. Beim Wegweiser „Bichleralpe" endet die Forststraße. Bald darauf sehen wir wieder eine neue Farnart, nämlich den Berg-Blasenfarn, einen mittelgroßen Farn, der schattig-feuchte Blockwälder und Felsstandorte bevorzugt. Auf dem Sattel der „Winkleralm" gehen wir auf einer Waldlichtung an ausgedehnten Beständen des Adlerfarns vorbei. Auch das Berg-Greiskraut ist hier zahlreich vertreten.

Am steilen Anstieg nach dem Sattel führt der Steig durch überwiegend eintönige Fichtenforste. Außer der Berg-Ringdistel und dem Sumpf-Pippau (der allerdings auch schon weiter unten vorkommt), lässt sich kaum Neues erblicken. Erst ab einer Höhe von ca. 1200 m geht der Fichtenforst wieder in einen Fichten-Tannen-Buchenwald über, in dessen reichhaltigerer Krautschicht wir Grün-Alpendost und Holunderblatt-Arznei-Baldrian finden. An steinigen oder felsigen Stellen wachsen Alpen-Steinquendel und Grüner Streifenfarn. Hier befinden sich auch Fundorte des Frauenschuh, einer der kostbarsten Orchideen unserer Heimat, die an vielen Stellen durch Ausgraben bereits ausgerottet wurde. Abgesehen von der gravierenden Verletzung der Naturschutzgesetze, die dafür entsprechende Strafen vorsehen, sind besonders Orchideen von den im Boden vorhandenen, mit ihnen in Symbiose lebenden Pilzen abhängig und gehen bei Veränderung des Standorts (also bei Verpflanzung in den Garten) mit größter Wahrscheinlichkeit ein. Übrigens erhält man alle Pflanzen, auch seltene und besonders begehrte Arten, wie Kalk-Glocken-Enzian, Aurikel und Flaum-Steinröschen, preiswert und der Gartenkultur angepasst in Gärtnereien und Baumschulen!

Frauenschuh

Über 1300 m verflacht der Bergrücken. Flach- und tiefgründige Böden wechseln auf engstem Raum miteinander ab und ergeben eine recht bunte und artenreiche Vegetation. Zu den schon früher gesichteten Arten (Holunder-Arznei-Baldrian, Alpen-Steinquendel, Gewöhnlicher Hornklee, Berg-Wachtelweizen, Rindsauge, Scheuchzer-Glockenblume, Berg-Greiskraut) treten nun Großer Strahlensame, Mücken-Händelwurz und Großes Zweiblatt (auch die beiden letzten Arten gehören zur Familie der Orchideen). Auf dem Weg zum Gipfel (der Boden ist hier etwas lehmig und sauer) begleiten uns zunächst größere Bestände der kalkmeidenden Heidelbeere. Kurz darauf sehen wir die Blätter des Ostalpen-Enzians (er wird in dieser Höhenlage erst im August blühen) und die hellgelben Blüten der Trollblume. Kurz vor dem Gipfel entdecken wir am Wegrand den Kugelständel, eine recht hübsche Orchidee mit einem zuletzt kugeligen bis eiförmigen Blütenstand, der aus zahlreichen purpurrosa Einzelblüten besteht.

Der Gipfelbereich ist besonders an seiner Ostseite von einem teils flachgründigen, teils steinig-felsigen Magerrasen bedeckt. Hier blühen im Juli Kahles Berufkraut, Nickendes Leimkraut, Arznei-Quendel, Grannen-Klappertopf, Glanz-Skabiose, Echter Dost, Gras-Sternmiere, Berg-Ringdistel und Felsen Ehrenpreis. Der Kurzhaar-Donarsbart, früher Kurzhaar-Hauswurz genannt, wird erst im August seine blassgelben Blüten entfalten. Ein sich an anderen Pflanzen emporwindender Vollschmarotzer mit fädlichem, laubblattlosem Stängel und kleinen, meist blassrosa Blüten ist der hier flächig auftretende Quendel-Teufelszwirn.

DAS PANORAMA: Erster Blickpunkt – Großer und (links) Kleiner Ötscher. Im Nordwesten (rechts anschließend) Mühlviertel, Waldviertel (mit Ostrong) und Dunkelsteiner Wald; entlang der näher liegenden Erlauffurche Koller (ÖK "Kohler"), Nestelberg und Hochbärneck. Im Norden Brandmauer, Hochstadelberg und Hennesteck über der Lassingtalmulde mit Joachimsberg und Reith; zwischen dem Sattel gegen das Pielachtal („Hölzerne Kirche“) und dem Türnitzgraben der Kögelberg, links davon die Eisenstein-Gipfelwiese, rechts Hohenstein und Himmelalm. Im Nordosten der Tirolerkogel, links davon Muckenkogel, rechts Türnitzer Höger und Reisalpe, im Vordergrund das Hocheck. Im Osten der nahe Sulzberg, links davon Stieglmauer und Paulmauer, dahinter der ferne Unterberg; nach rechts Handlesberg, Obersberg und Gippelmauer, dahinter der Schneeberg. An Gippel und Hofalm anschließend im Südosten der Göller; nach rechts Rax mit Heukuppe, Schneealpe mit Mitterbergschneid, und davor die Wildalpe (Sender). Weiter rechts Proles, Königskogel und Tonion, davor Student, dahinter Hohe Veitsch. Im Süden Bürgeralpe (Aussichtswarte), dahinter gestaffelt Sauwand, Wetterin, Turntaler Kogel und Hochanger, rechts daneben die Furche des Aschbachtals (Richtung Seeberg). Am südwestlichen Horizont Aflenzer Staritzen, Hohe Weichsel, Ringkamp, Hochschwab und Ebenstein, davor die flachen Zeller Staritzen, noch näher über dem Mariazeller Becken Tribein und Zellerhüte, anschließend die Kräuterin mit Hochstadel und Fadenkamp. Unmittelbar gegenüber Mitterbach und Gemeindealpe (Sender u. a.), links davon in der Ferne über der Senke von Rotwald das Gesäuse mit Lugauer, Jahrlingmauern (dahinter Rottenmanner Tauern mit Bösensteingruppe), Zinödl, Hochtor, Planspitze, Reichenstein und Sparafeld, Tamischbachturm. Rechts hinter der Gemeindealpe der Dürrenstein mit dem anschließenden Scheiblingstein (rechts wieder Kleiner und Großer Ötscher).

23. SCHWARZWALSTER UND FADENTAL

Leichte Rundwanderung und bequemer Weg zur Alpenflora, sehr lohnend!

Route: Walster / Hubertussee – Schwarzwalster – Fadental – Schnittlermoos – Hubertussee, 1 1/2 Std., Seehöhe: 817 bis 899 m.

Einkehr: Gasthof Labenbacher in Fadental.

Karte: ÖK. Nr. 73 (Türnitz).

Zufahrt: Von Mariazell ins Halltal und durch den Rechengraben (subalpiner Standort beim Kaiserdenkmal, vielfach versumpfter Talboden mit u. a. Tarant) zum Hubertussee in der Walster.

Oder von St. Aegyd am Neuwald über das Kernhofer Gscheid nach Ulreichsberg (Zufahrt von Annaberg über Schmelz günstig) und weiter in die Walster. Ein geeigneter Parkplatz befindet sich unterhalb der Klauskirche (Zufahrt über die Staumauer).

DIE WANDERUNG: Vom Parkplatz geht man die asphaltierte Zufahrt zurück, durch den Tunnel und über die Staumauer zur Walsterstraße. Malerischer Rückblick über die fjordartige Seefläche zum Göller, bereits interessante Flora auf den Böschungen und auf den Felspartien der Klause, hier auch ein prächtiges Aurikel-Vorkommen! Auf der Straße bergab zur Brücke nahe dem „Tiroler Kreuz“ und hier rechts auf der Forststraße zur Talabzweigung in die „Schwarze Walster“. Die Steilböschungen setzen sich um die Biegung herum fort und trennen den vielfach feuchten Talboden von den dicht mit Fichten und nur vereinzelten Rot-Buchen bewachsenen Bergrücken. Nach einer links abzweigenden Forststraße entwickelt sich auf kurzer Strecke ein breitsohliger Talboden, dessen Lichtung mit der Lägerflur einer längst aufgelassenen Alm bedeckt ist.

DIE BOTANIK: Am Bachufer und auf den Feuchtwiesen blühen im Mai und Anfang Juni: Glanz-Gänsekresse, Wiesen-Schaumkraut, Bach-Aschenkraut, Alpen-Gänsekresse, Sand-Schaumkresse, Kriech-Schaumkresse, Bitter-Schaumkraut, Hohe Schlüsselblume, Sumpfdotterblume, Dreischnittiger Baldrian und Eisenhut-Hahnenfuß. Anfang Juni beginnt die Narzissenblüte (Stern-Narzisse). Ende Juni findet man Trollblume, Rote Lichtnelke, Berg-Goldnessel, Mondviole und Schlangen-Knöterich blühend, die Große Sterndolde erst im Hochsommer.

„Wildes Silberblatt" (Ausdauernde Mondviole)

An trockeneren und teilweise steinigen Talböschungen treten als Frühblüher Neunblatt-Zahnwurz, Frühlings-Platterbse und Echter Seidelbast auf.

Besonders vielfältiges Blühen herrscht an diesen Standorten im Mai und Juni: Alpen-Täschelkraut, Bitter-Kreuzblume, Berg-Hahnenfuß, Rundblatt-Steinbrech, Hufeisenklee, Gewöhnlicher Hornklee, Echter Wundklee, Akelei-Wiesenraute, Berg-Flockenblume, Wald-Storchschnabel, Schwertblatt-Waldvöglein, Österreichische Wolfsmilch und Rundkopf-Teufelskralle. Im Hochsommer kommen u. a Rindsauge und Große Sterndolde dazu, im Frühherbst der Schwalbenwurz-Enzian.

Hier vorkommende Orchideen sind Breitblatt-Fingerknabenkraut, Geflecktes Fingerknabenkraut, Weiße Waldhyazinthe, Mücken-Händelwurz, Duft-Händelwurz, Schwertblatt-Waldvöglein, Stattliches Knabenkraut, Großes Zweiblatt und Frauenschuh.

Dann verengt sich das Tal und bei der Einmündung des Schindelgrabens (Markierung Richtung Mitterbach) treten Felsstufen mit Krummholz hervor. Der Weiterweg geht rechts haltend in ein Engtal mit felsiger „Klause“ und üppiger subalpiner Flora. Nach der folgenden Brücke beginnt aber wieder der obermontane Charakter des Tals, die Hänge sind weniger schroff und weisen statt Felsabbrüchen dicht bewachsene Böschungen auf. Auch der Bach hat hier mehr Platz, verbreitert sich mit Schotterbänken und wird infolge mehrfacher Quellaustritte von schmalen Feuchtwiesen begleitet. Bei dem hier rechts abzweigenden Seitental (im Winter Langlaufloipe) sind im sonst einförmigen Dolomit bunte Gerölle eingestreut.

Die „Wasserspiele“ werden nun immer lebhafter, denn einem kleinen Wildwasser ähnlich tost der Schwarz-Walster-Bach aus einer kurzen Dolomitschlucht. Über der breit aufgeschütteten Straße schiebt sich ein hoher, von Alpenrosenbeständen gesäumter Felsabbruch vor. Ein kurzes Waldstück unterbricht diese alpine Szenerie, der aber bald ein nächster ausgeprägter Schluchtabschnitt folgt. Rechtsseitig erstreckt sich ein breiter Schrofenhang, in dessen Winkel zur nächsten Felsrippe eine überaus ergiebige Karstquelle entspringt. Das eiskalte, kristallklare Wasser dringt in einem Quellkessel aus dem Dolomitgestein, rieselt über bemooste Steinstufen zwischen Hochstaudenflora zum Talgrund hinab und treibt das schon historisch wirkende Labenbachersche Kleinkraftwerk an. Den kurzen Steilaufstieg sollte man auf sich nehmen, um aus diesem köstlichen „Bergquell“ zu trinken!

Tarant

An den „Schrofenhängen“ (= steinige Steilhänge und gestufte Felsabbrüche mit viel Geröll und Rasenwuchs, vor allem Polster-Segge) findet man im Mai folgende Arten der Geröll- und Felsfluren: Alpen-Fettkraut, Clusius-Primel, Aurikel, Zwergalpenrose, Österreichische Soldanelle und Alpen-Täschelkraut. Ab Ende Mai blühen Silberwurz, Sternlieb (= Alpenmaßliebchen), Felsen-Baldrian, Brillenschötchen, Grau-Leuenzahn, Kalk-Glocken-Enzian, Kugelschötchen, Hufeisenklee und Gewöhnliche Simsenlilie.

Im weiterführenden Schrofengraben findet man von Felsstufen begrenzte Feuchthänge mit teilweise fast moorigem Charakter (Typ des Überrieselungsmoores) und abwechslungsreiche Bachkaskaden. Auf einem auffallend blockigen Vorsprung wächst oberhalb des Fahrwegs zahlreich die Anemonen-Schmuckblume (Blüte bis Mitte Mai). Bei der nächsten und letzten Felsenge fällt links ein „Quelltopf" auf, der – wie auch die folgende Sandgrube – einen geänderten Gesteinscharakter erkennen lässt (Übergang vom Dolomit zum Wettersteinkalk der Ötscherdecke). Danach zweigt man aus dem feuchten Hochstaudengrund rechts ab und geht auf einem blumenreichen Wiesenweg und an einzelnen Häusern der winzigen Ansiedlung Fadental vorbei zur Wegkreuzung bei einer markanten Rot-Buche. Gleich rechts davon erwartet der Gasthof Labenbacher die Wanderer. Über der idyllischen Wiesenlichtung von Fadental ragt mit steilen, felsdurchsetzten Waldflanken der Große Sulzberg auf, eine von mehreren lohnenden Bergtouren in dieser einsamen Berggruppe (Anmeldung für Aufenthalte günstig, Tel. 03882/3069; siehe auch die Wandererlebnis-Führer „Ötscher" und „Wallfahrerwege").

Beim Weiterweg bleibt man kurz auf der Straße und gelangt bei der nächsten Abzweigung rechts über den flachen Sattel mit schöner Lichtung zum jenseits steiler abfallenden Waldkessel. Über die Straßenkehre oder den Abkürzungsweg hinab in den Talgrund und das mäandrierende, das heißt in engen Schlingen dahinfließende Bächlein entlang. Bald danach öffnet sich der breite Muldengrund am „Schnittlermoos" (Name nach dem hier wachsenden Alpen-Schnittlauch). In schönem Gegensatz dazu hat sich auf der linken Seite im sandigen Dolomitgestein ein von auffallenden Rot-Föhren bestandener Talsporn mit überaus bemerkenswerter Flora entwickelt.

Am Hang dieses „Föhrenriedels" wächst ein typischer Bestand von Rot-Föhren mit Schneeheide, Buchs-Kreuzblume und Bitter-Kreuzblume, durchsetzt von Kalk-Blaugras und subalpinen Arten, wie dem prachtvollen Kalk-Glocken-Enzian. Auf dem kleinen Waldplateau mit seinem durch Auswaschung versauerten Humus findet man Heidelbeere, Preiselbeere, Schattenblümchen und Gewöhnlichen Wacholder. Im Gegensatz zu diesen eher trockenen Böden fällt am Hangfuß eine Wasserrinne mit stets durchfeuchtetem, aber steril wirkenden Dolomitsand auf. Hier haben Alpen-Fettkraut und Sand-Schaumkresse, vor allem aber die reizende Mehl-Primel ihren bevorzugten Standort.

Den Bach entlang wechseln Schotterbänke mit moorigen Feuchtstellen und Quellaustritten, die sich in den seitlichen Wiesenmulden fortsetzen. Der breite Boden nahe dem Holzknechthaus ist weitgehend versumpft und im Frühjahr dicht mit „Märzenbechern“ (Frühlings-Knotenblumen) bewachsen. Ursache dafür ist ein am Rand des Fahrwegs auffallender Streifen von Lunzer Schichten zwischen Ramsau- und Hauptdolomit der Ötscherdecke. Ein solcher Gesteinswechsel bewirkt am Weiterweg mehrfache Wasseraustritte, denn hier folgt an der Grenzlinie zur Göllerdecke auf den dunkleren Hauptdolomit (Obertrias) der hellere Ramsaudolomit (Mitteltrias) der Walster. Die unterschiedliche Gesteinsdichte wirkt wie ein wasserstauender Quellhorizont.

Mehl-Primel

Zuletzt führt die Forststraße den „Kleinen See“ entlang, eine durch den Damm bei der Klauskirche abgetrennte Seitenbucht des Hubertussees (oberhalb die ehemalige Volksschule der vom Industriellen Krupp am Beginn dieses Jahrhunderts sehr geförderten Holzfällersiedlung). Die Ufer sind von einer dichten Feuchtvegetation gesäumt, am Straßenrand erstreckt sich ein dichtes Spierstrauch-Spalier.

Lunzer Seetal und Obersee · Lunzer „Musterfalten“ und Kothbergtal

Eiszeit und Schmuckblumen

In der letzten Eiszeit, die als „Würm“ bezeichnet wird und mehr als 10 000 Jahre zurückliegt, zeigten die höchsten Voralpengipfel im westlichen Niederösterreich das Bild eines vergletscherten Hochgebirges. Plateauflächen und Gipfelkuppen trugen dicke Eisschichten, steile Karmulden (wie etwa am Ötscher oder im Lechnergraben bei Lunz) waren von zerklüfteten Hängegletschern durchzogen. Während der noch größeren Vereisung in der vorletzten oder „Riss-Eiszeit“ erfüllte sogar ein Talgletscher die obere Ybbsfurche und stand mit den noch gewaltigeren Eismassen der Enns in Verbindung. Der Plateaugletscher des Dürrensteins, wegen seines ausgedehnten Nährgebiets besonders mächtig, wälzte sich zwischen Scheiblingstein und Hetzkogel talwärts. So entstand entlang der Lunzer Seen das größte Trogtal Niederösterreichs, in dem Ober- und Mittersee die vom Eis ausgeschürften Wannen ausfüllten, während durch die Endmoränen der große Lunzer See aufgestaut wurde.
In dem unter 1000 m Seehöhe gelegenen Gelände bildeten sich auch in den Kaltzeiten kaum mehr dauerhafte Vereisungen. Der von keiner Vegetationsdecke geschützte Gesteinsboden war aber in der Wechselwirkung von Dauerfrost und Auftauphasen, durch die Sprengwirkung des Spaltenfrosts und die intensive Sonneneinstrahlung einer überaus starken Verwitterung ausgesetzt. Das reichliche Schmelz- und Niederschlagswasser räumte nicht nur die anfallenden Schuttmassen aus, sondern kerbte auch Engtäler und Schluchten ins Grundgestein. Besonders der leichter zerfallende Dolomit war davon betroffen, während sich die härteren Kalke als Felsstufen und Klammen erhalten konnten. Die wasserundurchlässigeren Sandstein- und Mergelschichten wurden hingegen zu Verebnungen und Sattelzonen geformt.

Bild links: Obersee mit Dürrenstein

Die unterschiedliche Gesteinsverteilung in den tektonischen Einheiten der Voralpen (den sogenannten „Decken") prägt auch die gegenwärtige Landschaft. Diese ist ja nicht durch aufbauende Kräfte entstanden wie etwa in einem Vulkangebiet, sondern sie stellt eigentlich eine „Ruine" einstiger Landoberflächen dar. Berge und Täler sind Restformen der (am Beispiel der Kalkalpen) im Meer abgelagerten und bei der Gebirgsbildung verschobenen, gefalteten und zu Gipfelhöhen gehobenen Sedimentgesteine.
Dadurch ist die tertiäre Landschaft nur auf den höchsten Bergniveaus erhalten geblieben, wie sie z. B. südlich von Göstling und Lunz die obere Ybbsfurche überragt. Dort bauen die „starren" Gesteinsmassen der Ötscherdecke mit Ramsau- und Hauptdolomit sowie Dachsteinkalk Plateaustöcke auf, die schon den Charakter der Hochalpen zeigen.
An der nördlichen Talseite erstreckt sich das System der Lunzer Decken, das durch deutliche, von Südwesten nach Nordosten ziehende Sattel- und Muldenzonen (Antiklinalen und Synklinalen) einen „bewegteren" Charakter erhält. Ihre Gesteinsfolge von Mitteltrias (Gutensteiner und Reiflinger Kalk), Lunzer Schichten, Opponitzer Kalk und Hauptdolomit entnimmt man am besten dem geologischen Profil und versucht, diese Lunzer „Musterfalten" im Gelände zu verfolgen (siehe Seite 169).
Die Lunzer Schichten zeigen im Gegensatz zu den charakteristischen Meeresablagerungen, wie wir sie in anderen Gesteinen der Kalkalpen vorfinden, einen deutlichen „terrestrischen" Einfluss, da sie ihre Entstehung der Materialzufuhr von einem Rücken zwischen den Meeresbecken verdanken. Der Lunzer Sandstein, der als Quellhorizont wirkt und leicht zu vegetationsfreundlichem Boden verwittert, war eine der wichtigsten Voraussetzungen für die bäuerliche Besiedlung der Voralpen. Die eingelagerten Kohlenflöze boten sich mit ihrer hochwertigen Schmiedekohle als Energiequelle für die Eisenverarbeitung an, wodurch etwa um 1830 in den „Eisenwurzen" von der Verwendung der Holzkohle abgegangen werden konnte.

Ein prägendes Element für die voralpine Landschaft ist das Auftreten von Dolomitgestein (Dolomit ist ein Kalziummagnesiumkarbonat). Ein typisches Dolomitgebiet mit höheren Hangverebnungen und dem schmalen Erosionsspalt eines Schluchtgrundes trifft man im Naturschutzgebiet Kothbergtal nordwestlich von Lunz. Hier treten an den Felswänden entlang der Talstraße nicht nur subalpine Arten, sondern auch wärmeliebende Pflanzen wie das Flaum-Steinröserl auf. Besondere Beachtung verdient vor allem die Anemonen-Schmuckblume, ein sehr seltenes Hahnenfußgewächs, das nur in den nordöstlichen Kalkalpen vorkommt. Mit ihren weißen, sternförmig ausgebreiteten Blüten, die an Margeriten erinnern, leitet sie auf den Fels- und Schuttfluren Anfang April den Bergfrühling ein. Bald folgen Clusius-Primel und Aurikel, während die Zeit der Erstblüher, wie Schneeheide, Schneerose, Echter Seidelbast und „Märzenbecher" (= Frühlings-Knotenblume) allmählich zu Ende geht. Ab Anfang Mai blüht dann auch der Kalk-Glocken-Enzian, am Sattel zwischen Kothbergtal und Kogelsbach sogar als Wiesenblume! Etwa zur selben Zeit beginnt auf den feuchten Talböden der Ybbs und ihrer Seitenbäche die als Naturwunder gepriesene Narzissenblüte. Für die Bauern war dieses Liliengewächs aber immer schon ein „Weideunkraut", weshalb die traditionellen Narzissenfeste mit ihrer Blütenverschwendung eigentlich das Entfernen dieses Giftfutters vor der Wiesenmahd zum Ziel hatten.

Weitere Vorkommen der Anemonen-Schmuckblume befinden sich im Retzbachtal bei Türnitz (vor der Falkenschlucht), am Südende der Ulreichsberger Klamm, in der Schwarzwalster sowie in der Boding und der Rossbachklamm bei Rohr im Gebirge. Der Neapolitanische Krokus („Frühlingskrokus"), der etwa zur selben Zeit blüht, hat sein voralpines Verbreitungsgebiet hingegen nur in der weiteren Umgebung von Lunz. Durch neu festgestellte Vorkommen könnten die bisherigen Angaben der Fachliteratur („im Kleinen Erlauftal vermutlich eingebürgert") in Frage gestellt werden: So gibt es diesen Krokus auch in Lackenhof auf der Gföhleralm und der Juckfidelwiese, auf den Ybbsuferwiesen gegenüber der Taverne in Langau, in Neuhaus am Zellerrain bei der Wildfütterung Richtung Faltlhöhe und sogar auf der Feldwiesalm (Höhenkuppe südwestlich gegenüber der Breimauer). Sogar der Weiße Krokus wurde in Taschelbach festgestellt und wächst neben der anderen Krokusart gegenüber der bei Neuhaus erwähnten Wildfütterung! Aufmerksame Wanderer werden im oberen Ybbsgebiet sicher noch weitere der so überaus reizvollen Krokuswiesen finden können. Das „eingebürgerte" Vorkommen entlang der Kleinen Erlauf wird hingegen bald erlöschen, wenn die Bauern bei der „Landschaftspflege" weiterhin ihre Gülle auf diese schützenswerten Bachuferwiesen spritzen!

Neapolitanischer und Weißer Krokus

24. LUNZER SEETAL UND OBERSEE

Nach einer kurzen Rundtour beim Lunzer See ist hier die ausgedehnte Talwanderung zum Obersee mit seinen interessanten Verlandungszonen, Schwingrasen und Moorgebieten beschrieben, die einen Querschnitt durch die montane Flora der Voralpen bietet (Begehung im Juli).

Route: Lunz / Seehof – Mittersee – Obersee - Seerunde; insgesamt ca. 6 Std., Aufstieg zum Obersee 2 1/2 Std auf Forststraßen, Seehöhe 618 bis 1144 m.

Einkehr: Nur am Ausgangspunkt (Seehof-Taverne).

Karte: ÖK Nr. 71 (Ybbsitz), Freytag & Berndt WK 031 (Ötscherland).

Zufahrt: Von Lunz am See auf der Seestraße den Lunzer See entlang und weiter bis zum großen Parkplatz vor dem Seehof (vor Beginn der Sackgasse).

RUND UM DEN LUNZER SEE:

Die Ausdauer erfordernde Wanderung durch das Seetal nimmt einen ganzen Tag in Anspruch, daher wird mit dem Ausgangspunkt Lunz am See eine eigene, sehr hübsche Rundwanderung empfohlen:

Auf der Seestraße (Parkplatz beim Bad, teilweise Gehsteig) den Lunzer See entlang und vom bald danach folgenden Seehof Aufstieg über die Forststraße zum Durchlass-Sattel. Ein markierter Steig leitet am Westhang des Maiszinkens zur Wiesenmulde von Rechberg (Jausenstation) mit Prachtblick in das Seetal. Von der Bergstraße wenig unterhalb links abzweigend wieder auf markiertem Steig durch abwechslungsreiches Gelände, zuletzt über prachtvolle Narzissenwiesen zum Ausgangspunkt. Hier bei der Biologischen Station Abzweigung auf einen Spazierweg, der durch die Aulandschaft am Seebach und die Hochwälder an der Schattseite des Lunzer Sees, teilweise das Ufer berührend, zum Restaurant „Seeterrasse“ führt. Insgesamt ca. 4 Std., sehr lohnend! Weitere Wanderrouten findet man im Wanderführer „Ybbstal & Ötscherland“ von Werner Tippelt, sowie im „Wanderparadies Voralpen“" (Dürrenstein-Gipfeltour).

DURCH DAS SEETAL ZUM OBERSEE:

An der Biologischen Station, der Taverne und dem Schloss Seehof vorbei auf einer Kastanienallee in das breit sich südwärts öffnende Seetal. Der Talboden wird auf dem feuchten Grund zunächst von einer Art Bruchwald bedeckt, der später mit dicht aufwachsenden Eschen und Grau-Erlen – zunehmend auch mit Nadelbäumen vermischt – den typischen Talwald darstellt. Nach einem kurzen Stück am glasklaren Seebach tritt der linke Hang knapp an die Straße heran. Hochwald mit Bergsturzblöcken bedeckt hier den Fuß des Scheiblingsteins, und eine Brücke überquert das Gerinne einer nur bei starken Niederschlägen fließenden Karstquelle mit auffallend bemoostem Geröll. Eindrucksvoll öffnet sich bald der Aufblick zu den Hetzkogelwänden (anfangs noch Hauptdolomit, taleinwärts riffartiger, in den höheren Partien dickbankig gestufter Dachsteinkalk).

DIE BOTANIK: Im feuchten Talwald des unteren Seetals finden wir eine besonders artenreiche Hochstaudenflur vor: Wald-Witwenblume, Wasserdost, Flaum-Johanniskraut, Große Sterndolde, Alpen- und Wald-Ziest, Ross-Minze, Breitblatt-Arznei-Baldrian, Groß-Bibernelle, Eigentlicher Wolfs-Eisenhut und Geißbart. Auf besonders feuchtem und nährstoffreichem Boden haben sich sogenannte „Kohldistelwiesen“ entwickelt, wo neben der namengebenden Kohl-Kratzdistel das stattliche Echte Mädesüß und das Große Springkraut auftreten.

Vor einem Wiesenboden zweigt links der für den Abstieg empfohlene markierte Steig ab. Die Forststraße durchquert die Magerrasen des romantischen Talbodens und steigt dann mit weiter Kehre den steilen Waldhang hinan. Nach Einmündung des Steigs wird weiterhin zügig bergan der Berghochwald gequert (typischer Mischbestand von Fichten, Rot-Buchen und Tannen). Unter einer Felspartie vorbei und durch eine Bergsturzzone wird eine Schlaglichtung erreicht, wo man den aus dem Hetzkogelmassiv vorspringenden Höherstein erblickt und die Ränder der offenen Hochstaudenhalde besonders blumenreich sind. Damit ist aber auch schon die erste Talstufe endgültig überwunden, und rechts unten taucht der Mittersee auf. Bald ergeben sich bequeme Zugänge zum Ufer (Rastbänke), wo sich Bergwald und Felskulissen malerisch im dunklen Wasser spiegeln (Unterwasserpflanzen: Kanadische Wasserpest).

Auch die Bergwaldflora ist hier mit Kleb-Kratzdistel, Großem Fingerhut, Hasenlattich, Fuchs-Greiskraut, Berg-Weidenröschen und Knoten-Braunwurz bestens ausgebildet. Großes Zweiblatt, Breitblatt- und Braunrote Ständelwurz sowie Mücken-Händelwurz sind häufigere Arten aus der Familie der Orchideen. Auf trockeneren Standorten finden wir Gewöhnliches Aufgeblasenes Leimkraut, Rindsauge, Grannen-Klappertopf, Gewöhnlichen Echten Dost und das Breitblatt-Laserkraut. Als Kalkzeiger treten Grün-Alpendost, Alpen-Pestwurz und Niedrige Glockenblume auf, während der Berg-Wachtelweizen eher kalkarme, bodensaure Standorte bevorzugt. Bei etwas Aufmerksamkeit können wir die an anderen Pflanzen emporrankende Alpen-Waldrebe mit ihren großen, blauen bis violetten Blüten entdecken.

Linden und Spitz-Ahorn waren bereits ein Hinweis auf die eigentümliche Waldvegetation im mittleren Seetal (stärkere Erwärmung durch einschließendes Felsgelände, Windschutz und Föhneffekte durch den Nord-Süd-Verlauf). Nun überrascht am Weiterweg ein montaner Auwald mit dichtem Hochstauden-Unterwuchs (Kletten-Ringdistel u. a.), der aber immer mehr von Fichten abgelöst und von angeschwemmtem Schotter bedeckt wird. Sobald die Straße den ebenen Boden verlässt, bildet Abbruchmaterial der felsigen Talflanken den Untergrund eines dichten Fichten-Hangwalds. Auf dem mit torfartigem Rohhumus, üppigen Moospolstern und Farnen bedeckten lockeren Blockwerk kann man Ansätze für ein sogenanntes Kondensmoor beobachten.

Durch Kaltluftaustritt an der Oberfläche der Halde kommt es zur Kondensation der warmen Außenluft und infolge der hohen Bodenfeuchtigkeit zu starkem Mooswachstum. Auf der so entstandenen Bodenschicht gedeiht ein überaus reichhaltiger Bestand von Farn- und Bärlapparten (teilweise wie im vorher beschriebenen Bergwald): Ruprechts-Eichenfarn, Echter Wurmfarn, Grüner Streifenfarn, Zerbrechlicher Blasenfarn, Berg-Blasenfarn,

Buchenfarn und Wald-Frauenfarn. Ferner der oft mehr als einen Meter weit kriechende Schlangen-Bärlapp und die gabelig verzweigte, meist aufrecht wachsende Teufelsklaue (= Tannen-Bärlapp).

Danach vollzieht sich unter den näher herantretenden Felswänden ein auffallender Biotopwechsel. Auf Hangschutt mit einzelnen Wildbachrinnen stockt ein lichter Lärchenbestand mit subalpinen, mehr Licht und weniger Feuchtigkeit liebenden Pflanzen (Alpen-Bergflachs, Schild-Sauerampfer, Ästige Graslilie, Braunrote Ständelwurz, Kriechendes Gipskraut). Gegenüber einer stattlichen Berg-Ulme mit dicht bemoostem Stamm findet man jedoch auch zahlreich die Hirschzunge, eine Farnart der feucht-schattigen Schluchtwälder. Mit höchst eindrucksvollem Blick auf die Felsabstürze des Scheiblingsteinmassivs mit den bizarr aufgefalteten Dachsteinkalk-Schichten der Luegmauer führt die Straße oberhalb der schluchtartigen „Klause" zum Talschluss „In der Höll".

Wo früher ein schmaler Steig den Steilanstieg bewältigte, steigt die brutal angelegte Forststraße in weitem Bogen zum Fuß der Felswände an. Noch vor zwanzig Jahren zögerte man nicht vor einem so gewaltigen Eingriff in die Natur, für den man heute kein Verständnis (und hoffentlich auch keine Genehmigung) mehr hätte! Weiter links gischtet der von senkrechten Felspfeilern begrenzte Ludwigfall herab. In der imposanten Felszone entlang der von Geröllverschüttung bedrohten Straße wechselt der Dachsteinkalk (Obertrias) zu Hierlatzkalk (Jura), was in der folgenden Doppelkehre schon an der rötlichen Färbung erkennbar ist. Oberhalb der Steilstufen folgen die aus verfestigtem jurazeitlichen Schuttmaterial entstandenen Oberseebrekzien mit eingelagerten Dachsteinkalkschollen.

Auf den teilweise feuchten Felsfluren und dicht bewachsenen Schutthalden ändert sich der Pflanzenbestand gegenüber der bisherigen Wanderung nur wenig, die einzelnen Arten blühen aber der Schatten- und Höhenlage entsprechend später. Die nach den oberen Kehren aus dem Felshang gebrochene Straße steigt auf längerer Strecke weiterhin stark an. Unterhalb befindet sich in einer Karstmulde ein verlandender Teich mit Seggenried und an-

Blutauge

schließender Hochstaudenflur, am Hang treten Quellbiotope auf. Beim bald danach links abzweigenden Seitenweg verlässt der markierte Seezugang (und Weiterweg Richtung Herrenalm – Dürrenstein) die Forststraße. Aber gleich nach deren Durchbruch, wo sich der Auslauf des Seebachs befindet, zweigt ein schmaler Steig ab, der ebenfalls das überaus reizvolle, malerische Ufer am Obersee erreicht. Vom Rastplatz öffnet sich der Blick über die Seefläche mit der „schwimmenden Insel" und der steil ansteigenden Nordflanke des Dürrensteins im Hintergrund. Waldränder mit hochragenden Fichten und die hellgrünen Flächen der Schwingrasen säumen die Ufer. Besonders prachtvoll ist dieses Bild auch im Herbst, wenn sich die an den Hängen zahlreichen Rot-Buchen verfärben.

Der Obersee darf zu Recht als botanisches Kleinod angesehen werden! Ein rascher Blick auf die Wasseroberfläche zeigt zunächst nur die Blätter des Schwimmenden Laichkrauts. Beim genaueren Hinsehen bemerkt man im klaren Wasser noch das Glanz-Laichkraut und die Kanadische Wasserpest, eine Neubürgerin aus Nordamerika, die 1912 erstmalig am Obersee entdeckt wurde. Im Randbereich des Sees fallen dichte Bestände des Teich-Schachtelhalms auf, die Ufer sind gesäumt mit Schnabel- und Braun-Segge, Blutauge, Sumpf-Labkraut, Sumpf-Weidenröschen und Alpen-Haarbinse. Aber auch Vertreter der Hochstaudenfluren finden wir in Seenähe: Österreichische Wolfsmilch (ein Endemit der Nordost-Alpen), (die) Weiße Österreichische Bärenklau(e), Eisenhut-Hahnenfuß, Bach-Nelkenwurz, Berg-Greiskraut und Flecken-Johanniskraut. Dazu gesellen sich am Waldrand noch Arten wie Wald-Gilbweiderich, Gewöhnliche Echte Goldrute und eine Vertreterin der Artengruppe Berg-Ringdistel. An felsigen Stellen, die es in der Nähe des Sees ebenfalls gibt, können wir Alpen-Steinquendel, Scheuchzer-Glockenblume und Dunklen Mauerpfeffer beobachten. An einem an der Ostseite des Sees mündenden Bächlein (mit beinahe ste-

hendem Wasser) blühen im Juli die Bachbunge und das Sumpf-Vergissmeinnicht, während die Sumpfdotterblume schon längst verblüht ist. Auf einem größeren Felsen in Seenähe finden wir Heidel- und Preiselbeere, Geflecktes Fingerknabenkraut, Herzblatt, Kahles Berufkraut, Weiß-Mauerpfeffer und Dunkle Glockenblume (diese ebenfalls ein Endemit der nordöstlichen Kalkalpen).
Als botanisches „Herzstück" darf der südöstlich des Sees gelegene ausgedehnte Schwingrasen mit seinem anschließenden Flachmoor gelten. Viele schon sehr selten gewordene Arten kommen hier vor: Schmalblatt-Wollgras, Rundblatt-Sonnentau, Kronlattich, Fieberklee und Sumpf-Weidenröschen. Die für den Botaniker kostbarsten Arten sind dagegen optisch wenig spektakulär und stammen aus der Familie der Riedgrasgewächse. Es sind dies die von weitem auf Grund ihrer blau- bis graugrünen Farbe auffallende Schlamm-Segge und die meist am äußersten Rand des Schwingrasens stehende Draht-Segge, von der es in Niederösterreich nur mehr sehr wenige Vorkommen gibt. Weitere Vertreter der Riedgrasgewächse sind Große Gelb-Segge, Grau-Segge, Igel-Segge, Schnabel-Segge sowie die hier mächtige Bulte (= hockerförmige Horste) bildende Braun-Segge.

RUNDGANG UM DEN OBERSEE:

Bei dieser großteils weglosen Orientierungswanderung bleibt man unbedingt im Bereich des Waldrands, wo einzelne Felsvorsprünge gefahrlos informative Einblicke in die überaus interessanten und seltenen Vegetationsverhältnisse ermöglichen (Fernglas mitnehmen!):
Gleich nach dem beim Rastplatz vorspringenden Felsriegel schließt am Seeufer ein Schwingrasen an, der sich beim Betreten in Bewegung setzen würde! Besonders auffällig ist nach einer weitläufigen, verlandeten Bucht eine Halbinsel mit dickbankigen Platten aus Dachsteinkalk, unmittelbar der Insel gegenüber, wo ebenfalls solche Riesenblöcke lagern. Hier erreicht man vom Wald her die schönsten Beobachtungspunkte. Die Alpen-Haarbinse wechselt mitunter vom Moorboden auf die Felsflur (ein Hinweis auf die hohe Luftfeuchtigkeit und den Niederschlagsreichtum des Dürrensteingebiets). Auch die vom Seegrund abgehobene Wurzelschicht der Schwingrasen ist vom Blockrand gut zu beobachten. Diese Rasen befanden sich ja ursprünglich

auf festem Boden und haben sich erst später mit steigendem Wasserstand zu schwimmenden Pflanzendecken abgehoben.
Im südlichen Teil des Obersees dehnen sich besonders weitläufige Verlandungsflächen aus. Von Tormoosbulten durchzogene Seggenriede wechselt mit offenen Buchten und Kanälen dunklen Wassers, Schwingrasen greifen bis ins jenseitige steilere Ufer und umschließen einen „kleinen See". Weithin leuchten die weißen Fruchtstände der Wollgräser und der dichtflächig auftretenden Alpen-Haarbinse. Entlang von Wegspuren wird der Seehintergrund auf festem Boden umgangen und der meist trockene Zufluss gequert. Zwar hört man das Wasser vom Berghang herabrauschen, hier fließt es aber bereits unterirdisch, vom Geröll verschluckt, dem See zu. Mit leichtem Anstieg wird rechts haltend ein am Hang verlaufender Forstweg erreicht, und dort öffnet sich nordwärts eine von hohen Waldrändern umgebene Lichtung – das „Rotmoos"! Auf dem Forstweg rechts gehend gelangt man zum Ausfluss des Obersees und damit zum Abstiegsweg durch das Seetal.

Schwingrasen am Obersee

25. LUNZER „MUSTERFALTEN“

Leichte Wanderungen mit geologischem und botanischem Schwerpunkt im Bergbauernland südwestlich von Lunz am See. Im Anhang Routenbeschreibung für das Kothbergtal.

Route: Lunz – Rauschmauer – Herdengl – Ertltal – Stiegengraben; markierte Wege, ca. 3 Std. (Rückfahrt mit der Ybbstalbahn), Seehöhe 600 bis 880 m.

Einkehr: Gasthof in Stiegengraben.

Karten: ÖK Nr. 71 (Ybbstal) und Geologische Spezialkarte, Freytag & Berndt WK 031.

Information: Gästedienst 3293 Lunz am See, Tel. 07486/8081-15 (empfehlenswertes Heimatmuseum im „Amonhaus“).

DIE WANDERUNG: Vom Bahnhof Lunz auf der Amonstraße und der Helmelbodenstraße zur oberhalb der Bundesstraße gelegenen Siedlung, wo rechts ein Güterweg (Wegweiser „Rauschmauer“ Nr. 9) in den Hochwald führt. Bei der markierten Abzweigung am steilen Waldhang links auf einem Ziehweg ansteigend, bis gegen dessen Ende ein Steig abzweigt. Bei der zweiten folgenden Kehre geht man geradeaus weiter und kommt zu einem offenen Stollen am „Pöllenreither Zug“ des ehemaligen Steinkohle-Bergbaus (dieser geht durch die Hangrippe aus Opponitzer Kalk zu dem in den nördlich anschließenden Lunzer Schichten gelegenen Kohlenflöz). Anschließend durch Kalkbuchenwald mit typischer Flora in weiteren Kehren hinan zu einer Forststraße, kurz links und auf dem rechts abzweigenden Steig zum Felsvorsprung der Rauschmauer (Seehöhe 838 m, schöner Ausblick in das Bodingbachtal und zum Lunzer Berg, gegen Süden leider verwachsen).

Der oberhalb vom Kamm links abzweigende Steig führt durch einen überaus schönen Hochwald. Kurz vor dem Waldrand sieht man zahlreiche Steinblöcke eines in die Opponitzer Kalke eingelagerten Rauwackenzugs, in deren Anordnung man einen „Steinkreis“ erkennen soll! Dann führt der Weg hinaus in die Wiesenlandschaft bei den Gehöften Klein- und Groß-Weinegg mit ihrer wunderbaren Aussicht vom Ötscher über das Dürrenstein- und Hochkarmassiv bis zum Gesäuse. Der gut markierte Weiterweg führt nach diesen Gehöften hinaus in eine Viehweide, zweigt aber im später folgenden Fichtenwald (Achtung auf die Markierung!) rechts zu einem Waldrand mit Überstieg ab. Der schmale Steig führt nun sehr steil den Waldhang hinab, wo in den Bodenverhältnissen unschwer der Wechsel von Opponitzer Kalk zum Lunzer Sandstein zu erkennen ist. Zuletzt geht es am Waldrand entlang zum Wiesensattel mit dem schönen Haus Ahornberg hinab und auf dem Wiesenrücken weiter zum Haus Herdengl.

Bergbauernland „Lunzer Musterfalten“

Das sanft geformte Gelände wird durch Lunzer Schichten geprägt, die aus dem nördlich gelegenen Sulzbachgraben heraufziehen (nördliche Aufwölbungszone = Antiklinale). Die ebenfalls hier auftretenden eiszeitlichen Ablagerungen sind nicht aufgeschlossen und nur an den beiderseitigen Verflachungen erkennbar. Die am Bergrücken oberhalb sich öffnende Herdenglhöhle (Wegweiser) wurde als Fundort von Knochen der eiszeitlichen Tierwelt bekannt (u. a. Höhlenbären). Man geht nun auf dem asphaltierten Güterweg Richtung Übelbach (Markierung Nr. 8) weiter und überquert auf einem Sattel den nächsten Höhenrücken. Dessen besonders höhlenreiche Opponitzer Kalke bilden die Fortsetzung der

Rauschmauer und ziehen gegen Südwesten über den Schöfftaler Waldberg bis zu den Steinbachmauern bei Göstling (südliche Muldenzone = Synklinale). Im Muldenkern tritt Hauptdolomit auf, der von Ertltal über Kasten und Groß-Seeau bei Lunz bis in die Ybbsschlucht der „Hinterleiten“ zieht und an den Straßenböschungen hinab zum Haus Übelgraben deutlich hervortritt.

Bei Übelgraben kann man rechts abzweigen und den Talkessel am sonnigen Hang ausgehen (im ersten Graben der Eingang zur Wilhelminenhöhle). Hier befinden sich Moränenablagerungen des Rissgletschers, der aus dem Ybbstal durch den Einschnitt des Stiegengrabens bis in diese Höhe reichte! Sehr lohnend ist aber auch der Weg durch den scharf eingeschnittenen, sehr quellreichen Dolomitgraben, von der links absteigenden Asphaltstrecke in der Senke rechts auf einer Forststraße abzweigend. An einigen Fischteichen vorbei, in dem von Feuchtbiotopen und dolomitischen Steilabbrüchen geprägten Engtal bergab, gelangt man an einen idyllischen Klausteich und zum Eingang der Stiegengraben-Schlucht, die der über Fallstufen abstürzende Bach in den Opponitzer Kalk des südlichen Muldenrandes eingeschnitten hat.

Narzissenblüte im Ybbstal

Die eindrucksvollsten Stellen befinden sich am Beginn der Steilstrecke, wo für die Forststraße sogar ein Tunnel ausgebrochen wurde. Deutlich sind die massigen Schichtbänke des harten Kalkgesteins und die Schichtfugen mit ihren Mergellagen erkennbar, Auskolkungen und Höhlennischen gliedern die Abbrüche, während sich im Bachbett gischtende Wasserfälle und glasklartiefgrüne Tümpel abwechseln. Ein von der hohen Felswand herabrieselnder Wasserfall entspringt aus der längsten Höhle des Gebiets, der Stiegengraben-Wasserhöhle. In dieser weisen Namen wie Gruselschluf, Rippenquetsche oder Milchrutsche darauf hin, dass sie nicht so leicht zu betreten ist wie die früher so beliebte Wilhelminenhöhle. Und nach dem Polypengang und einem „Appendix“ ist auch für Höhlenkletterer der Endpunkt erreicht, 1002 Meter vom Eingang entfernt! Der Stiegengraben hingegen endet oberirdisch immer freundlicher, nach einer renovierten Mühle und einzelnen Häusern kommt man zum Ybbsufer. Nahe der Haltestelle des „Schafkäs-Express“ ist mit dem Gasthof „Zur Waldesruh“ sogar für eine Wartezeit genussvoll vorgesorgt.

26. RUNDWANDERUNG KOTHBERGTAL

Dieses schon beschriebene Dolomitgebiet liegt in der nördlichen Muldenzone der Lunzer „Musterfalten“ und bietet nicht nur einen bequemen Spaziergang auf einer leider asphaltierten, aber wenig befahrenen Straße, sondern auch eine hübsche Rundwanderung (Gehzeit ca. 2 Std. siehe auch Seite 156).

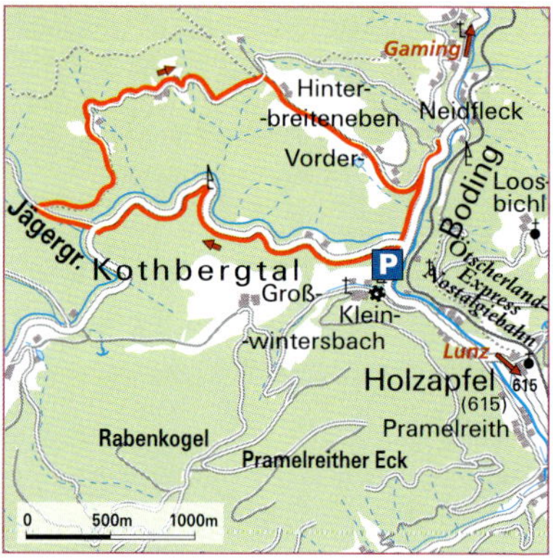

DIE WANDERUNG: Man fährt von Lunz Richtung Pfaffenschlag, zuletzt an einem überaus interessanten Sinter-Wasserfall und einer schön renovierten Mühle vorbei, zur bezeichneten Talabzweigung. Nach 2 km Straßenwanderung durch die eindrucksvolle Dolomitschlucht wird die Abzweigung in den Jägergraben erreicht. Hier auf der Forststraße (Betonbrücke, Schranken) rechts in das Seitental, bis nach einem moorigen Tümpel und einer vom rechten Hang herabkommenden Wasserrinne die Abzweigung eines alten Steigs rechts hinaufweist. Bis dieser hübsche Weg nach längerer Querung um eine Bergecke in den Hochwald führt, findet man hier prachtvolle Standorte der Anemonen-Schmuckblume (Blütezeit Mitte April).

IDEALPROFIL DURCH DIE „LUNZER MUSTERFALTEN“

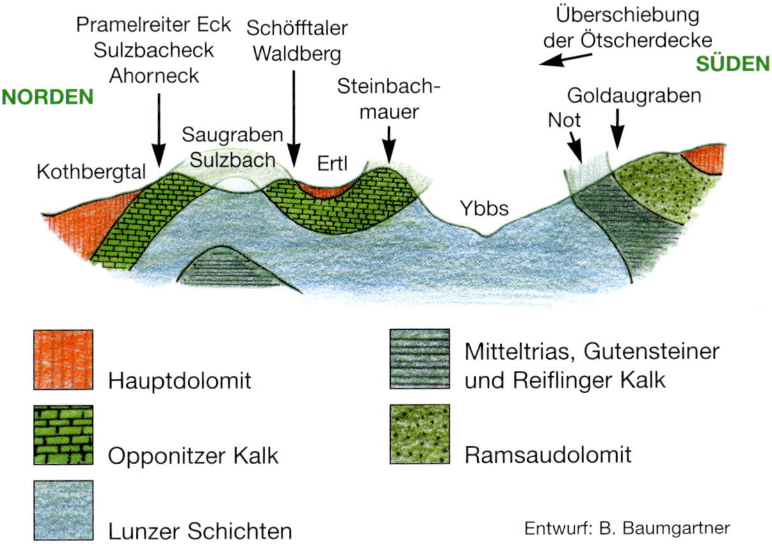

Der Weiterweg mündet in eine Forststraße, die nach längerem, abwechslungsreichem Verlauf zu einer Wegkreuzung am Waldrand kommt (P. 748 der ÖK). Am aufgelassenen Hinter-Breitebenhof vorbei, eine Sattelmulde mit Narzissenwiesen querend, in eine ungemein reizvolle Landschaft mit herrlichem Ausblick und sanften Geländeformen auf Moränen der Riss-Eiszeit. Von Vorder-Breiteben auf dem Fahrweg bequem hinab zur Asphaltstraße im Bodingbachtal und auf dieser weiter bergab zum Ausgangspunkt. Beachtenswert ist das häufige Auftreten des Dreiblatt-Windröschens, das im Ybbstal und besonders hier auch eine Bastardform (Hybride) mit dem Busch-Windröschen bildet; Blütezeit Mitte Mai, zugleich mit Kalk-Glocken-Enzian, Zwergalpenrose und Narzissen sowie der Krokusblüte bei Neuhaus!

Anemonen-Schmuckblume

Hochkar-Gipfelrunde · Schmalzmauer und Seelucken

Niederösterreichs „wilde" Westalpen

Schneeberg und Rax gehören zweifellos zu den Hochalpen. Mit ihren Zweitausender-Gipfeln erreicht das nördliche Kalkgebirge einen letzten Höhepunkt, ehe es vor dem weitaus niedrigeren und eher mittelgebirgigen Semmering- und Wechselgebiet endet. Die nördlich davon gelegenen Voralpen hingegen nehmen gegen Westen deutlich an Höhe zu. Bereits am Ötscher überwiegen dann Hochgebirgsformen, die am Dürrenstein, trotz seines Plateaucharakters, noch deutlicher ausgeprägt sind. Ganz im Westen, im Grenzwinkel gegen Oberösterreich und Steiermark, entwickelt sich mit Gamsstein und Voralpe sogar eine ganz „wilde" Berggruppe, die fast schon den nahen Gesäusebergen ähnlich ist.

Das Hochkar gehört ebenso zu diesem „Wilden Westen" der niederösterreichischen Alpen, leider auch hinsichtlich des Umgangs mit der Natur. Die touristische Aufschließung dieses traditionellen Skigipfels erfolgte nämlich radikal und wurde bis zuletzt unter dem Motto „Wer Erfolg hat, hat immer recht!" fortgesetzt. Über die jüngsten Baggerarbeiten können selbst großflächige Pistenbegrünungen nicht hinwegtäuschen. Ein Wegsprengen ganzer Felspartien, wie seinerzeit im „Kar", würde aber heute wohl nicht mehr genehmigt werden.

Wer jedoch seinen Blick von Pisten, Liften und Bergstraßen abwendet, wird staunend feststellen, dass der Hochkargipfel mit seinem Aufstieg über das Scheineck noch ein naturbelassenes Erlebnis bietet. Sogar die schon teilweise verbaute Kammlinie bis über den Gipfel der Häsing hinweg weist noch zahlreiche naturbelassene Standorte auf. Als Kuriosum können beim Abstieg über die Skipisten recht interessante Pionierstadien der Vegetationsentwicklung beobachtet werden.

Dieser Skizirkus und ein empfohlener Spaziergang zum neuen „See" (kein Feuchtbiotop, sondern ein steriles Wasserreservoir

Bild links: Rosenwurz am Hochkar

für die Schneekanonen) machen aber längst nicht das Hochkar aus. Durch die Eröffnung der niederösterreichischen „Haute Route", des Gratübergangs vom Hochkar zum Dürrenstein, wurde die Ausdehnung dieses Bergstocks deutlich, der treffender als „Göstlinger Alpen" zu bezeichnen ist. Das weitläufige Massiv reicht nämlich bis zum Steinbachkessel (bekannt durch die Klammzufahrt „In der Not" und ein bemerkenswertes montan-subalpines Dolomitgebiet) und war mit seinen abgelegenen Plateaulandschaften bisher nur den einheimischen „Almgehern" ein Begriff.

Da gibt es die „Seelucken", ein unbeweidetes Kar, überragt von den Felsabbrüchen der Schmalzmauer. Der markierte Weiterweg endet, will man nicht die 12 Stunden bis zum fernen Dürrenstein auf sich nehmen, auf dem 1688 m hohen Ringkogel, was mit dem Rückweg über Schwarzalm und Brunnecker Hütte (bis dorthin führt die kürzere nachfolgend beschriebene Rundwanderung) auch eine starke Tagestour erfordert. Trotz einiger Forststraßen (im Gebiet der Schwarzalm) gewinnt man durch die großartigen Ausblicke, Karsterscheinungen in vielfältigster Form und die prachtvolle Alpenflora ein unvergessliches Naturerlebnis.

Als Naturdenkmal sehr bekannt ist in der Gemeinde Göstling das „Leckermoos": Dieses Eiszeitrelikt, entstanden in der reizvollen Moränenlandschaft von Hochreit, ist geprägt durch Gletscherzungen der letzten Eiszeiten. Der Rundweg um dieses Hochmoor verläuft leider nur auf einer Forststraße durch eher einförmige Wälder außerhalb des Moors. Wie man ein solches Naturwunder wirklich schützt und erschließt, könnte man sich in Göstling etwa von der Gemeinde Heidenreichstein „abschauen". Der Landschaftseindruck dieses kalkalpinen Latschen-Hochmoors, seine mit torfigen Tümpeln und seltener Vegetation bedeckten Lichtungen und die hochragende Bergmauer des Hochkars im Hintergrund würden solche Bemühungen sicher lohnen. Denn ein Naturdenkmal nur anzukündigen, ohne durch seine behutsame Erschließung einen Besuch auch zu ermöglichen, wird dem Fremdenverkehr auf Dauer nicht nützen. Unverständlich gerade hier, wo im Nahbereich des Hochkars der ökonomische Erfolg immer Vorrang zu haben scheint.

27. HOCHKAR-GIPFELRUNDE

Leichte Bergwanderung auf markiertem Steig und unmarkierter Abstieg, besonders schön (wie beschrieben) Ende Mai während der Blüte der hochmontan-subalpinen Frühlingsflora.

Route: Hochkar / Parkplatz – Draxlerloch – Kar – Scheineck – Hochkargipfel – Vorgipfel (Sessellift-Bergstation, eventuell Talfahrt) – Häsing – In der Höll – Parkplatz; bis zur Sessellift-Bergstation ca. 2 Std., Weiterweg in 2 Std. zum Ausgangspunkt, Übergang zur Schmalzmauer möglich, Seehöhe 1480 bis 1808 m.

Einkehr: Geischlägerhaus (Vorgipfel), Gasthöfe und Schutzhaus beim Parkplatz.

Karten: ÖK Nr. 101 (Eisenerz), Freytag & Berndt WK 051 (Eisenwurzen).

HOCHKARSCHACHT: Schauhöhle, vom Parkplatz aus erreichbar. Auskunft im Gasthof Jagersberger bzw. im Gemeindeamt 3345 Göstling an der Ybbs, Tel. 0 74 84 / 50 20.

DIE WANDERUNG: Vom Ausgangspunkt am Parkplatz der Hochkar-Alpenstraße beim Gasthof Jagersberger vorbei rechts zur Pistenkreuzung. Bei einer Fichtengruppe weist die blaue Markierung zu einem Steig, der im Bereich der Waldgrenze weiterführt (Fichten, Lärchen, Ebereschen, Grün-Erlen und Leg-Föhren). Am Weiterweg werden die Skipisten im „Draxlerloch" und im „Kar" gequert, dazwischen aber ist der Pflanzenwuchs nicht beeinträchtigt und überraschend vielfältig. Arten des Bergwaldes und der subalpinen Stein- und Rasenfluren treten abwechselnd oder mosaikartig auf.

DIE BOTANIK: Im Bereich des obermontanen Bergwalds findet sich neben den schon genannten Gehölzen auch eine äußerst artenreiche Krautschicht. Es sind vor allem Arten, die frische, kalkreiche Böden bevorzugen, wie Neunblatt-Zahnwurz, Hohe Schlüsselblume, Schneerose, Dreischnittiger Baldrian, Berg-Hahnenfuß und Wald-Bingelkraut. An schattig-feuchten Stellen wachsen das Wechselblatt-Milzkraut und der Rundblatt-Steinbrech, während die Trollblume eher in feuchten Wiesenstücken anzutreffen ist. An überrieselten Felsen, aber auch an moorigen Stellen können wir das zierliche, bis 15 cm hoch werdende Alpen-Fettkraut entdecken. Diese „fleischfressende" Pflanze hat gespornte weißen Blüten mit gelbem Schlundfleck. Wo der Boden steiniger oder felsig wird, blühen die Alpen-Gänsekresse, das Sternlieb (= Alpenmaßliebchen) und das Alpen-Täschelkraut. Unter den Sträuchern wird dem Wanderer vor allem der unter Naturschutz stehende Echte Seidelbast mit seinen purpurnen, vor den Blättern erscheinenden Blüten auffallen.

Clusius-Primel

Nach dem Hochtal, das aus dem „Kar" zwischen Vorgipfel und Scheineck herabzieht, führt ein schmaler Hangsteig durch Krummholz zum Scheinecksattel (Rastplatz). Während der nordwestlich vorgelagerte Schwarzkogel trotz seiner Höhe von fast 1600 m mit Bergwald bedeckt ist, führt der Aufstieg zum Scheineck sogleich in die Krummholzregion. Die Markierung verläuft in einer Erosionsrinne etwas abseits vom Grat steil aufwärts. Den Steig umgeben Legföhren und Zwergsträucher, wobei Schneeheide und die zahlreichen Zwergalpenrosen den noch eher dolomitischen Charakter der hier anstehenden Obertrias-Gesteine zeigen. Der eigentliche Dachsteinkalk mit seinen dicken Schichtbänken wird erst höher oben jenseits vom „Kar" in den Wandstufen des Vorgipfels deutlich erkennbar. Im Westen öffnet sich bald der Ausblick gegen Gamsstein und Voralpe (mit der Stumpfmauer als höchster Erhebung), Haller Mauern und Prielgruppe sowie zum Buchstein im Gesäuse. Ein höherer

Sattel am Scheineck (bis in den Frühsommer mit Schneewächten) gibt einen Überblick über das Skigebiet, weist aber auch eine besonders typische Schutt- und Felsflora auf (im Juni blüht hier zahlreich u. a. der Kalk-Glocken-Enzian).

Verlässt man die obermontane Region, so bekommt man rasch die Artenfülle der subalpinen Rasen präsentiert, von der im Folgenden nur einige besonders charakteristische Vertreter angeführt werden: Auf feuchten Felsfluren, feuchten Rasen oder in Schneetälchen (das sind Mulden mit besonders langer Schneebedeckung) finden wir die Österreichische Soldanelle, den Mannsschild-Steinbrech und die Clusius-Primel, benannt nach einem berühmten, lange Zeit in Wien und Güssing (Süd-Burgenland) lebenden Botaniker. Auf frischen, steinigen Rasen wächst die Große Alpen-Küchenschelle, eine schon im Mai blühende, attraktive Art mit einer weißen, außen oft blasspurpurn oder bläulich überlaufenen Blüte. Felsspalten und Grobblockhalden werden von der Rosenwurz bevorzugt, während auf Felsschutt vor allem der Hahnenkamm-Hahnenfuß zu finden ist, eine kaum mehr als 15 cm hoch werdende, gelb blühende Pflanze mit blaugrünen, eigenartig geformten, an einen Hahnenkamm erinnernden Blättern. Sehr früh im Jahr, meist gleich nach der Schneeschmelze, können wir in Felsspalten und auf Kalkschutt den trotz seiner Kleinheit recht auffälligen, weiß blühenden Burser-Steinbrech entdecken.

Burser-Steinbrech

Vom anschließenden Hochplateau-Rücken ergibt sich der erste Blick zum Gipfelkreuz. Man geht nun rechts haltend über eine Kuppe und gegen eine Karstmulde mit tiefen Dolinen („Schneelöcher“) hinab, die am linken Rand ausgegangen wird. Dort mündet der rot markierte Weg von der Sessellift-Bergstation und dem Geischlägerhaus ein.

Die Plateaumulden zeigen Feuchtstellen und tiefgründige Rasen, denn sie sind mit auffallenden Lehmböden bedeckt („Kalkstein-

braunlehm“, ein kalkarmer fossiler Boden, der sich in einer wärmeren Periode der Zwischen- oder Nacheiszeit gebildet hat und unter heutigen Klimabedingungen nicht mehr entstehen könnte). Den Hang rechts entlang ansteigend, erfolgt bald der Wechsel zu den gestuften Felsfluren und Rasenbändern des Dachsteinkalks. Vor Erreichen der Grathöhe (dazwischen bis in den Juni hinein Schneefelder) lassen sich auf einer Blockreihe neben dem Steig deutliche Fossilspuren erkennen. Es sind die im Volksmund „Kuhtritte“ genannten Querschnitte der Megalodonten-Muschel, dem Leitfossil des Dachsteinkalks. Dann öffnet sich der Ausblick über die zum Salzatal abstürzenden Südflanken und zum westlichen Berghorizont mit den schon nahen Gesäusebergen – das Gipfelkreuz auf dem Hochkar ist erreicht (1808 m, 1 1/2 Std.).
Die im Juni und im Hochsommer blühende „Alpenflora“ ist bei der Tour über die Schmalzmauer beschrieben!

DAS PANORAMA: Neben dem Blick ins Mostviertel und gegen das jenseits der Donauniederung ansteigende Hochland von Mühl- und Waldviertel ist das Hochkar vor allem durch sein umfassendes „Alpenpanorama“ ausgezeichnet (von Nordosten gegen Südwesten): Dürrenstein, Gemeindealpe (Sender), Göller (davor die Zellerhüte); der Hochalpenzug mit Schneeberg, Schneealpe, Rax, Veitschalpe, davor Kräuterin mit Fadenkamp (rechts dahinter die Heukuppe) und Hochstadel; am südlichen Horizont das Hochschwabmassiv mit Hoher Weichsel, Ringkogel, Hochschwab, der vorgelagerten Riegerin, Ebenstein und Brandstein (links scharfer Abbruch); an den westlichen Hochschwab und die Gipfel um Eisenerz anschließend die Gesäuseberge mit Lugauer, Zinödl, Hochtor und Planspitze (dahinter in der Ferne die Rottenmanner Tauern), Tamischbachturm, Reichenstein, Sparafeld und Buchstein; weiter rechts die Haller Mauern und der Große Priel im Toten Gebirge.

DER ABSTIEG: Am lohnendsten über das Scheineck auf dem Anstiegsweg zurück zum Parkplatz (1 Std.). Oder zurück bis zur Wegkreuzung und auf dem rot markierten Steig geradeaus weiter, oberhalb des „Kars“ zum Sattel am Hauptkamm mit schönem Einblick in die Lawinenrinnen der Südflanke (rechts eine auffallende Schichtfläche). Beim folgenden Geischlägerhaus (Einkehrmöglichkeit) und der Bergstation fühlt man sich wegen der zahlreichen Paragleiter und Drachenflieger fast auf einen Flugplatz versetzt (Talfahrt mit dem Sessellift; der weitere Abstieg auf der unmarkierten Route über die Häsing ist lohnend, aber zumeist erst im Hochsommer, da Ende Mai die Pisten oft noch schneebedeckt sind).

28. SCHMALZMAUER UND SEELUCKEN

Für geübte Wanderer leichte Bergtour, aber nur bei sicherem Wetter und guter Sicht; abgesehen vom ersten Wegstück in naturbelassenem Gelände günstig von Juni bis August (botanische Beschreibung Anfang Juli).

Route: Hochkar / Parkplatz – Blachlboden – Schmalzmauer – Seelucken – Brunnecker Hütte – Schrottleitner Alm – Parkplatz; nur teilweise markierte Wege, Gehzeit ca. 5 Std. (ohne Brunnecker Hütte 3 Std.), Seehöhe 1480 bis 1760 m.

Einkehr: Unterwegs keine Möglichkeit.

Karten: ÖK Nr. 101 (Eisenerz), Freytag & Berndt WK 051 (Eisenwurzen).

DIE BOTANIK: Bereits auf dem kleinräumig steinig-felsigen Rasen beim Trafo-Häuschen oberhalb des Hochkar-Schutzhauses leuchten uns Anfang Juli Rundkopf-Teufelskralle, Schwarzrand-Margerite, Großer und Kleiner Strahlensame sowie Honig-Labkraut entgegen. Im weiteren Verlauf des Wegs bis zum Blachlboden können wir an den Böschungen der Forststraße durch die vielfältigen Standortbedingungen eine große Zahl weiterer Alpenblumen kennenlernen. Auf tiefergründigen, nährstoffreicheren Böden sehen wir die typischen Vertreter der Hochstaudenflur: Große Sterndolde, Berg-Sauerampfer, Grau-Alpendost, Bach-Aschenkraut, Rundblatt-Steinbrech, Wimper-Kälberkropf, Rote Lichtnelke, Meisterwurz, Quirl-Weidenröschen, Gewöhnlicher Wiesen-Leuenzahn, Guter Heinrich, Wolfs-Eisenhut, Wald-Vergissmeinnicht, Wald-Storchschnabel, Gewöhnliche Ähren-Teufelskralle. Aber auch ein Endemit befindet sich in dieser Hochstaudenflur, nämlich die Österreichische Wolfsmilch, die nur im westlichen Abschnitt der nordöstlichen Kalkalpen vorkommt.

Auf flachgründigen bis steinigen Flächen gesellen sich dann hinzu: Berg-Baldrian, Alpen-Wundklee, Mücken-Händelwurz, Rundkopf-

Teufelskralle, Quirl-Läusekraut, Trollblume, Rosenwurz, Gewöhnliche Simsenlilie, Berg-Goldnessel, Hängefrucht-Rose, Gelb-Betonie, Rindsauge, Österreichische Bärenklau, Kugelständel und Groß-Bibernelle. An einer (beim Aufstieg) rechts aufragenden Felswand finden wir Rispen-Steinbrech, Großen und Kleinen Strahlensamen, Felsen-Ehrenpreis, Kopf-Läusekraut, Alpen-Sonnenröschen und weiter oben in der Wand den eher seltenen und gefährdeten Kies-Steinbrech, der sich sowohl durch seine stattlichen Blattrosetten als auch durch seine gelb-orangen Blütenkronblätter leicht von den meisten anderen Arten seiner Gattung unterscheiden lässt.

BLACHLBODEN – SCHMALZMAUER:

Vom Parkplatz der Hochkar-Alpenstraße am Gasthaus Hochkarhof rechts vorbei und hinter dem Hochkar-Schutzhaus des Österreichischen Touristenklubs auf der asphaltierten Liftstraße zu einem kleinen Sattel. Hier links (nördlich, Wegweiser „See“) auf der Forststraße bergan, den Westrücken der Leckerplanhöhe mit Sessellift und Skipiste querend, dann in kurzer Kehre hinauf zum Blachlboden. Dieser wird entlang des Fahrwegs bis zum Weidebrunnen in der Mitte der Almfläche überquert. Dort weisen rechts haltend mehrere Wegspuren hinaus ins unverbaute Gelände. Ein Steig führt am Hangabbruch entlang über schottrig-sandigen Boden in die Halden unter den Felsabbrüchen des „Roterdkogels“. Die Markierung durchquert sodann ein mit Latschen und Wetterbäumen bewachsenes Bergsturzgelände, eine sehr malerische Szenerie mit gegensätzlicher Vegetation (Hochstaudenflora und subalpine Blütenpflanzen). Besonders bemerkenswert ist das zahlreiche Vorkommen des Heilglöckchens (dieses sonst selten zu findende Primelgewächs blüht Ende Juni). Bei der Wegteilung auf der folgenden Lichtung weist die rote Markierung links weiter (Richtung Brunnecker Hütte und Ringkogel/Dürrenstein).

Unsere botanische Route zur Schmalzmauer folgt jedoch dem rechten, unmarkierten Steig und erreicht bald die teilweise feuchten südöstlichen Randbereiche der Karstmulde auf der Schrottleitner Alm. Besonders auffallend ist hier eine Senke am Fuß des Leckerplans mit Schuttquelle und kleinem Bächlein, das kurz danach schon wieder in einer der zahlreichen Dolinen versickert. Sumpfdotterblume, Bitter-Schaumkraut und Eisenhut-Hahnenfuß, seltener die Bachbunge, sind typisch für solche Feuchtbiotope. Bergseitig an der Almhütte vorbei steigt man rechts zu einem umzäunten Quellgebiet auf. Der folgende Hang wird rechts aufwärts entlang von Viehsteigen gequert und durch eine Rinne die oberhalb zum Hauptkamm ziehende Almfläche der „Heuwies" erreicht (dieser Flurname befindet sich in der ÖK um 1 km zu weit im Norden). Der schönste Blumenflor ist hier noch vor dem Almauftrieb zu bestaunen (Anfang Juni u. a. Clusius-Primel, später Kalk-Glocken-Enzian).

Alpen-Küchenschelle

Die folgende Kammhöhe (beim Aufstieg bereits links halten) bricht außerhalb des Weidezauns felsig in die völlig einsamen und landschaftlich großartigen Kare an der Südostseite des Bergmassivs ab. Prachtvoll ist die Aussicht zur Kräuterin (dahinter die Mariazeller Berge) und über die gesamte Nordseite des Hochschwabs. In der Tiefe verläuft der von Rothwald kommende Lassingbach mit seiner „Schloif" genannten Schluchtstrecke zwischen Klaus und Fachwerk. Nach lockeren Latschenbeständen und zunehmend steinigeren Matten wird, links (nordöstlich) den Kamm entlang weiterwandernd, eine sanft geneigte Wiesenfläche überquert. Hier wechseln sich steinige Fluren auf den Schichtköpfen des Dachsteinkalks und tiefergründige Böden über den Schichtflächen ab. Im Juni wird der Wanderer entzückt sein vom prächtigen Blühen der typischen „Alpenflora": Kalk-Glocken-Enzian, Alpen-Küchenschelle, später Narzissen-Windröschen und Rosenwurz, im Juli folgt die Wimper-Alpenrose.
Etwas abseits vom Kamm treten Karsterscheinungen anschaulich hervor: In einer Doline findet man noch im Hochsommer Arten, die anderswo längst verblüht sind, wie Alpen- und Berg-Hahnenfuß, Zweiblüten-Veilchen und sogar noch Narzissen. An

einer bizarr geformten Karrenfläche vorbei geht man auf das links voraus aufsteigende Gipfelziel zu, an dessen Fuß ein großes „Schneeloch" (Doline mit Sommerfirn) eingelagert ist. Der nach kurzem Aufstieg erreichte Gipfel der Schmalzmauer (1760 m) bietet neben der vielfältigen Flora von seiner Felskante aus auch einen packenden Tiefblick in das Kar der „Seelucken" und eine Übersicht des Gratverlaufs zum Dürrenstein. Der Ausblick gegen Südwesten reicht über das Hochkar hinweg bis zu den Gesäusebergen mit dem hornartigen Lugauer.

Verschiedenartige Standorte wechseln hier auf engstem Raum miteinander ab und bewirken eine besonders artenreiche Vegetation (Florenbestand in der ersten Julihälfte): Ennstaler Silbermantel, Alpen-Wundklee, Rosenwurz, Zweiblüten-Veilchen, Sternlieb (=Alpenmaßliebchen), Berg-Hahnenfuß, Alpen-Blasenfarn, Nacktstiel- und Felsen-Ehrenpreis, Gewöhnlicher Hornklee, Alpen-Steinquendel, Kopf-Teufelskralle, Kugelständel, Gebirgs-Kriech-Quendel, Gold-Fingerkraut, Alpen-Brandlattich, Wiesen-Leuenzahn, Niedriger Enzian, Gold-Pippau, Gerard-Miere, Großer Strahlensame, Öhrchen-Habichtskraut, Zottiges Habichtskraut, Alpen-Labkraut, Weißer Germer, Trollblume, Österreichische Bärenklau, Süßklee, Kahles Sonnenröschen, Alpen-Sonnenröschen, Höswurz, Sand-Schaumkresse, Clusius-Fingerkraut, Schnee-Enzian (sehr selten!), Gewöhnliches Kohlröschen, Widder-Kohlröschen, Kriechendes Gipskraut und Hohlzunge. Narzissen-Windröschen, Silberwurz, Quirl-Läusekraut, Clusius-Primel und Kalk-Polsternelke sind Anfang Juli schon verblüht bzw. fruchten bereits, während Herzblatt, Filz-Alpenscharte und Bach-Steinbrech erst zaghaft ihre ersten Blütenknospen zeigen.

Narzissen-Windröschen

Vom Gipfel der Schmalzmauer geht man den Latschenrücken nordwestlich entlang weiter und kommt bergab zu einer freien Stelle. Hier ist auf Steigspuren durch eine steile Schrofenrinne der Abstieg mit etwas Vorsicht, aber ohne Schwierigkeit möglich (am feuchten Schattenhang Vorkommen von Stern-Steinbrech und Zwergalpenrose). Die Wegfortsetzung führt nahe dem rechten Bergrand hinab zum Sattel mit dem „Almgatterl“, der wie das östlich abbrechende Kar von den Einheimischen „Seelucken“ genannt wird. Hier überwiegen üppige Rasen mit Berg-Nelkenwurz, Gold-Pippau und Weißem Germer. Wer nun die Tour abbrechen möchte, kann scharf links auf dem rot markierten Weg (wie unten genau beschrieben) zum Ausgangspunkt zurückkehren (insgesamt 3 Std.). Achtung – der Weiterweg durch das Seelucken-Kar erfordert mehr Gehsicherheit und Orientierungsvermögen als die bisher begangene Route!

SEELUCKEN – BRUNNECKER HÜTTE:

Vom Seelucken-Sattel (Wegweiser Richtung Brunneckhütte und Ringkogel) durch das Almgatter und rechts auf dem rot markierten Steig in den Karhang hinab. Nach kurzer Kehre rechts haltend erfolgt der Abstieg über steiles Gelände, worauf der Steig ziemlich waagrecht die großteils verwachsenen Geröllhalden unter den Nordabstürzen der Schmalzmauer quert. Dabei kommt man auch an Felsstufen mit subalpiner Flora vorbei, begeht aber überwiegend äußerst bunte Hochstaudenfluren, die durch keinen Weidebetrieb beeinträchtigt werden. Der gut begehbare Steig (Achtung bei Schneeresten im Frühsommer!) führt in weiterer Folge leicht ansteigend durch locker bewaldetes, von Erosionsspuren durchzogenes Gelände zum ebenen Gratrücken nordöstlich der Schmalzmauer (Felskopf mit Block- und Kluftbildungen). Nun am wieder beweideten breiteren Hauptkamm weiter und rechts haltend an die Abbrüche zum Hirschplangraben heran. Bei einem Felsblock vorbei (Standort der sonst hier seltenen Aurikel, ferner Felsen-Baldrian u. a.) geht es steiler bergab zum Sattel vor

Süßklee

der Geißhöhe. Der nahe Rastplatz bietet eine herrliche Aussicht, an der Bergkante kommt die Alpen-Aster vor.
Die rote Markierung entlang der Kammhöhe weist den Weiterweg zum Ringkogel. Unsere kürzere Tour über die Brunnecker Hütte zweigt aber links ab und führt durch die Sattelmulde hinab zum Waldrand (blau-gelbe Markierung), wo ein spärlicher Steig in kurzen Kehren steil bergab führt (in der folgenden Hangmulde Bestand von Alpen-Rachen). Aus der anschließenden Rinne, stets auf die etwas spärliche Markierung achtend, links zu einem kleinen Vorsprung, dann in weiteren Kehren den mit Hochstauden und niedrigen Weidenbüschen bewachsenen Hang hinab zu einer Geröllfläche mit Lanzen-Schildfarn, Rosenwurz und Österreichischer Wolfsmilch. Der lichte Bergwald besteht hier überwiegend aus Fichten und Lärchen, spärlich vertreten sind Eberesche und Berg-Ahorn, im Unterwuchs auch Leg-Föhren und einige Grün-Erlen.
Vor dem wieder geschlosseneren Waldbestand (kurz rechts voraus eine stattliche Lärche) befindet sich eine wichtige Wegteilung (rechts Weiterweg in Richtung der bewirtschafteten Schwarzalm). Hier geht man links, entlang der Markierung, durch eine Latschengruppe und auf dem teilweise sehr spärlichen Hangsteig leicht bergan. Nach einer riesigen Lärche folgt ein Lawinengang mit schönen Beständen der Wimper-Alpenrose. Im folgenden Hochwald geht es dann ungefähr in gleicher Höhe weiter, erst zuletzt rechts bergab zur schon sichtbaren, verschlossenen Brunnecker Hütte (Seehöhe ca. 1460 m).
Hier wird der von der Schwarzalm kommende, rot markierte Weg erreicht. Auf diesem links durch die Senke ansteigend weiter, dann in einem mit Dolinen durchsetzten lockeren Fichtenwald stärker ansteigend zum Hochtal, das sich in das Seelucken-Kar öffnet (Blick zur Schmalzmauer). Nun rechts wendend steiler Aufstieg über mit Felsstufen durchsetztes Krummholzgelände, auf dessen Lichtungen im Frühsommer Clusius-Primel und Kalk-Glocken-Enzian blühen, später dann das schlanke Ähren-Läusekraut. Im Juli findet sich hier eine üppige Hochstaudenflora (häufig die Wimper-Alpenrose und die hier rosarot blühende Groß-Bibernelle). Jenseits des steilen Rückens

geht es, immer noch stark ansteigend, wieder in den Bereich der Waldgrenze hinauf. Erst zuletzt flacher, führt der Weg schließlich durch Gelände mit reizvollen Karrenblöcken und vielfältiger Flora über die Bergschulter der rechts oberhalb gelegenen „Gamshöhe" hinweg. Voraus taucht hinter dem Hochkar der Lugauer auf und mit kurzem Abstieg ist wieder der Sattel mit dem „Almgatterl" an der Abzweigung ins Seelucken-Kar erreicht (2 Std.).

RÜCKWEG ZUM HOCHKAR-PARKPLATZ:

Vom Sattel auf dem rot markierten Weg ansteigend zur nordwestlichen Bergschulter der Schmalzmauer und jenseits den zur Schrottleitner Alm abfallenden Hang in Kehren hinab. Hier treten über dem sonst verbreiteten, teilweise dolomitisierten Dachsteinkalk auffallend rötlich gefärbte Liasschichten auf, in die ein Bachlauf mit Feuchtfluren und dicken Moospolstern sowie Farnbeständen (Gebirgs-Frauenfarn) eingeschnitten ist. Sein Wasser versickert in der schüsselförmig eingesenkten Karstmulde bei der Schrottleitner Hütte.

Der Steig verläuft mehr an deren rechtem Rand, wo sich am Hang auffallende Karrenfelder befinden. Diese stark verkarsteten Schichtflächen des Dachsteinkalks zeigen Rillen, tiefe Furchen, Löcher und Spalten, sogenannte „Karren". Sie sind durch das Niederschlagswasser und auch durch die darin gelösten Humussäuren des bei der Rodung der Almweide entfernten Krummholzbestands ausgelaugt worden. Im folgenden Sattel mit seinen Feuchtmulden und Bergsturzblöcken gelangt man wieder zur Wegteilung vor den Felsabbrüchen des „Roterdkogels". Zuletzt über den Blachlboden und die Forststraße zum Ausgangspunkt (ca. 1 Std.).

Schrottleitner Alm

Alpengarten mit Edelweissrunde

Um die Alpenflora in „würdigem“ Rahmen vorstellen zu können, war die Auswahl unter den hochalpinen Bergen im Westen Niederösterreichs noch recht einfach: Der Ötscher – mehrfach beschrieben in eigenen Führern mit botanischen und geologischen Exkursionen; der Dürrensteingipfel – wohl nur ausdauernden Bergsteigern vorbehalten; also verblieb das „unbekannte“ Hochkar! Von diesen eher unter atlantischem Einfluss stehenden Bergen im Westen unterscheiden sich die Hochgipfel des Alpenostrands, wie Schneeberg und Rax, jedoch deutlich, besonders hinsichtlich ihrer Vegetation. Hier sind manche Arten vorhanden, die in den westlichen Kalkalpen Niederösterreichs fehlen (z. B. Zwerg-Alpenscharte, Strauß-Glockenblume, Ostalpen-Veilchen, Wimper- und Stumpfblatt-Mannsschild, Zweiblüten-Läusekraut, Edelweiß). Anderseits fehlen hier Pflanzen, die etwa auf Ötscher, Dürrenstein und Hochkar gar nicht so selten sind (z. B. Österreichische Wolfsmilch, Rosenwurz, Bayerischer Enzian oder Allermannsharnisch).

Wenn die Entscheidung zwischen den beiden Hauptgipfeln der östlichen Kalkalpen zugunsten der Rax ausgefallen ist, mag dies so manchen Schneebergfreund enttäuschen. Die Rax kann aber neben der mühelosen und schnellen Erreichbarkeit der alpinen Region auch die „Fürsprache der alten Botaniker“ für sich in Anspruch nehmen. Heißt es doch bereits 1897 im „Führer auf die Raxalpe“ von Josef Rabl unter „Botanisches“: „Hinsichtlich ihrer Flora war die Raxalpe seit jeher das gepriesene Mekka der Wiener Botaniker, da sie die den nördlichen Kalkalpen eigenthümliche Flora fast vollständig bietet. Ihrem Boden entsprießen in wunderbarer Fülle jene fremdartigen Pflanzengestalten, deren Erscheinung einen so wesentlichen Antheil an dem Zauber hat, welchen die Alpennatur auf den Bewohner der Ebene ausübt, und welche mit ihrem Blüthenreichthum und ihrer tiefgesättigten Farbenpracht den Hochgebirgswanderer entzücken“. Der

Bild links: Raxplateau – Lechnermauern

noch heute hoch angesehene Botaniker August Neilreich nannte zu dieser Zeit nicht weniger als 136 Arten von Alpenpflanzen, die auf dem damals „Preineralpe“ genannten Berg zu finden waren. Das mittels der Seilbahn von Hirschwang in wenigen Minuten erreichte Raxplateau ist nämlich eine eigene Welt, eine hoch über den Niederungen verborgene, eigentümliche Landschaft. Wie in einem von der Natur eigens geschaffenen Relief sind Hochtäler und Kare, Plateauflächen und sanfte Kuppen innerhalb der felsigen Randabstürze eingeschlossen. Den höchsten Punkt markiert die Heukuppe mit einer Gipfelhöhe von 2007 m allerdings bereits auf steirischem Boden. Die in unserem Wandervorschlag beschriebene Scheibwaldhöhe bildet das Rückgrat des Bergmassivs und gehört wie der Großteil der Rax zu Niederösterreich. Auch bleibt sie nur wenig unter der Zweitausendergrenze.
Die geologischen Verhältnisse der Rax sind durch den vorherrschenden Wettersteinkalk zwar unkompliziert, die Vielfalt von Oberflächenformen und Vegetationsstandorten weckt hingegen umso größeres Interesse: An die Waldgrenze anschließende Krummholzflächen, ohne Weg fast noch schwieriger zu begehen als ein Auwalddschungel, werden an manchen Stellen eigentümlicherweise von sogar noch höher gelegenem Kampfwald abgelöst. Schon längst unbewirtschaftete und vom nachdrängenden Bergwald allmählich wieder eingenommene Almböden stehen in scharfem Gegensatz zu verkarsteten Steinwüsten mit Schneedolinen und Karrenfeldern, Schutthalden und hochragenden Felswänden.
In den Gebäuden der Rax-Seilbahn und erst recht etwa im Otto-Haus ist die Atmosphäre der Jahrhundertwende förmlich greifbar (und sogar riechbar) erhalten geblieben. Ohne nostalgische Anwandlungen kann man sich in jene Zeit zurückversetzt fühlen, als der nahe Semmering Treffpunkt der vornehmen Welt war. Eine Raxtour musste damals nur allzu oft als Nervenkitzel oder für die Selbstbestätigung der reichen Müßiggänger und ihrer künstlerisch-literarischen Trabanten herhalten. In den kargen Zeiten nach der Monarchie ersetzte dieser Wiener Hausberg einer überwiegend mittellosen Schar begeisterter Naturfreunde das unerreichbar ferne Hochgebirge.

Ein ähnlicher „Naturersatz“ für Nichtbergsteiger, aber auch zugleich ein lehrhaftes Naturalienkabinett, ist der „Alpengarten“ beim Otto-Haus. Außerhalb seiner Umzäunung setzt sich die „Botanik“ zwar ohne Informationstafeln, dafür umso üppiger fort. Mit dem derzeit auf Modestoffen unschlagbar populären Edelweiß, aber auch mit viel selteneren und weniger bekannten Pflanzenarten ist von Mai bis in den August hinein die Fülle der Alpenflora auf der Rax ohne Übertreibung überwältigend!

29. RAX-PLATEAU-WANDERUNG

Für geübte Wanderer leichte Bergtour, allerdings nur bei guten Wetter- und Sichtbedingungen, da sie aus der oberen Bergwaldzone bis in die alpine Region führt. Die Teilstrecken zur Höllental-Aussicht oder auf dem Seeweg sind ebenfalls überaus lohnende naturkundliche Spaziergänge. Die botanische Beschreibung bezieht sich auf Anfang Juli.

Route: Seilbahn / Bergstation – Otto-Haus (Alpengarten) – Höllental-Aussicht – Klobentörl – Scheibwaldhöhe – Trinksteinsattel – Seehütte – (kürzere Variante: Seeweg – Otto-Haus) – Preiner Wand – Jakobskogel – Otto-Haus – Seilbahn; durchgehend markierte Wege, insgesamt ca. 7 Std. (kürzere Variante 6 Std.); Seehöhe 1547 bis 1943 m. Gehzeit für den „Spazierweg“ (Höllental-Aussicht, Seeweg – Seehütte) gute 3 1/2 Std.; Seehöhe ca. 1600 m.

Einkehr: Otto-Haus, Seehütte.

Karte: ÖK Nr. 104 (Mürzzuschlag), Freytag & Berndt WK 022 (Semmering).

Information: Rax-Seilbahn, Tel 02666/(5)2497.

DIE WANDERUNG: Von der Bergstation der Rax-Seilbahn (Ausblick über das Schwarzatal und den Kreuzberg gegen Sonnwendstein, Großen Otter und Wechselgebiet) auf einem Fahrweg durch ein kurzes Waldstück und im Bogen über die Lichtungen am „Ebenwald" hinan zum Gatterlkreuz mit prachtvollem Schneebergblick. Hier bereits in der Krummholzregion über die Anhöhe links hinweg, voraus taucht der Jakobskogel (mit Gipfelkreuz) auf, rechts im Hintergrund der Höhenrücken der Scheibwaldhöhe, unser Wanderziel!

Nun mit Blick zum Otto-Haus leicht bergab zu einem Sattel, wonach der Fahrweg und ein unterhalb verlaufender Steig am Rand einer weiten Doline mit Schneegruben und Ampferflächen entlang führen. Am Steilhang treten zwischen den subalpinen „Blüteninseln" dichte Bestände von Horstseggen- und die flächiger entwickelten Rostseggen-Rasen auf. Beim breiten Sattel am „Praterstern" teilen sich die Wege. Links geht es zum nahen Otto-Haus mit dem sehenswerten Alpengarten, von dort bequemer Weiterweg zur Seehütte (siehe Variante „Seeweg"), eventuell mit Anschluss an den beschwerlicheren Rückweg über die Preiner Wand.

Fossil im Wettersteinkalk

DIE BOTANIK: Gleich zu Beginn unserer Wanderung erleben wir eine artenreiche Hochstaudenflur mit Wald-Storchschnabel, Bach-Nelkenwurz, Wimper-Kälberkropf, Roter Lichtnelke, Grau-Alpendost, Berg-Greiskraut, Holunder-Arznei-Baldrian und die früher auch in tiefen Lagen noch häufige Trollblume. Die Hochstaudenflur geht dann allmählich in einen nährstoffreichen Weiderasen über, der von Frauenmantel, Gold-Pippau, Gold-Fingerkraut, Alpen-Mutterwurz, Alpen-Lieschgras, Berg-Nelkenwurz, Alpen-Ampfer und Weißem Germer beherrscht wird. Ist der Boden magerer (= nährstoffärmer), treten sofort einige anspruchslosere Arten hinzu, wie Alpen-Glockenblume, Honig-Labkraut, Mücken-Händelwurz, Alpen-Hahnenfuß, Filz-Brandlattich, Alpenhelm, Gewöhnliches Katzen-

pfötchen, Hohlzunge, Nacktstiel-Ehrenpreis, Sternlieb (= Alpenmaßliebchen) und Berg-Baldrian. Auf steinigen oder gar felsigen Standorten finden sich noch Silberwurz, Kugelschötchen, Felsen-Baldrian, Kahles Sonnenröschen und Gerard-Miere (= Alpen-Frühlingsmiere).
Etwas später können wir neben einem Schneefeld, das meist Anfang Juli noch nicht abgeschmolzen ist, in voller Blüte Clusius-Primel, Wimper-Mannsschild, Alpen-Täschelkraut, Alpen-Soldanelle und Kalk-Polsternelke beobachten, alles Arten, die sonst in dieser Höhenlage meist schon verblüht sind. Bei genauerem Hinsehen kann das geschulte Auge auch drei verschiedene Arten von flach am Boden ausgebreiteten Teppichsträuchern (= Spaliersträuchern) erkennen, nämlich Alpen-Weide, Netz-Weide und Stumpfblatt-Weide.

VARIANTE „SEEWEG“:

Wer ohne größere Anstrengung vom Otto-Haus bzw. nach dem Besuch des Alpengartens weiterwandern will, kann auf diesem großteils flachen, nur stellenweise steinigen Fahrweg in 1 Stunde zur Seehütte gelangen (rot markierter Weitwanderweg Nr. 801). Recht lohnend und blumenreich, malerische Ausblicke gegen den Gipfelrücken der Scheibwaldhöhe mit den Lechnermauern.

VOM „PRATERSTERN“ ZUR HÖLLENTALAUSSICHT:

Leicht rechts auf dem blau (!) markierten Weg in ein Hochtal hinein. Die nicht mehr beweideten Wiesen sind hier üppig entwickelt, Weißer Germer und die durch Überdüngung entstandene Lägerflur mit auffallendem Alpen-Ampfer-Bestand erinnern an die ehemaligen Almböden. Nach einem Hanganstieg zwischen steinigen Rasenflächen quert der Weg eine bis in den Hochsommer mit Firn erfüllte Rinne, deren Ränder als Schneeböden einen Blick zurück in den Bergfrühling ermöglichen. Anschließend geht es über den blumenreichen Almboden am Ostrand der Hofhalt und durch eine Latschengasse geradeaus zur Höllental-Aussicht. Diesen bequemen Spaziergang sollten

Rotes Kohlröschen

sich auch ungeübte Wanderer nicht entgehen lassen! Der Tiefblick in den eiszeitlichen Trog des Großen Höllentals mit dem im Hintergrund aufragenden Schneeberg ist einfach überwältigend.

ÜBER DAS KLOBENTÖRL ZUR SCHEIBWALDHÖHE: Zurück zur Wiese und gleich rechts haltend erfolgt der Anschluss an den blau markierten Weiterweg, der schräg die Hofhalt hinabzieht (voraus die Lechnermauern). Im folgenden obermontanen Waldbestand (Fichten, spärlich Berg-Ahorn und Ebereschen, aber auch Lichtungen mit Leg-Föhren) geht es weiter bergab. Am Grund der weiträumigen, das Hochplateau schräg querenden und in den Eiszeiten von einem ins Höllental abstürzenden Gletscher erfüllten Senke folgt die Lichtung bei der geschlossenen Dirnbacher-Hütte (tiefster Punkt der Tour mit 1477 m Seehöhe). Prachtvoller Aufblick zu den Felsfluchten der Lechnermauern mit dem dazwischen eingerissenen Steilkar der Bärengrube! Der Wiesenboden gliedert sich kleinräumig in Mulden mit Alpendost-Beständen und steinige Höcker mit subalpiner Flora. Anschließend steigt der Weg mit einigen steilen Kehren über den Bergwald hinaus und kommt dann, rechts haltend, zum Fuß der Felswände. Dort leitet ein gestufter Steig – durch ein Seilgeländer gesichert und daher selbst für Ungeübte ohne Schwierigkeiten begehbar – rechts zur Bergecke beim „Klobentörl“ (das eigentliche „Klobentörl“ folgt am Weiterweg über den Sattel zum Großen Kesselgraben). Sehr schöner Aussichtsplatz und botanischer Beobachtungspunkt für die Felsflora der subalpinen Zone.

Edelweiß

Hier findet man eine Vielzahl von Alpenpflanzen auf engstem Raum: Quirl-Läusekraut, Steinraute, Kahles Sonnenröschen, Alpen-Sonnenröschen, Steifes Acker-Hornkraut, Milch-Mannsschild, Pyrenäen-Spitzkiel, Alpen-Labkraut, Alpen-Lein, Augenwurz, Clusius-Fingerkraut, Dunkler Mauerpfeffer, Filz-Alpenscharte (meist noch knospig), Alpen-Steinquendel und Gewöhnliche Simsenlilie. Kalk-Polsternelke, Aurikel, Clusius-Primel und Knöllchen-Knöterich sind Anfang Juli bereits längst verblüht und präsentieren sich im Fruchtzustand. An der Abzweigung zum Hoyossteig bietet ein steinig-felsiger Kalkmagerrasen einen ausgezeichneten Überblick über die Artenvielfalt der nordöstlichen Kalkalpen: Zwergständel (eine unscheinbare Orchidee mit grasartigen Laubblättern), Quirl-Läusekraut, Rundkopf-Teufelskralle, Steinraute, Kugelschötchen, Alpen-Wundklee, Herzblatt-Kugelblume, Gerard-Miere, Alpen-Bergflachs, Ostalpen-Nelke, Honig-Labkraut (ein Endemit der nordöstlichen Kalkalpen), Alpen-Sonnenröschen, Kahles Sonnenröschen, Rotes Kohlröschen, Widder-Kohlröschen, Zottiges Habichtskraut, Gewöhnliches Katzenpfötchen.
Clusius-Fingerkraut, Großer Strahlensame und die Filz-Alpenscharte befinden sich Anfang Juli an dieser Stelle erst im Knospenzustand, der Wimper-Mannsschild ist meist schon verblüht, Zweiblüten-Läusekraut, Aurikel und Kalk-Polsternelke fruchten bereits. An ähnlichen Standorten findet man auch als „alpine Kultpflanze“ das Edelweiß. Für alle Arten gilt selbstverständlich absolutes Pflückverbot!

Entlang der blauen Markierung in das bald als Karstgasse ausgebildete Hochtal weiterwandernd, gelangt man zum Wegweiser mit der grünen Markierung Richtung Scheibwaldhöhe und Trinksteinsattel. Hier links abzweigend durch dichtes Krummholz, bis der Steig nach Querung eines seichten Schneebodens etwas flacher nach links zu einer tief eingeschnittenen Karstrinne führt (Abbruchklüftung der nahen Nördlichen Lechnermauern, Schneelage bis in den Hochsommer). An deren rechtem Rand, das Krummholz entlang ansteigend, ist eine besonders reichhaltige Alpenflora zu beobachten.

Beim Aufstieg neben der Karstrinne können wir in schönster Blüte antreffen: Nacktstiel-Ehrenpreis, Alpen-Ehrenpreis, Narzissen-Windröschen, Brillenschötchen, Sternlieb, Alpen-Bergflachs, Kalk-Glocken-Enzian, Frühlings-Enzian, Zwerg-Fingerkraut, Zweiblüten-Veilchen, Wimper-Mannsschild, Kalk-Polsternelke, Alpen-Wundklee, Alpen-Täschelkraut, Aurikel (in tieferen oder schneefreieren Lagen längst verblüht), Berg-Hahnenfuß, Gewöhnlicher Hornklee, Herzblatt-Kugelblume, Gabelhaar-Gänsekresse, Silberwurz, Zwerg-Miere, Dunkler Mauerpfeffer, Zweiblüten-Läusekraut, Wimper-Alpenrose, Clusius-Fingerkraut, Pyrenäen-Spitzkiel, Kopf-Läusekraut.

Rechts durch Latschengassen abbiegend, wird ein steiler Rasenrücken erreicht, über den man abseits der Markierung direkt gegen einen Vorsprung (Steinmann) ansteigen kann. Hier öffnet sich gegen Norden der Ausblick auf die Voralpen zwischen Türnitzer Höger und Unterberg. Links abseits befindet sich ein Sattel mit dem Abbruch in die Bärengrube, gegenüber ragt der Lechnermauern-Pfeiler (eine schwierige Klettertour) aus den imposanten Felswänden. Rechts haltend geht man nun zum markierten Steig zurück und kommt weiter ansteigend zwischen Krummholz und über freie Flächen zum Höhenrücken.
Die Latschenfelder zeigen hier seit einigen Jahren auffallend flächenhaftes Absterben. Die von Winterstürmen meist schneefrei geblasenen alpinen Rasen (u. a. mit Polster-Segge, seltener Einblüten-Simse) lösen sich stellenweise in „Geröllgirlanden“ auf. Sie sind aber dicht mit überwiegend kleinwüchsigen Blütenpflanzen bedeckt. Durch die folgende Senke (Pflockmarkierungen) gelangt man an den Gipfelkegel heran und steht nach kurzem Steilaufstieg auf der 1943 m hohen Scheibwaldhöhe. Die überragende Rundsicht umfasst gegen Westen Schneealpe, Veitsch, Hochschwab und den Buchstein im Gesäuse; gegen die nordwestlichen Voralpen den markant aufragenden Ötscher, davor Göller und Gippel.

Übersicht über die Blütezeit der auffälligsten hier vorkommenden alpinen Rasenpflanzen:
Im Mai: Aurikel, Clusius-Primel, Immergrünes Felsenblümchen, Steinschmückel und Alpen-Bärentaube.
Ende Juni: Niedriger Enzian, Höswurz, Alpen-Grasnelke, Berg-Spitzkiel, Silberwurz, Wimper-Mannsschild, Alpen-Glockenblume, Kalk-Glocken-Enzian, Kalk-Gämswurz (eine endemische Art der nordöstlichen Kalkalpen), Alpen-Vergissmeinnicht, Ostalpen-Stiefmütterchen (nördlich vom Dreimarkstein), Zweiblüten-Läusekraut, Alpen-Fettkraut.

Im Juli und August: Alpen-Ehrenpreis, Blaugrüner Steinbrech, Rispen-Steinbrech, Clusius-Fingerkraut. Auffallend sind die zahlreichen Blattrosetten der hier eigenartigerweise nur selten blühenden Zwerg-Alpenscharte (auch südwestlich vom Dreimarkstein, dort auch Zwergständel).
Infolge Kalkauswaschung treten hier auch kalkmeidende Arten bodensaurer Zwergstrauchheiden auf, wie Heidelbeere, Alpen-Rauschbeere, Gämsheide und Teufelsklaue (= Tannenbärlapp).

VON DER SCHEIBWALDHÖHE ZUR SEEHÜTTE: Entweder auf der grün markierten Route knapp links am Dreimarkstein vorbei zum Trinksteinsattel. Oder in der Senke vor dem als nächstem Gipfel ansteigenden Dreimarkstein links in die Osthänge ausweichend zur „Hohen Lehne“ mit Felsfluren und Geröllböden (u. a. zahlreich Edelweiß und Alpen-Aster im späteren Hochsommer). Oberhalb von Schneedolinen weglos nach Süden querend, kommt man wie entlang der Markierung, aber wesentlich interessanter zum Trinksteinsattel unweit der geschlossenen Raxgmoahütte.

Zwerg-Alpenscharte

Von hier erfolgt links auf dem rot markierten und gut ausgebauten, gleichwohl sehr steinigen Weg der Abstieg zum Sattel mit der etwas abseits gelegenen Seehütte (im Sommer ständig geöffnete Einkehrmöglichkeit, früher „Höllentaler Holzknechthütte“). Das steile Karstgelände mit Dolinen, Felsstufen und Krummholz ist überaus blumenreich. Äußerst eindrucksvoll ragt gegenüber die Preiner Wand mit der als Klettertour berüchtigten „Platte“ auf (in der sonst zerklüfteten Felsformation „glatt“ erhaltene, durch Verschiebung der Gesteinsschichten entstandene „Harnischfläche“). Vom Kreuzungspunkt nach der Seehütte kann man entweder über den „Seeweg“ oder über die Preiner Wand zum Otto-Haus wandern.

RÜCKWEGE ZUM OTTOHAUS

VON DER SEEHÜTTE ÜBER DEN SEEWEG:

Von der Seehütte ansteigend, vorwiegend zwischen Geröllfluren auf breitem Weg in das Krummholz (rechts abzweigend der Weg über die Preiner Wand). Bald darauf wird, immer ziemlich eben, die Lichtung der ehemaligen Seehütte erreicht (Lägerflur, einzelne prachtvolle „Blüteninseln" mit u. a. Alpen-Grasnelke und Quirl-Läusekraut). Im folgenden Seitental quert man eine Dolinenrinne und erreicht später über den Ausläufer des Loskogels hinweg eine Waldlichtung am Grünschacher (auf dem hier links abzweigenden Steig über die Hofhalt kann die Höllental-Aussicht erreicht werden). Dort rechts mit stärkerem Anstieg über zwei Wiesenflächen hinweg und um den mit dichtem Krummholz bedeckten Jakobskogel herum zum Otto-Haus.

Zwergständel

Anschließend an den Sattel bei der Seehütte findet man entlang des „Seewegs" in den subalpinen Rasen und Geröllfluren eine hervorragende und bequeme Gelegenheit zur Beobachtung der Alpenflora: Milch-Mannsschild, Wimper-Mannsschild (im Juli bereits verblüht), Zwergständel, Aurikel (fruchtend), Steinraute, Gebirgs-Kriech-Quendel, Kahles Berufkraut, Acker-Hornkraut, Honig-Labkraut, Filz-Alpenscharte (selten einige Exemplare bereits mit Blütenknospen), Clusius-Fingerkraut, Edelweiß, Rundkopf-Teufelskralle, Alpen-Aster, Ostalpen-Meier, Gerard-Miere, Ostalpen-Nelke, Steinraute, Gewöhnliches Alpen-Leinkraut, Alpen-Grasnelke, Quirl-Läusekraut, Bach-Aschenkraut, Einblüten-Simse, Zwergalpenrose, Alpen-Täschelkraut, Frühlings-Enzian, Kalk-Gämswurz, Alpen-Gänsekresse.

VON DER SEEHÜTTE ÜBER DIE PREINER WAND:

Auf dem steinigen Steig blau markiert in kurzen Kehren den steilen Geröll- und Felshang hinauf und zum Gipfelabbruch der Preiner Wand (1783 m) mit sehr schönem Ausblick gegen das Wechselgebiet und die Fischbacher Alpen (herausragend das Stuhleck), südwärts bis ins Grazer Bergland. Der anschließende Steig führt weiter die Randabbrüche entlang, meist auf Geröllböden und lückigen alpinen Rasen (wegen des den Nordweststürmen ausgesetzten und vom Winterschnee meist frei gefegten Geländes eher spärliche und früh blühende Alpenflora). Die Felskante bietet eindrucksvolle Tiefblicke ins Preiner Tal und bei heißem Wetter meist angenehm kühlenden Wind. Am Weißkogel vorbei geht man bis zur Hohen Kanzel, dann hinab in die Krummholzregion und durch Latschengassen und über Lichtungen etwas anstrengend hinauf zum Jakobskogel (1736 m). Entweder entlang der Markierung rechts am Gipfel vorbei oder vom Gipfelkreuz direkt auf steilem, steinigen Steig durch schmale Latschengassen hinab zum Otto-Haus (1 1/2 Std.).

Ostalpen-Stiefmütterchen

Zauberhafte Zwergstrauchheiden

Am Preiner Gscheid endet das Hochgebirge. Die Felskrone der Rax zeigt noch das Profil der Nördlichen Kalkalpen, von dem man altersmäßig und tektonisch in tiefere Stockwerke des Alpenbaues absteigt: Vom mesozoischen Wettersteinkalk (Erdmittelalter) hinab zu den Basisschichten des sogenannten Oberostalpins, über Werfener Schichten zur paläozoischen Grauwackenzone. Diese setzt sich gegen Südosten fort und ihre Waldkämme stellen die Verbindung zu den Zentralalpen her, die sich entlang der Mürzfurche ausbreiten. An den schrofferen Formen erkennbar, tritt in der Semmeringlandschaft eine weitere geologische Großeinheit der Ostalpen hervor, das Unterostalpin (vergleichbar den Radstädter Tauern). Die dort eingelagerten mesozoischen Gesteine der „Semmeringtrias" (Kalk, Quarzit u. a.) entsprechen zwar altersmäßig den Kalkalpen, stammen aber aus einem anderen Ablagerungsbereich der „alpinen Geosynklinale" (jenem Meeresbereich, aus dem die Alpen entstanden sind).

Die Fischbacher Alpen mit dem Stuhleck und das Wechselmassiv bilden die letzten hohen Gipfel der Zentralalpen. Denn Bucklige Welt, Rosalien- und Leithagebirge bilden nur mehr Hochflächen und kaum mehr als Mittelgebirge zu bezeichnende Höhenrücken, die wie Riesenhügel zwischen den Ausläufern der pannonischen Ebene liegen. Die hohen Bergrücken des Wechsels erinnern hingegen an die Koralpe oder ähnliche „Urgebirgslandschaften" im steirisch-kärntnerischen Grenzgebiet, auch in botanischer Hinsicht. Da jedoch über die abgerundeten Kammflächen hinweg die Almweiden überwiegen, findet man interessante Arten eher abseits der üblichen Wege, zwischen einzelnen Blockformationen oder in den Quellfluren entlang der Waldgrenze.

Diese sanften Berge werden nämlich seit Urzeiten begangen und bäuerlich genutzt. Der Hochwechsel selbst hieß früher „Hoher Umschuss" und schon vor dem Mittelalter überquerten Saum-

Bild links: Zwergstrauchheiden im Schneegraben

wege das Massiv, wie vielfach tief eingegrabene Hohlwege erkennen lassen. Die Wiesenflächen der „Schwaigen", wie die Almen hier genannt werden, sind vom zahlreichen Weidevieh fast völlig abgegrast. Der auf silikatischem Boden an sich schon spärliche Blütenflor wirkt dadurch bald nach dem Almauftrieb auf den Wanderer ziemlich enttäuschend.

Die beste Zeit für eine Tour auf den Hochwechsel ist daher der Beginn des Frühsommers. Da blüht in den Bergwäldern noch die Ungarische Soldanelle und die vereinzelt auftretenden Gämsheide-Teppiche prangen in zartem Rosa. Die Gämsheide, ein reich verzweigter, flach ausgebreiteter, oft mit der Krähenbeere zusammen vorkommender Zwergstrauch, ist am Anstieg des Schöberlriegels ebenso prächtig entwickelt wie etwa auf dem Stuhleck, während sie auf dem Hochwechsel selbst spärlicher auftritt. Die Zwergstrauchheiden entfalten ihre Pracht dann wieder mit Herbstbeginn (Mitte September), wenn das „Heidekraut" (Besenheide) noch blüht und sich die Blätter der Heidelbeersträucher tiefrot verfärben. Neben dem schier unerschöpflichen, köstlich süßen Vorrat der Heidelbeerfrüchte leuchten dann korallenrot die Preiselbeeren zwischen silbergrauen, verästelten Flechtenranken, tiefgrünem Bärlapp und Moospolstern. Eine prächtige Zeit, die vom klaren Fernblick der letzten milden Herbsttage oft noch gekrönt wird.

Zu welcher Zeit man auch den Hochwechsel besteigt, sanft wirkt dieser letzte Ausläufer der Zentralalpen nur bei schönem Wetter. Mit schwieriger Orientierung bei aufliegenden Wolken und ungehemmt tobenden Stürmen haben schlechte Wetterverhältnisse hier sogar schon Todesopfer gefordert. Selbst bei Schönwetter stülpt sich der Gipfel im Sommer gern eine Nebelkappe über, wenn die warm-feuchten Luftmassen aus dem benachbarten Hügelland an seinen Flanken in die kühlere Hochregion aufsteigen. Gut ausgerüstet zu sein ist daher auf diesem so sanft wirkenden, aber nicht harmlosen Bergriesen ein wichtiges Gebot.

In Niederösterreich bildet der Hochwechsel die einzige Gelegenheit, eine Landschaft wie in den Zentralalpen zu erleben. Gleichgültig, ob man nun (wie beschrieben) die kürzere Route von den hoch gelegenen Schwaigen aus begeht oder eine äußerst lohnende Überschreitung von Mariensee aus unternimmt (Marienseer Schwaig – Hochwechsel – Niederwechsel – Mönichkirchner Schwaig, insgesamt 7 Std.). Am Endpunkt der gesamten Überschreitung mit Arabichl und Kampstein (ebenfalls von Mariensee ausgehend) liegt St. Peter am Wechsel. Das kleine Kirchdorf mit seinem bezaubernden Blick über den Marienseer Graben, mit den hohen Bergflanken und den Kammlinien des Wechsels erinnert ein wenig an die Niederen Tauern. Das mag nicht verwundern, denn als sanfter Ausklang hoher und ferner Gipfel endet hier das Alpengebirge.

30. HOCHWECHSEL

Einfache Bergwanderungen in der Hochregion des Wechsels, trotzdem nur bei günstigem Wetter, zwei Varianten – „Blütezeit" und „Fruchtzeit" der Zwergstrauchheiden.

Route: Steyersberger Schwaig – Kranichberger Schwaig – Dreiländereck – Schöberlriegel oder Marienseer Schwaig – Hochwechsel; markierte Wege (Variante „Block- und Quellfluren" als Orientierungswanderung), 4 bzw. 5 1/2 Std., Seehöhe 1367 bis 1743 m.
Einkehr: Wetterkoglerhaus auf dem Hochwechsel. Von Juni bis September auch in den Schwaighütten.
Karte: ÖK Nr. 105 (Neunkirchen).
Zufahrt: Von Kirchberg am Wechsel Richtung St. Corona und bei Wegweiser „Molz" (Molzegg, Arabichl-Lifte) rechts auf asphaltierter Bergstraße zur Steyersberger Schwaig (Gasthof, großer Parkplatz).

DIE WANDERUNG: Auf der Forststraße am Schlepplift vorbei in die Hochtalmulde der „Diebsgrube“, wo besonders am Wegrand und in feuchten Gräben ein für den „Urgesteinsboden“ recht artenreicher Pflanzenbestand auffällt. Beim folgenden Zaun gleich auf dem mit „Durchgang“ bezeichneten Abkürzungsweg steil durch sterilen Fichtenbestand aufwärts (die Forststraßenkehren besser erst im Abstieg begehen). Dann auf der Forststraße flacher hinaus in die weitgespannte Almmulde der Kranichberger Schwaig. Sehr schöner Ausblick gegen Sonnwendstein (mit Sender), Rax und Schneeberg! Von der Wegbiegung beim Brunnentrog geradeaus auf einem Wiesenweg ansteigend zur Schwaighütte. Der folgende Bergwald bietet mit seinem idyllischen Steig eine besonders reizvolle Wegstrecke, und jenseits des flachen Kammrückens geht es leicht bergab zum so genannten „Dreiländereck“ (Seehöhe ca. 1560 m, in den Karten nicht bezeichneter breiter Sattel zwischen Arabichl und Schöberlriegel).

DIE BOTANIK: An dieser Wegstrecke können wir eine Reihe von Pflanzenarten beobachten, wie sie für kalkarme, bodensaure Böden typisch sind. An lichten, frischen bis feuchten Waldstellen finden wir Ungarische Soldanelle, Alpen-Brandlattich (beide blühend von Mai bis Juni), Berg-Ehrenpreis, Heidelbeere und Hasen-Segge. Wo der Boden trockener ist, treten Wald-Habichtskraut, Gewöhnlicher Wachtelweizen, Besenheide und Preiselbeere dazu. Als einzige Vertreterin der Orchideenfamilie finden wir hier die Höswurz, die ebenso wie die Bart-Glockenblume und das Öhrchen-Habichtskraut bodensaure Magerrasen bevorzugt. Ein ausgesprochener Düngungszeiger ist der Alpen-Ampfer, der um Almhütten oft ausgedehnte Bestände bildet (sogenannte Lägerfluren), während die öfters vorkommende Sumpf-Kratzdistel auf eine Bodenvernässung hinweist.

VARIANTE ZUR „BLÜTEZEIT DER GÄMSHEIDE“: Diese am besten Anfang Juni gewählte Route verläuft vom „Dreiländereck“ unmittelbar den Gegenhang des Schöberlriegels hinan. Anfangs auf breitem Weg zwischen Wetterfichten und Strauchheiden ansteigend folgt bei einer Wegteilung, wo man sich besser rechts hält, eine auffallende, fast baumfreie Fläche.

Hier hat sich inmitten des oberen Bergwalds ein großartiger Bestand der „Gämsheide-Gesellschaft“ ausgebreitet. Ursache dafür sind der flachgründige Geröllboden des Bergrückens (einzelne Quarzblöcke) und die Lage an der nordwestlichen „Wetterseite“. Herrlicher Ausblick gegen Stuhleck und Sonnwendstein, dahinter der Hauptkamm der Kalkalpen.

Gämsheide

Ein bald danach folgender Hohlweg steigt am geschützteren Osthang an. Unterhalb befinden sich entlang der Waldgrenze Fichten- und Heidelbeer-Bestände. Oberhalb ziehen unbeweidete subalpine Bergwiesen mit Zwergstrauchheiden zum abseits gelegenen Gipfel des Schöberlriegels. Vielfach versucht man hier Zirben aufzuforsten. Ungehindert reicht der Blick rechts auf den waldfreien Kamm von Hoch- und Niederwechsel, links erstreckt sich der bewaldete Höhenzug zum Kampstein, und in der Tiefe liegt der Graben von Mariensee. Bei klarer Sicht umfasst das Panorama auch das Wiener Becken, die buntscheckigen Fluren der Buckligen Welt sowie den Neusiedler See.

In der folgenden Senke teilen sich die Wege. Bei frühzeitiger Begehung bleibt man auf der Kammfläche des sanft ansteigenden Umschussriegels (subalpine Rasen und Zwergstrauchheiden, vor allem mit Gämsheide). Nach dem Almauftrieb folgt man besser links dem markierten Steig entlang der unbeweideten Waldgrenze, der dann eher blumenreich ist. Nach leichtem Abstieg wird in jedem Fall der flache Sattel oberhalb

Krähenbeere

der „Wechselgrube“ erreicht, das ist die zum Wechselgraben nordöstlich hinabziehende freie Hangmulde. Hier befindet sich die Abzweigung der für den Rückweg empfohlenen Forststraße, die mit bereits dicht verwachsenen Böschungen an der Ostseite des Schöberlriegels zum „Dreiländereck“ führt.

Der nun folgende Anstieg zum Hochwechsel verläuft auf dem breit sich dahinziehenden Nordwestrücken. Links wachsen entlang der Nordostseite die Krüppelfichten des vom Schattenhang heraufreichenden obersten Bergwalds. Die Grenze des geschlossenen Waldes liegt dort infolge Beweidung und Lage an der „Wetterseite“ mindestens 100 Höhenmeter tiefer. An der flacheren Südwestseite reicht der Bergwald in der „Kampfzone“ bis über 1700 m Seehöhe, ist hier abgezäunt und wird durch Aufforstungsversuche zusätzlich gestützt (teilweise auch hier mit Zirben). Zuletzt geht es flach auf das schon sichtbare Wetterkoglerhaus zu, das neben der Weltkriegs-Gedenkstätte (Frontverlauf 1945) auf dem Hochwechsel steht (1743 m, 1 1/2 bis 2 Std.; Österreichischer Gebirgsverein, im Sommer durchgehend, sonst nur zum Wochenende bewirtschaftet, Bergstraße mit Maut von Waldbach in der Steiermark).

Blick zur Marienseer und Feistritzer Schwaig

Abstieg auf derselben Route (1 1/2 Std.) oder über die Marienseer Schwaig: Besser als über die nordöstliche Almwiese zur schon sichtbaren Schwaighütte hinab, geht man in diesem Fall zuerst Richtung Niederwechsel bis zur ersten Blockgruppe. Nach dieser führt ein links abzweigender Weg zur Markierung Richtung Marienseer Schwaig. Von dort auf der Forststraße zum „Dreiländereck" und weiter zur Steyersberger Schwaig (2 1/2 Std.).

Der Anstieg zum Schöberlriegel darf gewiss als einer der botanischen Höhepunkte dieser Wanderung angesehen werden. Hier finden wir eine gut ausgebildete, artenreiche Zwergstrauchheide, die vor allem durch größere Bestände der Gämsheide geprägt ist. Weniger auffällig, aber sehr bemerkenswert ist das Auftreten der Zweihäusigen Krähenbeere. Ihre schwarzen, kugeligen Früchte reifen im Juli und mitunter findet man an ihnen noch anhaftende Reste der Staubblätter, sodass es sich durchaus auch um die in Niederösterreich sonst nicht vorkommende Zwittrige Krähenbeere handeln könnte. Weitere Zwergsträucher sind Heidel- und Preiselbeere, die hier relativ häufig vorkommen. An krautigen Pflanzen findet sich hier u. a. die Dreiblatt-Simse, das Gewöhnliche Katzenpfötchen, der Alpen-Brandlattich und das zarte, kleine Horste bildende Felsen-Straußgras.

Bei den subalpinen „Bergwiesen" handelt es sich um bodensaure Magerweiden, die durch das Auftreten des vom Vieh gemiedenen Bürstlings gekennzeichnet sind. Diese als „Bürstlingsrasen" bezeichnete Pflanzengesellschaft ist in der Regel ziemlich artenreich, und so finden wir sogar im Hochsommer auf den nur abschnittsweise beweideten Rasenflächen noch immer blühende Arten, wie z. B. Bart-Glockenblume, Arnika, Gold-Fingerkraut, Blutwurz, Weißen Germer, Geflecktes Fingerknabenkraut und die bereits erwähnte Höswurz. Die Berg-Nelkenwurz ist um diese Zeit längst verblüht und zeigt ihre auffallenden Fruchtköpfchen, während die Blüten des dekorativen Ostalpen-Enzians kurz vor der Entfaltung stehen.

VARIANTE ZUR „FRUCHTZEIT DER ZWERGSTRAUCHHEIDEN":

Bei einer Hochwechsel-Tour im September folgt man besser diesem Wandervorschlag. Am „Dreiländereck" auf der breiten Forststraße wenige Meter nach links und beim Wegweiser Richtung

Marienseer Schwaig rechts abzweigend auf der im Winter als Panoramaloipe gespurten Foststraße weiter. An den beiden folgenden Abzweigungen immer geradeaus vorbei, gelangt man nach längerer Strecke unter den Wiesenhang der „Wechselgrube". Die Forststraße wird von feuchten Böschungen mit üppigem Mooswuchs begleitet und wirkt mit ihren schönen Ausblicken (Arabichl, Feistritzer Schwaig) sowie einzelnen interessanten Pflanzenarten durchaus nicht eintönig. So wird in zügigem Marsch bei wechselnder Neigung recht angenehm die Marienseer Schwaig erreicht. Dort folgt man rechts ansteigend dem Karrenweg auf den schon bald sichtbaren Hochwechsel mit dem Wetterkogler Haus, das in ca. 1 3/4 Stunden vom „Dreiländereck" leicht erreicht werden könnte.

VARIANTE „BLOCK- UND QUELLFLUREN":

Viel lohnender, weil botanisch interessanter, nimmt man aber folgende unmarkierte und teilweise weglose Route: Wo oberhalb der Marienseer Schwaig am freien Wiesenhang des Hochwechsels die Markierung nahe an den links eingesenkten Schneegraben heranzieht (oberhalb ein eingezäuntes Quellgebiet), zweigt man links zum Grabenrand ab. Dort durch eine seichte Rasenrinne oder über den vom Weidevieh girlandenförmig zertretenen Hang kurz hinab zu einem deutlich ausgeprägten Steig. Dieser quert, an den obersten Fichten vorbei, in den tobelförmigen Quelltrichter des Schneegrabens. Hier befindet sich die (neben den später folgenden Blockklippen und den Gämsheideböden) landschaftlich und botanisch eigenartigste Stelle des Hochwechsels!

Mieren-Weidenröschen

Nach Querung der zwischen Gneisblöcken hervorrieselnden Quellbäche mit ihren Moospolstern führt der Steig am Gegenhang hinaus zu mäßig steilen Hängen, die vom Ostkamm des Hochwechsels gegen die Baumgrenze absinken. Man geht hier über Bürstlingsrasen und durch oft streifenförmig gegliederte Zwergstrauchheiden nur wenig ansteigend die Hangflächen entlang. Einige feuchte Hangmulden müssen dabei überquert werden (bei einer plattigen Wasserrinne oberhalb zwischen höheren Fichten eine Quelle mit dichten Laubmoosen). Die immer spärlicheren Fichten zeigen meist auffallenden „Teppichwuchs" mit verkrüppeltem Wipfel und am Boden (im Schutz der Zwergsträucher) ausgebreiteten, gut entwickelten Zweigen. Bald überwiegen Bestände von Heidelbeer- und Preiselbeersträuchern, beide im September reich fruchtend. Über einen abgeflachten Rücken mit Stacheldrahtzaun hinweg und unter blockigen Kammerhebungen vorbei, kommt man in eine Hangmulde mit einer seichten Feuchtrinne und erblickt unterhalb ein bemerkenswertes Quellbiotop. Hier wächst das Nickende Weidenröschen, das sonst in Niederösterreich nur bei Karlstift im Waldviertel vorkommt.

Blockklippen am Hochwechsel

Schräg den Hang hinan führen Steigspuren, zuletzt flacher, zu jener „Blockburg", die am Ostkamm des Hochwechsels am weitesten gegen einen gleichförmigen, Richtung Niederwechsel gelegenen Sattel (P. 1622 der ÖK) vorgeschoben ist. Hier wendet man sich nach rechts, auf das schon sichtbare Wetterkoglerhaus zu und steigt am lohnendsten unmittelbar auf dem Kammrücken weiter an (die Markierung verläuft über die Rasenflächen der Südseite). Zwischen Mulden mit „Moosbulten" und Flechtenböden ragen aus Gneisschichten gebildete „Blockburgen" auf, die nächste sogar als gratartiger Doppelgipfel ausgebildet (zwischen den sonst einförmigen Wechselgneisen treten hier Glimmerschiefer und spärliche Amphiolit-Einlagerungen auf).

Die letzten Heidelbeeren

Diese Felsfluren bieten kaum botanische, dafür aber landschaftlich umso reizvollere Eindrücke. Die steirische Südseite ist hier wegen eines Aufforstungsgebiets nicht beweidet und von geschlossenen Beständen der Dreiblatt-Simse bedeckt. Dadurch nehmen die Berghänge im Lauf des Sommers einen äußerst reizvollen braunroten Farbton an (gegen den Gipfel zu sind Bunt-Schwingelrasen verbreitet). In den Blockhängen der niederösterreichischen Nordseite wuchern trotz Schattenlage und Wetterausgesetztheit dichte Zwergstrauchbestände, vor allem Heidel- und Preiselbeere; äußerst selten findet man Rauschbeere, Gämsheide und Krähenbeere, zahlreich hingegen die „Teufelsklaue" (= Tannenbärlapp). Blütenpflanzen sind stets nur spärlich zu beobachten. Der Ausblick ist beim gesamten Aufstieg prachtvoll, umfasst gegen Norden den Höhenzug vom Arabichl zum Kampstein und reicht nun auch nach Süden, über die Senke von Vorau hinweg zum Masenberg.

Man geht nun den Zaun entlang oder auf dem links davon verlaufenden markierten Weg, wo vor dem nächsten Blockhügel rechts die unmarkierte Verbindung zur Marienseer Schwaig abzweigt. Zuletzt über den steileren Gipfelhang hinauf zum Wetterkoglerhaus (mindestens 2 1/2 Stunden vom „Dreiländereck"). Wer jedoch den letzten Aufstieg vermeiden und auf die Hüttenrast verzichten will, kann gleich bei der Wegabzweigung Richtung Marienseer Schwaig an der Nordseite weitergehen. Dort ist eine eindrucksvolle Blockhalde ausgebildet und man quert weglos den Nordosthang des Hochwechsels in seiner ganzen Breite. Zuletzt leicht ansteigend (sehr schöne Zwergstrauchbestände mit mehrfach Gämsheide), wird der Nordwestkamm des Hochwechsels erreicht. Ausgezeichneter Rückblick! Damit befindet man sich am Abstiegsweg über den Schöberlriegel bzw. kommt zur oberhalb der „Wechselgrube“ verlaufenden Forststraße Richtung „Dreiländereck“.

Botanische Besonderheiten an den feuchten Böschungen der Forststraße zwischen „Dreiländereck“ und Marienseer Schwaig: Grau-Alpendost (eine Charakterart der Hochstaudenfluren), Groß-Bibernelle (hier mit roten Kronblättern), Norwegisches Ruhrkraut, Flecken-Johanniskraut, Gauchheil-Weidenröschen, Hain-Greiskraut sowie als Vertreter der Gefäßsporenpflanzen Keulen-Bärlapp und Bergfarn.

Schneegraben: Am Hangsteig in diesen Quelltrichter findet man Besenheide, Wald-Frauenfarn, Alpen-Bärlapp, Faden-Simse, Hasen- und Pillen-Segge. Am Westrand des tobelförmigen Grabens kommt sehr spärlich die Rost-Alpenrose vor.

Quellfluren: Im Hochsommer blühen Bach-Sternmiere, Mieren-Weidenröschen und das schon erwähnte Nickende Weidenröschen. Weitere hier vorkommende Arten sind das Bitter-Schaumkraut, das Berg-Greiskraut und die Meisterwurz.

In den Zwergstrauchheiden kommen neben verschiedenen Moosen auch die bräunlich gefärbte Islandflechte („Isländisches Moos“, wegen der schleimlösenden Wirkung auch als Heilmittel verwendbar), die hellgraue, verästelte Rentierflechte und die auch „Totengebein“ genannte Wurmflechte vor.

Der auf der Marienseer Überschreitung begangene Niederwechsel weist sehr schöne Blockgruppen auf, außerdem gibt es dort Leg-Föhren, Zwergformen der Eberesche und Lärchen, während auf dem Ostkamm des Hochwechsels fast ausschließlich Fichten verbreitet sind.

Register der Pflanzennamen

Fettgedruckte Seitenangaben verweisen auf Abbildungen

Acker-Filzkraut *Filago arvensis* 74
Acker-Gauchheil *Anagallis arvensis* 65
Acker-Hornkraut *Cerastium arvense* 194
Acker-Minze *Mentha arvensis* 100
Acker-Rettich *Raphanus raphanistrum* 57
Ackerröte *Sherardia arvensis* 65
Acker-Schuppenmiere *Spergularia rubra* 100
Acker-Senf *Sinapis arvensis* 57
Acker-Spörgel *Spergularia arvensis* 100
Acker-Steinsame *Buglossoides arvensis* 57
Acker-Täschelkraut *Thlaspi arvense* 67
Acker-Taubnessel *Lamium amplexicaule* 67
Acker-Wachtelweizen *Melampyrum arvense* 17, 21, 53, 57
Adlerfarn *Pteridium aquilinum* 96, 146
Adriatische Riemenzunge *Himantoglossum adriaticum* **14,** 16, 17,
Ähren-Blauweiderich *Pseudolysimachion spicatum* 28, 47, 64, 71, 84
Ähren-Läusekraut *Pedicularis rostratospicata* 182
Akelei-Wiesenraute *Thalictrum aquilegiifolium* 150
Alpen-Ampfer *Rumex alpinus* 188, 189, 200
Alpen-Aster *Aster alpinus* 182,193,194
Alpen-Bärentraube *Arctostaphylos alpinus* 192
Alpen-Bärlapp *Lycopodium alpinum* 207
Alpen-Bergflachs *Thesium alpinum* 125, 161, 191
Alpen-Blasenfarn *Cystopteris alpina* 180
Alpen-Brandlattich *Homogyne alpina* 180, 200, 203
Alpen-Ehrenpreis *Veronica alpina* 191, 193
Alpen-Fettkraut *Pinguicula alpina* 151, 153, 174, 192
Alpen-Gänsekresse *Arabis alpina* 146, 150, 174, 194
Alpen-Glockenblume *Campanula alpina* 188, 192
Alpen-Grasnelke *Armeria alpina* 192, 194
Alpen-Haarbinse *Trichophorum alpinum* 162, 163, 164
Alpen-Hahnenfuß *Ranunculus alpestris* 179, 188
Alpenhelm *Bartsia alpina* 188
Alpen-Küchenschelle *Pulsatilla alpina* **179,** 179
Alpen-Labkraut *Galium anisophyllon* 180, 191
Alpen-Lein *Linum alpinum* 191
Alpen-Lieschgras (Bündner L.) P*hleum rhaeticum* 188
Alpen-Mutterwurz *Ligusticum mutellina* 188
Alpen-Pestwurz *Petasites paradoxus* 160
Alpen-Rachen *Tozzia alpina* 182
Alpen-Rauschbeere V*accinium gaultherioides* 193
Alpen-Schnitt-Lauch *Allium schoenoprasum subsp. alpinum* 152
Alpen-Soldanelle *Soldanella alpina* 189
Alpen-Sonnenröschen *Helianthemum alpestre* 178, 180, 191
Alpen-Steinquendel *Acinos alpinus* 147, 162, 180, 191
Alpen-Täschelkraut *Thlaspi alpestre* 150, 151, 174, 189, 191, 194
Alpen-Vergissmeinnicht *Myosotis alpestris* 192
Alpen-Waldrebe *Clematis alpina* 160
Alpen-Weide *Salix alpina* 189
Alpen-Wundklee *Anthyllis vulneraria subsp. alpestris* 177, 180, 191
Alpen-Ziest *Stachys alpina* 134, 159
Ampfer-Knöterich *Persicaria lapathifolia* 100
Anemonen-Schmuckblume *Callianthemum anemonoides* 152, 156, 157, 168, **169**
Arnika, *Arnica montana* 203
Arznei-Quendel *Thymus pulegioides* 145, 148
Arznei-Schlüsselblume *Primula veris* 25, 31, 53, 67, 133
Ästige Graslilie *Anthericum ramosum* 64, 74, 82, 161
Aufrechte Waldrebe *Clematis recta* 20, 53, 57, 69
Aufrechtes Fingerkraut *Potentilla recta* 15
Aufrecht-Ziest *Stachys recta* 16, 20, 28, 71, 84
Augenwurz *Athamanta cretensis* 125, 191
Aurikel *Primula auricula* **118,** 126, 157, 181, 191, 194

Ausdauernde Mondviole (Wildes Silberblatt) *Lunaria rediviva* **150,** 150
Ausdauernder Knäuel *Scleranthus perennis* 74

Bach-Aschenkraut *Tephroseris crispa* 116, 150, 177, 194
Bachbunge *Veronica beccabunga* 163, 179
Bach-Nelkenwurz *Geum rivale* 132, 162, 188
Bach-Pestwurz *Petasites hybridus* 109
Bach-Steinbrech *Saxifraga aizoides* 180
Bach-Sternmiere *Stellaria alsine* 116, 207
Bär-Lauch *Allium ursinum* 28, 31, 37, 132
Bart-Glockenblume *Campanula barbata* 200, 203
Bartgras *Bothriochloa ischaemum* 39, 47
Bart-Wachtelweizen *Melampyrum barbatum* 21
Bauernsenf *Teesdalia nudicaulis* 101
Behaarte Wicke *Vicia hirsuta* 67
Berberitze *Berberis vulgaris* 67, 105
Berg-Ahorn *Acer pseudoplatanus* 105, 182, 190
Berg-Aster *Aster amellus* 71, 73
Berg-Baldrian *Valeriana montana* 135, 177, 189
Berg-Blasenfarn *Cystopteris montana* 146, 160
Berg-Ehrenpreis *Veronica montana* 200
Berg-Farn *Thelypteris limbosperma* 207
Berg-Flockenblume *Centaurea montana* 150
Berg-Gamander *Teucrium montanum* 15, 126
Berg-Goldnessel *Lamiastrum montanum* 105, 123, 150, 178
Berg-Greiskraut *Senecio subalpinus* 145, 146, 147, 162, 188, 207
Berg-Haarstrang *Peucedanum oreoselinum* 47
Berg-Hahnenfuß *Ranunculus montanus* 150, 174, 179, 180, 192
Berg-Johanniskraut *Hypericum montanum* 82
Berg-Klee *Trifolium montanum* 71, 84, 136
Berg-Nelkenwurz *Geum montanum* 181, 188, 203
Berg-Ringdistel *Carduus defloratus* 146, 148, 162
Berg-Sauerampfer *Rumex alpestris* 177
Berg-Segge *Carex montana* 133
Berg-Spitzkiel *Oxytropis montana* 192
Berg-Ulme *Ulmus glabra* 131, 161
Berg-Wachtelweizen *Melampyrum sylvaticum* 145, 147, 160
Berg-Weidenröschen *Epilobium montanum* 146, 160
Besenheide *Calluna vulgaris* 91, 95, **96,** 101, 116, 200, 207
Besenrauke *Descurainia sophia* 57, 67, 69
Binsen-Knorpellattich *Chondrilla juncea* 71
Birke *Betula* 98, 101
Bitter-Kreuzblume *Polygala amara* 126, 150, 152
Bitter-Schaumkraut *Cardamine amara* 150, 179, 207
Blasenkirsche (Judenkirsche) *Physalis alkekengi* 38, 41
Blasen-Segge *Carex vesicaria* 92
Blaugrüner Steinbrech *Saxifraga caesia* 193
Blaugrünes Labkraut *Galium glaucum* 69
Bleiches Knabenkraut *Orchis pallens* 133, **134,** 136
Blutauge *Potentilla palustris* 93, 96, 116, **162,** 162
Blut-Storchschnabel (Blutroter St.) *Geranium sanguineum* 16, 21, 26, 29, 53, 57, 69, 82, **83**
Blutwurz *Potentilla erecta* 203
Bogen-Gänsekresse *Arabis turrita* 25, 68
Borsten-Karde *Dipsacus pilosus* 38
Borsten-Moorbinse *Isolepis setacea* 93
Brand-Knabenkraut *Orchis ustulata* 30
Brandkraut *Phlomis tuberosa* **21,** 21, 56
Braunes Zypergras *Cyperus fuscus* 39
Braunrote Ständelwurz *Epipactis atrorubens* 136, 160, 161
Braun-Segge *Carex nigra* 93, 162, 163
Breitblatt-Arznei-Baldrian *Valeriana officinalis* 105, 159
Breitblatt-Fingerknabenkraut *Dactylorhiza majalis* 116, 150
Breitblatt-Laserkraut *Laserpitium latifolium* 18, 160
Breitblatt-Platterbse *Lathyrus latifolius* 15, 16, 53
Breitblättrige Ungarische Witwenblume *Knautia drymeia subsp. drymeia* 15
Breitblatt-Rohrkolben *Typha latifolia* 404, 92, 101

Breitblatt-Ständelwurz *Epipactis helleborine* 136, 160
Brenn-Hahnenfuß *Ranunculus flammula* 92, 101
Brillenschötchen *Biscutella laevigata* 151, 191
Buchenfarn *Phegopteris connectilis* 113, 161
Buchs-Kreuzblume *Polygala chamaebuxus* 125, 133, 152
Bunt-Flockenblume *Centaurea triumfettii* 29, 56, 69
Buntkronwicke *Securigera varia* 15, 64, 71, 82, 84
Bunt-Schwertlilie *Iris variegata* **53,** 53
Burser-Steinbrech *Saxifraga burseriana* **175,** 175
Bürstling *Nardus stricta* 203
Büschel-Miere *Minuartia fastigiata* 26
Busch-Windröschen *Anemone nemorosa* 109

Christusaugen-Alant *Inula oculus-christi* 21
Clusius-Fingerkraut *Potentilla clusiana* 180, 191, 192, 193, 194
Clusius-Primel *Primula clusiana* 151, 157, **174,** 175, 179, 180, 182, 189, 191, 192
Cremeweißes Waldvöglein *Cephalanthera damasonium* 136

Dalmatinische Lotwurz *Onosma visianii* **22,** 30
Dinarischer Wundklee (Jacquin-W.) *Anthyllis montana (subsp. jacquinii)* 119, **120**
Diptam *Dictamnus albus* 15, 16, 17, 21, 26, 29, **48,** 53, **57,** 69
Dolden-Habichtskraut *Hieracium umbellatum* 98
Dolden-Milchstern *Ornithogalum umbellatum* 26
Dorn-Wurmfarn *Dryopteris carthusiana* 96
Douglasie *Pseudotsuga menziesii* 106
Draht-Segge *Carex diandra* 163
Dreiblatt-Simse *Juncus trifidus* 203, 206
Dreiblatt-Windröschen *Anemone trifolia* 169
Dreischnittiger Baldrian *Valeriana tripteris* 135, 150, 174
Dreiteiliger Zweizahn *Bidens tripartitus* 39
Drüsen-Springkraut *Impatiens glandulifera* 38
Duft-Händelwurz *Gymnadenia odoratissima* 150
Duft-Weißwurz (Echtes Solomonssiegel) *Polygonatum odoratum* 67, 68, 69, 82
Dunkle Glockenblume *Campanula pulla* 163
Dunkler Dornfarn *Dryopteris dilatata* 113, 146
Dunkler Mauerpfeffer *Sedum atratum* 162, 191, 192
Durchwachs-Hasenohr *Bupleurum rotundifolium* 21

Eberesche *Sorbus aucuparia* 100, 173
Echte Betonie *Betonica officinalis* 84, 136
Echte Gundelrebe *Glechoma hederacea* 25
Echte Hundszunge *Cynoglossum officinale* 28, 123
Echte Ochsenzunge *Anchusa officinalis* 15, 73
Echte Zaunwinde *Calystegia sepium* 38
Echter Beinwell *Symphytum officinale* 107, 109, 134
Echter Dost *Origanum vulgare* 145, 148
Echter Erdrauch *Fumaria officinalis* 67
Echter Mehlbeerbaum *Sorbus aria* 69, 123, 125
Echter Odermennig *Agrimonia eupatoria* 42
Echter Seidelbast *Daphne mezereum* 150, 157, 174
Echter Steinklee *Melilotus officinalis* 71
Echter Wundklee *Anthyllis vulneraria* 133, 150
Echter Wurmfarn *Dryopteris filix-mas* 112, 146, 160
Echtes Johanniskraut *Hypericum perforatum* 71, 101, 109, 137
Echtes Leinkraut *Linaria vulgaris* 146
Echtes Mädesüß *Filipendula ulmaria* 100, 107, 159
Echtes Seifenkraut *Saponaria officinalis* 71
Echtes Tausendguldenkraut *Centaurium erythraea* 42
Edel-Gamander *Teucrium chamaedrys* 15, 16, 47, 71, 82, 123, 136
Edelweiß *Leontopodium alpinum* **190,** 191, 193, 194
Eibe *Taxus baccata* 135
Eichen-Lattich *Lactuca quercina* 65

Eigentliche Karthäuser-Nelke *Dianthus carthusianorum* 71, 82, 136
Eigentliche Zitzen-Sumpfbinse *Eleocharis mamillata* 93
Eigentlicher Eichenfarn *Gymnocarpium dryopteris* 113
Eigentlicher Wolfs-Eisenhut *Aconitum lycoctonum subsp. vulparia* 159
Einblüten-Simse *Juncus monanthos* 192, 194
Einjahrs-Ziest *Stachys annua* 65
Einkern-Weißdorn *Crataegus monogyna* 41, 56, 67, 105, 122, 131
Eisenhut-Hahnenfuß *Ranunculus aconitifolius* 150, 162, 179
Elsbeerbaum *Sorbus torminalis* 83
Ennstaler Silbermantel *Alchemilla anisiaca* 180
Esche *Fraxinus* 159
Europäische Haselwurz *Asarum europaeum* 68, 133

Faden-Simse *Juncus filiformis* 92, 207
Färber-Ginster *Genista tinctoria* 21, 71, 98
Färber-Meier *Asperula tinctoria* 16, 20, 84
Faulbaum *Frangula alnus* 100
Federgras *Stipa pennata agg* 16, **45,** 46, 67, 70
Feinblatt-Lein *Linum tenuifolium* 15, 21, 26, 47, 56, 71
Feld-Ahorn *Acer campestre* 41, 131, 137
Feld-Beifuß *Artemisia campestris* 64
Feld-Ehrenpreis *Veronica arvensis* 25, 67
Feld-Klee *Trifolium campestre* 71
Feld-Mannstreu *Eryngium campestre* 47, 64, 71
Feldrittersporn *Consolida regalis* 65
Feld-Ulme *Ulmus minor* 30, 41, 54
Felsen-Baldrian *Valeriana saxatilis* 151, 181, 189
Felsenbirne *Amelanchier ovalis* 15, 16, **18,** 125
Felsen-Ehrenpreis *Veronica fruticans* 148, 178, 180
Felsen-Goldlack *Erysimum sylvestre* 122, 123
Felsen-Mauerpfeffer *Sedum rupestre* 70, 71, 134
Felsennelke *Petrorhagia saxifraga* 39, 47, 64, 70, 71, 73, 74, 84
Felsensteinkraut *Aurinia saxatilis* 69
Felsen-Straußgras *Agrostis rupestris* 203
Felsen-Wolfsmilch *Euphorbia saxatilis* 126
Felskresse *Hornungia petraea* 26
Feuerlilie *Lilium bulbiferum* 137
Fichte *Picea abies* 106, 159, 205, 207
Fieberklee *Menyanthes trifoliata* **115,** 116, 163
Filz-Alpenscharte *Saussurea discolor* 180, 191, 194
Filz-Brandlattich *Homogyne discolor* 188
Filz-Glockenblume *Campanula bononiensis* 30
Filz-Segge *Carex tomentosa* 52
Finger-Steinbrech *Saxifraga tridactylites* 26
Flatter-Simse *Juncus effusus* 92, 96, 101
Flatter-Ulme *Ulmus laevis* 41
Flaum-Eiche *Quercus pubescens* 16, 83
Flaum-Johanniskraut *Hypericum hirsutum* 134, 146, 159
Flaum-Steinröserl *Daphne cneorum* **126,** 126, 156
Flecken-Ferkelkraut *Hypochoeris maculata* 16, 84
Flecken-Johanniskraut *Hypericum maculatum* 145, 162, 207
Flecken-Lungenkraut *Pulmonaria officinalis* 31, 133
Flutender Wasserhahnenfuß *Ranunculus fluitans* 109
Frauenschuh *Cypripedium calceolus* **147,** 147, 150
Froschbiss *Hydrocharis morsus-ranae* 41
Früher Kriech-Quendel *Thymus praecox subsp. praecox* 71
Frühlings-Adonis (Frühlings-Adonisröschen) *Adonis vernalis* 15, 16, 17, 20, 29, 31, 54, 56
Frühlings-Brand-Knabenkraut *Orchis ustulata subsp. ustulata* 47
Frühlings-Enzian *Gentiana verna* 191, 194
Frühlings-Knotenblume *Leucojum vernum* 129, 153, 157
Frühlings-Platterbse *Lathyrus vernus* 28, 67, 133, 150
Frühlings-Segge *Carex caryophyllea* 133
Fuchs-Greiskraut *Senecio ovatus* 146, 160
Fuchs-Klee *Trifolium rubens* 16
Furchen-Schwingel *Festuca rupicola* 30

Gabelhaar-Gänsekresse *Arabis bellidifolia* 192

Gämsheide *Loiseleuria procumbens* 193, **200,** 200, 203, 206
Gamander-Ehrenpreis *Veronica chamaedrys* 105
Gauchheil-Weidenröschen *Epilobium anagallidifolium* 207
Gebirgs-Frauenfarn *Athyrium distentifolium* 183
Gebirgs-Kriech-Quendel *Thymus praecox subsp. polytrichus* 180, 194
Geflecktes Fingerknabenkraut *Dactylorhiza maculata* 116, 134, 136, 150, 163, 203
Geißbart *Aruncus dioicus* 109, 146, 159
Gekrönte Kronwicke *Coronilla coronata* 18
Gelb-Betonie *Betonica alopecuros* 178
Gelbe Teichrose *Nuphar lutea* 37, 40, 101
Gelbes Windröschen *Anemone ranunculoides* 28
Gelb-Hartriegel *Cornus mas* 32, 133
Gelb-Labkraut (Echtes L.) *Galium verum* 15, 47, 64, 71, 82, 84, 136
Gelb-Lauch *Allium flavum* 28, 71, 73, **82**
Gelb-Lein *Linum flavum* **17,** 17, 20
Gelb-Skabiose *Scabiosa ochroleuca* 39, 47, 64, 71, 73
Gelb-Zahntrost *Odontites luteus* 47
Gerard-Miere *Minuartia gerardii* 180, 189, 191, 194
Gewöhnliche Ähren-Teufelskralle *Phyteuma spicatum subsp. spicatum* 145, 177
Gewöhnliche Bärenklau *Heracleum sphondylium* 109, 145
Gewöhnliche Brunelle *Prunella vulgaris* 82
Gewöhnliche Echte Goldrute *Solidago virgaurea subsp. virgaurea* 162
Gewöhnliche Esche *Fraxinus excelsior* 105, 131
Gewöhnliche Esparsette *Onobrychis viciifolia* 21
Gewöhnliche Felsenbirne *Amelanchier ovalis* 15, **18,** 122, 123
Gewöhnliche Hasel *Corylus avellana* 105, 122, 131
Gewöhnliche Heckenkirsche *Lonicera xylosteum* 67
Gewöhnliche Moor-Preiselbeere *Vaccinium oxycoccos* 91, 116
Gewöhnliche Pechnelke *Lychnis viscaria* 69, **85,** 107
Gewöhnliche Robinie *Robinia pseudacacia* 65, 66, 105
Gewöhnliche Simsenlilie *Tofieldia calyculata* 151, 178, 191
Gewöhnliche Steinmispel *Cotoneaster integerrimus* 63, 69
Gewöhnliche Straußmargerite *Tanacetum corymbosum subsp. corymbosum* 15, 20, 65, 82
Gewöhnliche Traubenhyazinthe *Muscari neglectum* 25
Gewöhnliche Waldbinse *Scirpus sylvaticus* 92, 100
Gewöhnliche Waldrebe *Clematis vitalba* 38
Gewöhnlicher Arznei-Quendel *Thymus pulegioides subsp. chamaedrys* 98
Gewöhnlicher Blutweiderich *Lythrum salicaria* 40, 100
Gewöhnlicher Echter Dost *Origanum vulgare subsp. vulgare* 160
Gewöhnlicher Echter Wacholder *Juniperus communis subsp. Communis* 152
Gewöhnlicher Feldrittersporn *Consolida regalis subsp. regalis* 21, 57
Gewöhnlicher Feldsalat *Valerianella locusta* 105
Gewöhnlicher Hornklee *Lotus corniculatus* 64, 71, 145, 147, 150, 180, 192
Gewöhnlicher Igelsame *Lappula squarrosa* 70, 71
Gewöhnlicher Klaffmund *Microrrhinum minus* 39
Gewöhnlicher Kreuzdorn *Rhamnus cathartica* 105
Gewöhnlicher Liguster *Ligustrum vulgare* 82, 122
Gewöhnlicher Natternkopf *Echium vulgare* 15, 42, 64, 71
Gewöhnlicher Quendel-Ehrenpreis *Veronica serpyllifolia subsp. serpyllifolia* 93
Gewöhnlicher Reiherschnabel *Erodium cicutarium* 67
Gewöhnlicher Schildfarn *Polystichum aculeatum* 146
Gewöhnlicher Schwarzer Nachtschatten *Solanum nigrum subsp. nigrum* 39
Gewöhnlicher Spindelstrauch *Evonymus europaeus* 32, 41, 65, 105, 122, 131
Gewöhnlicher Steinquendel *Acinos arvensis* 71
Gewöhnlicher Tüpfelfarn *Polypodium vulgare* 105

Gewöhnlicher Wachtelweizen *Melampyrum pratense* 98, 200
Gewöhnlicher Wiesen-Klee *Trifolium pratense subsp. pratense* 145
Gewöhnlicher Wiesen-Leuenzahn *Leontodon hispidus subsp. hispidus* 145, 177
Gewöhnlicher Wolfsfuß *Lycopus europaeus* 92, 101
Gewöhnliches Acker-Hornkraut *Cerastium arvense subsp. arvense* 67
Gewöhnliches Acker-Stiefmütterchen *Viola arvensis subsp. arvensis* 67
Gewöhnliches Alpen-Leinkraut *Linaria alpina subsp. alpina* 194
Gewöhnliches Aufgeblasenes Leimkraut *Silene vulgaris subsp. vulgaris* 160
Gewöhnliches Berg-Steinkraut *Alyssum montanum subsp. montanum* 26, 84
Gewöhnliches Bitterkraut *Picris hieracioides* 47, 71
Gewöhnliches Ferkelkraut *Hypochoeris radicata* 101
Gewöhnliches Greiskraut *Senecio vulgaris* 39
Gewöhnliches Katzenpfötchen *Antennaria dioica* 70, 188, 191, 203
Gewöhnliches Kohlröschen *Nigritella rhellicani* 180
Gilb-Fuchsschwanzgras *Alopecurus aequalis* 93
Ginster-Leinkraut *Linaria genistifolia* 71, 123
Glanz-Gänsekresse *Arabis soyeri* 150
Glanz-Laichkraut *Potamogeton lucens* 162
Glanz-Segge *Carex liparocarpos* 26
Glanz-Skabiose *Scabiosa lucida* 148
Gleichblättriger Vogelknöterich *Polygonum arenastrum* 47
Glocken-Lauch *Allium oleraceum* 71, 73
Goldbart *Chrysopogon grylus* 30
Gold-Fingerkraut *Potentilla aurea* 180, 188, 203
Gold-Kälberkropf *Chaerophyllum aureum* 135
Gold-Pippau *Crepis aurea* 180, 181, 188
Gösing-Täschelkraut *Thlaspi goesingense* 123, **127**
Götterbaum *Ailanthus altissima* 45
Grannenhirse *Piptatherum virescens (Oryzopsis virescens)* 30
Grannen-Klappertopf *Rhinanthus glacialis* 145, 148, 160
Gras-Sternmiere *Stellaria graminea* 148
Grau-Alpendost *Adenostyles alliariae* 177, 188, 207
Grau-Andorn *Marrubium peregrinum* 44, 47
Grau-Erle *Alnus incana* 159
Graues Sonnenröschen *Helianthemum canum* 15, 26, 126
Grau-Goldlack *Erysimum diffusum* 21, 47
Graukresse *Berteroa incana* 64, 71
Grau-Leuenzahn *Leontodon incanus* 123, 151
Grau-Segge *Carex canescens* 92, 163
Groß-Bibernelle *Pimpinella major* 145, 159, 178, 182, 207
Großblütige Brunelle *Prunella grandiflora* 71
Große Alpen-Küchenschelle *Pulsatilla alpina subsp. alpina* 175
Große Brennnessel *Urtica dioica* 38
Große Fetthenne *Sedum maximum* 134
Große Gelb-Segge *Carex flava* 163
Große Kreuzblume *Polygala major* 16, 52, 57
Große Küchenschelle *Pulsatilla grandis* 20, 29, 31, 67, **81,** 84
Große Seerose *Nymphaea alba* 93, 101
Große Sterndolde *Astrantia major* 135, 145, 150, 159, 177
Große Sumpfbinse *Eleocharis palustris* 96
Groß-Ehrenpreis *Veronica teucrium* 21, 136
Großer Bocksbart *Tragopogon dubius* 28, **29**
Großer Fingerhut *Digitalis grandiflora* 109, 145, 146, 160
Großer Strahlensame *Silene alpestris* 147, 177, 178, 180, 191
Großer Wiesenknopf *Sanguisorba officinalis* 100
Großer Windenknöterich *Fallopia dumetorum* 38
Großes Springkraut *Impatiens noli-tangere* 146, 159
Großes Wiesen-Labkraut *Galium album* 145
Großes Zweiblatt *Listera ovata* 136, 147, 150, 160
Grün-Alpendost *Adenostyles glabra* 147, 160
Grüne Teichbinse *Schoenoplectus lacustris* 40

Grüner Streifenfarn *Asplenium viride* 147, 160
Grün-Erle *Alnus alnobetula (A. viride)* 173, 182
Grünliche Waldhyazinthe *Platanthera chlorantha* 136
Guter Heinrich *Chenopodium bonus-henricus* 177

Haarige Gundelrebe *Glechoma hirsuta* 28
Haariger Schwarzer Nachtschatten *Solanum nigrum subsp. schultesii* 39
Hahnenkamm-Hahnenfuß *Ranunculus hybridus* 175
Hainbuche *Carpinus betulus* 67, 123
Hainburger Federnelke *Dianthus lumnitzeri* **25,** 26
Hain-Greiskraut *Senecio hercynicus* 109, 207
Hängefrucht-Rose *Rosa pendulina* 178
Hasen-Klee *Trifolium arvense* 64, 71, 74, 84
Hasenlattich *Prenanthes purpurea* 145, 160
Hasen-Segge *Carex leporina* 200, 207
Heide-Augentrost *Euphrasia stricta* 64
Heidefackel-Königskerze *Verbascum lychnitis* 136
Heide-Ginster *Genista pilosa* 15, 26, 67, 69, 126
Heide-Günsel *Ajuga genevensis* 69
Heide-Klee *Trifolium alpestre* 16, 21, 30, 84
Heidelbeere *Vaccinium myrtillus* 91, 95, 98, 116, 117, 152, 163, 193, 200, 203, 205, **206**
Heide-Löwenzahn *Taraxacum laevigatum* 26
Heide-Nelke *Dianthus deltoides* 98, 101, 117
Heideröschen *Fumana procumbens* 15, **26,** 26
Heide-Straußgras *Agrostis vinealis (A. stricta)* 30
Heilglöckchen *Cortusa matthioli* 178
Heilwurz *Seseli libanotis* 18, 71
Helm-Knabenkraut *Orchis militaris* 30, 54, 136
Herzblatt *Parnassia palustris* 163, 180
Herzblatt-Kugelblume *Globularia cordifolia* 15, 123, 126, 191, 192
Hirschzunge *Asplenium scolopendrium* 161
Hochstängel-Kugelblume *Globularia punctata* 15, 26, 135
Hohe Schlüsselblume *Primula elatior* 109, 150, 174
Hohler Lerchensporn *Corydalis cava* 28, 31
Hohlzunge *Coeloglossum viride* 180, 189
Holunderblatt-Arznei-Baldrian *Valeriana sambucifolia* 147, 188
Holunder-Fingerknabenkraut *Dactylorhiza sambucina* 136
Honig-Labkraut *Galium meliodorum* 177, 188, 191, 194
Hopfen *Humulus lupulus* 38, 131
Hornmelde *Krascheninnikovia ceratoides* 50
Horst-Segge *Carex sempervirens* 188
Höswurz *Pseudorchis albida* 180, 192, 200, 203
Hufeisenklee *Hippocrepis comosa* 122, 126, 150, 151
Hügel-Meier *Asperula cynanchica* 47, 64, 71, 73, 136
Hügel-Miere *Minuartia glaucina* 26, 47
Hügel-Schafgarbe *Achillea collina* 71, 101
Hügel-Vergissmeinnicht *Myosotis ramosissima* 26
Hunds-Rose *osa canina* 41, 65, 131

Igel-Segge *Carex echinata* 163
Illyrischer Hahnenfuß *Ranunculus illyricus* 28
Immenblatt *Melittis melissophyllum* 122
Immergrünes Felsenblümchen *Draba aizoides* 192
Inkarnat-Klee *Trifolium incarnatum* 57

Jakobs-Greiskraut *Senecio jacobaea* 47, 64

Kahler Wiesenhafer *Avenula pratensis (Avenochloa pratensis)* 30
Kahles Berufkraut *Erigeron glabratus* 148, 163, 194
Kahles Sonnenröschen *Helianthemum glabrum* 180, 189, 191
Kali-Salzkraut *Salsola kali* 44, 47
Kalk-Blaugras *Sesleria albicans (S. varia)* 125, 152
Kalk-Gämswurz *Doronicum calcareum* 192, 194
Kalk-Glocken-Enzian *Gentiana clusii* 151, 152, 157, 169, 175, 179, 191, 192

Kalk-Polsternelke *Silene acaulis* 180, 189, 191
Kamm-Wachtelweizen *Melampyrum cristatum* 17, 30
Kanadische Wasserpest *Elodea canadensis* 160, 162
Kandelaber-Kresse *Lepidium campestre* 69
Kantabrische Winde *Convolvulus cantabrica* **15,** 15, 17
Kanten-Wolfsmilch *Euphorbia angulata* 122
Karthäuser Nelke *Dianthus carthusianorum* 64, 74
Kelch-Steinkraut *Alyssum alyssoides* 26, 47, 57, 69
Keulen-Bärlapp *Lycopodium clavatum* 207
Kicher-Tragant *Astragalus cicer* 21, 30, 71, 173
Kies-Steinbrech *Saxifraga mutata* 178
Kleb-Hornkraut *Cerastium glutinosum* 26
Kleb-Kratzdistel *Cirsium erisithales* 160
Klebriger Gänsefuß *Chenopodium botrys* 39
Kleb-Salbei *Salvia glutinosa* 146
Klein-Bibernelle *Pimpinella saxifraga* 39
Kleine Golddistel *Carlina vulgaris* 42, 47
Kleine Wasserlinse *Lemna minor* 40
Kleine Wiesenraute *Thalictrum minus* 16, 123
Kleine Zypergras-Segge *Carex bohemica* 93
Kleiner Faserschirm *Trinia glauca* 26
Kleiner Klappertopf *Rhinanthus minor* 137
Kleiner Strahlensame *Silene pusilla* 177, 178
Kleiner Windenknöterich *Fallopia convolvulus* 100
Kleines Habichtskraut *Hieracium pilosella* 98
Kletten-Ringdistel *Carduus personata* 160
Klett-Labkraut *Galium aparine* 105
Knack-Erdbeere *Fragaria viridis* 28
Knäuel-Glockenblume *Campanula glomerata* 26, 71, 84
Knöllchen-Knöterich *Persicaria vivipara* 191
Knöllchen-Steinbrech *Saxifraga granulata* 67
Knollen-Beinwell *Symphytum tuberosum* 28, 132, 133
Knollen-Mädesüß *Filipendula vulgaris* 16
Knoten-Braunwurz *Scrophularia nodosa* 134, 146, 160
Kohl-Kratzdistel *Cirsium oleraceum* 109, 159
Kopf-Läusekraut *Pedicularis rostratocapitata* 178, 192
Kopf-Zwerggeißklee *Chamaecytisus supinus* 54
Krähenbeere *Empetrum* **201,** 206
Kraus-Ringdistel *Carduus crispus* 107
Kreuz-Enzian *Gentiana cruciata* 47
Kriechender Günsel *Ajuga reptans* 132
Kriechendes Gipskraut *Gypsophila repens* 161, 180
Kriech-Quendel *Thymus praecox* 67
Kriech-Schaumkresse *Cardaminopsis halleri* 150
Kronlattich *Calycocorsus stipitatus* 163
Kuckuckslichtnelke *Lychnis flos-cuculi* 93, 106
Kugel-Lauch *Allium sphaerocephalon* 73
Kugelschötchen *Kernera saxatilis* 151, 189
Kugelständel *Traunsteinera globosa* 136, 147, 178, 180
Kurzhaar-Donarsbart *Jovibarba hirta* 15, 148

Labkraut-Sommerwurz *Orobanche caryophyllacea* 28
Lämmersalat *Arnoseris minima* 101
Land-Reitgras *Calamagrostis epigejos* 98
Langblatt-Melde *Atriplex oblongifolia* 44
Langfahnen-Tragant *Astragalus onobrychis* 16, 20, 64, 71, 73, 84
Lanzen-Schildfarn *Polystichum lonchitis* 182
Lanzett-Aster *Aster lanceolatus* 41
Lärche (Europäische L.) *Larix decidua* 173, 182
Lauchkraut *Alliaria petiolata* 132
Leberblümchen *Hepatica nobilis* 31, 53, 68
Leg-Föhre *Pinus mugo* 173, 182, 190, 195
Liegender Ehrenpreis *Veronica prostrata* 26, 67, 69
Liegendes Mastkraut *Sagina procumbens* 100
Liguster *Ligustrum* 41, 63, 82, 105

Mährische Glockenblume *Campanula moravica* 71, 73, 98, 101
Mandel-Wolfsmilch *Euphorbia amygdaloides* 123, 133

Mannsschild-Steinbrech *Saxifraga androsacea* 175
Mauerlattich *Mycelis muralis* 146
Meergrüner Bergfenchel *Seseli osseum* 64, 71, 74, 82, 126
Mehl-Primel *Primula farinosa* **153,** 153
Meisterwurz *Peucedanum ostruthium* 177, 207
Micheli-Segge *Carex michelii* 52, 133
Mieren Weidenröschen *Epilobium alsinifolium* **204,** 207
Milch-Mannsschild *Androsace lactea* 191, 194
Mild-Mauerpfeffer *Sedum sexangulare* 64, 70, 71, 82, 134
Mittlere Weichsel *Prunus x eminens* 57, 63, 70
Mittlerer Bergflachs *Thesium linophyllon* 21
Moor-Rauschbeere *Vaccinium uliginosum* 91, 95
Moos-Nabelmiere *Moehringia muscosa* 123, 134, 146
Morgenland-Rauke *Sisymbrium orientale* 15, 71
Moschuskraut *Adoxa moschatellina* 109
Mücken-Händelwurz *Gymnadenia conopsea* 53, 133, 136, 147, 150, 160, 177, 188
Muschelblümchen, *Isopyrum thalictroides* 28

Nacktstiel-Ehrenpreis *Veronica aphylla* 180, 189, 191
Narzissen-Windröschen *Anemone narcissiflora* 179, **180,** 191
Natternkopf-Habichtskraut *Hieracium echioides* 46, 64
Neapolitanischer Krokus *Crocus napolitanus* **157,** 157, 169
Nessel-Glockenblume *Campanula trachelium* 146
Netz-Weide *Salix reticulata* 189
Neunblatt-Zahnwurz *Dentaria enneaphyllos* 150, 174
Nickende Ringdistel *Carduus nutans* 28
Nickendes Leimkraut *Silene nutans* 148
Nickendes Perlgras *Melica nutans* 67, 105
Nickendes Weidenröschen *Epilobium nutans* 205, 207
Niederliegender Besenginster *Cytisus procumbens* 56
Niedrige Glockenblume *Campanula cochleariifolia* 160
Niedriger Enzian *Gentiana pumila* 180, 192
Niedriges Hornkraut *Cerastium pumilum* 26
Nordischer Streifenfarn *Asplenium septentrionale* 105
Nordisches Labkraut *Galium boreale* 137
Norwegisches Ruhrkraut *Gnaphalium norvegicum* 207

Öhrchen-Gänsekresse *Arabis auriculata* 26
Öhrchen-Habichtskraut *Hieracium lactucella* 180, 200
Ohrlöffel-Leimkraut *Silene otites* 47
Ohr-Weide *Salix aurita* 92
Orientalischer Ackerkohl *Conringia orientalis* 57
Ostalpen-Enzian *Gentiana pannonica* 203
Ostalpen-Meier *Asperula neilreichii* 194
Ostalpen-Nelke *Dianthus alpinus* 191, 194
Ostalpen-Stiefmütterchen (Ostalpen-Veilchen) *Viola alpina* 192, **195**
Osterluzei *Aristolochia clematitis* 15, 72
Österreichische Bärenklau *Heracleum austriacum* 178, 180
Österreichische Gämswurz *Doronicum austriacum* 109
Österreichische Hundskamille *Anthemis austriaca* 15
Österreichische Königskerze *Verbascum chaixii* 71
Österreichische Schwarzwurz *Scorzonera austriaca* 15, 26, 126
Österreichische Soldanelle *Soldanella austriaca* 151, 175
Österreichische Wolfsmilch *Euphorbia austriaca* 150, 163, 177, 182
Österreichischer Beifuß *Artemisia austriaca* 21
Österreichischer Ehrenpreis *Veronica austriaca* 28, 53, 56, 123
Österreichischer Haarstrang *Peucedanum austriacum* 136
Österreichischer Lein *Linum austriacum* 47
Österreichischer Quendel *Thymus odoratissimus* 47, 123
Österreichischer Tragant *Astragalus austriacus* 21
Österreichischer Zwerggeißklee *Chamaecytisus austriacus* 30, 47

Österreichisches Labkraut *Galium austriacum* 123
Östlicher Wiesenbocksbart *Tragopogon orientalis* 137, 145

Pannonische Karthäuser-Nelke *Dianthus pontederae* 21, 28, 136
Pannonische Kratzdistel *Cirsium pannonicum* 16
Pannonischer Goldlack (Duft-Schöterich) *Erysimum odoratum* 15, 21, 28, 82
Paradeiser *Solanum lycopersicum* 39
Pastinak *Pastinaca sativa* 71
Pfeifengras *Molinia* 91, 95
Pfeilkraut *Sagittaria sagittifolia* 40
Pferde-Bergfenchel *Seseli hippomarathrum* 47
Pfriemengras *Stipa capillata* 30, 47
Pillen-Segge *Carex pilulifera* 207
Platterbsen-Wicke *Vicia lathyroides* 69
Platthalm-Simse *Juncus compressus* 39
Polster-Segge *Carex firma* 151, 192
Porst (Sumpfporst, Moor-P.) *Ledum palustre* **89,** 91, 95
Preiselbeere *Vaccinium vitis-idaea* 95, 116, 152, 163, 200, 203, 205
Purpurblauer Steinsame *Buglossoides purpurocaerulea* 53
Purpur-Knabenkraut *Orchis purpurea* **52,** 52
Purpur-Königskerze *Verbascum phoeniceum* **28,** 28
Purpurlila Schwarzwurz *Scorzonera purpurea* 28
Pyramidenständel *Anacamptis pyramidalis* 136
Pyrenäen-Spitzkiel *Oxytropis neglecta* 191, 192

Quendel-Sandkraut *Arenaria serpyllifolia* 67, 123
Quendel-Teufelszwirn *Cuscuta epithymum* 148
Quirl-Läusekraut *Pedicularis verticillata* 178, 180, 191, 194
Quirl-Salbei *Salvia verticillata* 15
Quirl-Weidenröschen *Epilobium alpestre* 177

Rainfarn *Tanacetum vulgare* 39
Rapsdotter *Rapistrum perenne* 21, 53
Rasen-Simse *Juncus bulbosus* 95, 96
Raues Hornblatt *Ceratophyllum demersum* 41
Rauhaar-Alant *Inula hirta* 16, 21
Regensburger Zwerggeißklee *Chamaecytisus ratisbonensis* 15, 26, 67, 69
Riesen-Goldrute *Solidago gigantea* 41
Rindsauge *Buphthalmum salicifolium* 20, 71, 82, 136, 145, 47, 150, 160, 178
Rispen-Flockenblume *Centaurea stoebe* 64, 71
Rispen-Gilbweiderich *Lysimachia vulgaris* 100
Rispen-Gipskraut *Gypsophila paniculata* 46
Rispen-Steinbrech *Saxifraga paniculata* 178, 193
Robinie *Robinia pseudacacia* 65, 66
Rose *Rosa* 14
Rosenwurz *Rhodiola rosea* **170,** 175, 178, 179, 180, 182
Rosmarinheide *Andromeda polifolia* **88,** 116
Rosskümmel *Laser trilobum* 18
Ross-Minze *Mentha longifolia* 159
Rost-Alpenrose *Rhododendron ferrugineum* 207
Rost-Segge *Carex ferruginea* 188
Rotbuche *Fagus sylvatica* 82, 135, 152, 159
Rote Lichtnelke *Silene dioica* 150, 177, 188
Roter Hartriegel *Cornus sanguinea* 56, 69, 82, 105, 122, 131
Rotes Kohlröschen *Nigritella rubra* **189,** 191
Rotes Waldvöglein *Cephalanthera rubra* **136,** 136
Rot-Föhre *Pinus sylvestris* 17, 67, 82, 101, 152
Rot-Hartriegel *Cornus sanguinea* 14
Rot-Straußgras *Agrostis capillaris (A. tenuis)* 98
Rüben-Kälberkropf *Chaerophyllum bulbosum* 18, 20
Rundblatt-Glockenblume *Campanula rotundifolia* 134
Rundblatt-Sonnentau *Drosera rotundifolia* 95, 96, 116, 163
Rundblatt-Steinbrech *Saxifraga rotundifolia* 146, 150, 174, 177
Rundkopf-Teufelskralle *Phyteuma orbiculare* 150, 177, 180, 191, 194
Rund-Lauch *Allium rotundum* 15, 30
Runzelnüsschen *Nonea pulla* 47, 52, 56, 70

Ruprechts-Eichenfarn *Gymnocarpium robertianum* 160
Ruten-Wolfsmilch *Euphorbia virgata* 15
Ruthenische Kugeldistel *Echinops ritro* 26

Sand-Esparsette *Onobrychis arenaria* 47
Sand-Fingerkraut *Potentilla arenaria* 15, 26, 31, 47, 52
Sand-Gipskraut *Gypsophila fastigiata* 46
Sandglöckchen *Jasione montana* 71, 74, 117
Sand-Hornkraut *Cerastium semidecandrum* 26
Sand-Radmelde *Bassia laniflora* 46
Sand-Schaumkresse *Cardaminopsis arenosa* 150, 153, 180
Sand-Schwertlilie *Iris humilis* 65
Sand-Schwingel *Festuca vaginata* 46
Sand-Strohblume *Helichrysum arenarium* **44,** 46
Sand-Veilchen *Viola rupestris* 28
Sand-Vergissmeinnicht *Myosotis ramosissima* 26, 67
Sanikel *Sanicula europaea* 133
Scharfer Hahnenfuß *Ranunculus acris* 132
Scharf-Mauerpfeffer *Sedum acre* 83
Schattenblümchen *Maianthemum bifolium* 152
Scheibenschötchen *Peltaria alliacea* 123
Scheiden-Kronwicke *Coronilla vaginalis* 126
Scheiden-Wollgras *Eriophorum vaginatum* 91, 116
Scheuchzer-Glockenblume *Campanula scheuchzeri* 145, 147, 162
Schild-Sauerampfer *Rumex scutatus* 161
Schild-Wasserhahnenfuß *Ranunculus peltatus subsp. peltatus* 92
Schlammkraut *Limosella aquatica* 39
Schlamm-Segge *Carex limosa* 116, 163
Schlangen-Bärlapp *Lycopodium annotinum* 161
Schlangen-Knöterich *Persicaria bistorta* 100, 106, 150
Schlehdorn *Prunus spinosa* 14, 41, 51, 105, 133
Schmalblatt-Arznei-Baldrian *Valeriana wallrothii* 123
Schmalblatt-Milchstern *Ornithogalum kochii* 53
Schmalblatt-Wiesen-Flockenblume *Centaurea jacea subsp. angustifolia* 39, 42, 71
Schmalblatt-Wollgras *Eriophorum angustifolium* 91, 116, 163
Schmalkopf-Mohn *Papaver dubium* 123
Schnabel-Segge *Carex rostrata* 93, 96, 162, 163
Schnee-Enzian *Gentiana nivalis* 180
Schneeglöckchen *Galanthus nivalis* 31, 37, **38,** 129
Schneeheide *Erica carnea* 152, 157, 174
Schneerose *Helleborus niger* 133, 157, 174
Schöllkraut *Chelidonium majus* 105
Schwalbenwurz *Vincetoxicum hirundinaria* 16, 20, 64, 82, 122, 123
Schwalbenwurz-Enzian *Gentiana asclepiadea* 150
Schwarze Küchenschelle *Pulsatilla pratensis subsp. nigricans* 20, 70, **74**
Schwarz-Erle *Alnus glutinosa* 100, 105
Schwarz-Föhre *Pinus nigra* 16, 106, 119, **122,** 123, 125
Schwarzfrucht-Zweizahn *Bidens frondosus* 39
Schwarz-Holunder *Sambucus nigra* 38, 51, 105, 131
Schwarznessel *Ballota nigra* 166
Schwarz-Pappel *Populus nigra* 38
Schwarzrand-Margerite *Leucanthemum atratum* 177
Schwarzstieliger Streifenfarn *Asplenium trichomanes* 146
Schwertblatt-Waldvöglein *Cephalanthera longifolia* 70, 122, 136, 150
Schwimmendes Laichkraut *Potamogeton natans* 92, 162
Seegras-Segge (Zittergras-S.) *Carex brizoides* 92
Seidenhaar-Backenklee *Dorycnium germanicum* 15, 16, 21, 47, 53, 71, 74, 82
Seidenpflanze *Asclepias syriaca* 44
Sichelblatt-Hasenohr *Bupleurum falcatum* 15, 20, 64, 71, 74, 82
Sicheldolde *Falcaria vulgaris* 47, 64, 71, 73
Sichel-Schneckenklee *Medicago falcata* 15, 64, 71, 73, 82, 136
Siebenblatt-Fingerkraut *Potentilla heptaphylla* 52, 133
Siebenbürger Perlgras *Melica transsilvanica* 21, 64, 71

Siebenstern *Trientalis europaea* 115, **116**
Silber-Fingerkraut *Potentilla argentea* 64, 71, 98
Silber-Pappel *Populus alba* 38
Silberscharte *Jurinea mollis* 16, 26
Silber-Weide *Salix alba* 38
Silberwurz *Dryas octopetala* 151, 180, 189, 192
Skabiosen-Flockenblume *Centaurea scabiosa* 64, 71, 82, 135
Sommer-Adonisröschen *Adonis aestivalis* 57
Sommer-Linde *Tilia platyphyllos* 67, 105, 123, 131
Sonnwend-Wolfsmilch *Euphorbia helioscopia* 67
Spanische Schwarzwurz *Scorzonera hispanica* 21, 29, 53
Späte Federnelke *Dianthus serotinus* 46
Spindelstrauch *Evonymus* 14
Spitz-Ahorn *Acer platanoides* 100, 105
Stachelbeere *Ribes uva-crispa* 105
Stängelumfassendes Täschelkraut *Thlaspi perfoliatum* 25, 124
Stattliches Knabenkraut *Orchis mascula* 134, 150
Steifes Acker-Hornkraut *Cerastium arvense subsp. strictum* 191
Steif-Rauke *Sisymbrium strictissimum* 20
Steinmispel *Cotoneaster* 125
Steinraute (Weißer Speik) *Achillea clavenae* 191, 194
Steinschmückel *Petrocallis pyrenaica* 192
Stein-Weichsel *Prunus mahaleb* 52, 123
Steppen-Aschenkraut *Tephroseris integrifolius* 28
Steppen-Bergfenchel *Seseli annuum* 39, 47
Steppen-Glockenblume (Sibirische G.) *Campanula sibirica* 15, 26, 28, 71
Steppen-Spitzkiel *Oxytropis campestris* 47
Steppenrasen-Segge *Carex supina* 26
Steppen-Salbei *Salvia nemorosa* 15, 21, 71, 73
Steppen-Wolfsmilch *Euphorbia seguieriana* 26, 47, 70
Sternlieb (Alpenmaßliebchen) *Aster bellidiastrum* 151, 174, 180, 189, 191
Stern-Narzisse *Narcissus radiiflorus* 150, 157, **167,** 169, 179
Stern-Steinbrech *Saxifraga stellaris* 181
Stiel-Eiche *Quercus robur* 41, 63, 67, 69, 100, 105
Stink-Storchschnabel *Geranium robertianum* 146
Strahldolde *Orlaya grandiflora* 26, 74
Strauchkronwicke *Hippocrepis emerus* 18, 122
Strauß-Gilbweiderich *Lysimachia thyrsiflora* **92,** 93
Stumpfblatt-Weide *Salix retusa* 189
Südliche Skabiose *Scabiosa triandra (S. gramuntia)* 136
Südliches Mariengras *Hierochloe australis* 52
Sumpf-Baldrian *Valeriana dioica* 116, 134
Sumpfdotterblume *Caltha palustris* 100, 132, 150, 163
Sumpf-Haarstrang *Peucedanum palustre* 93, 96, 100
Sumpf-Helmkraut *Scutellaria galericulata* 40, 93
Sumpf-Kratzdistel *Cirsium palustre* 100, 145, 200
Sumpf-Labkraut *Galium palustre* 96, 100, 162
Sumpf-Läusekraut *Pedicularis palustris* 116
Sumpf-Pippau *Crepis paludosa* 146
Sumpf-Ruhrkraut *Gnaphalium uliginosum* 39
Sumpf-Ständelwurz *Epipactis palustris* 130, **132**
Sumpf-Veilchen *Viola palustris* 116
Sumpf-Vergissmeinnicht *Myosotis scorpioides* 40, 116, 163
Sumpf-Weidenröschen *Epilobium palustre* 162, 163
Süßklee *Hedysarum hedysaroides* 180, **181**
Süß-Tragant *Astragalus glycyphyllos* 71
Süß-Wolfsmilch *Euphorbia dulcis* 133

Tanne *Abies alba* 123, 159
Tarant (Sumpfenzian) *Swertia perennis* 149, **151**
Teich-Schachtelhalm *Equisetum fluviatile* 162
Teufelsklaue (Tannenbärlapp) *Huperzia selago* 161, 193, 206
Trauben-Eiche *Quercus petraea* 82
Trauben-Geißklee *Cytisus nigricans* 18, 21, 71, 98

Trauben-Gilbweiderich *Lysimachia punctata* 134
Trauben-Holunder *Sambucus racemosa* 105
Trauben-Pippau *Crepis praemorsa* 135
Trauer-Nachtviole *Hesperis tristis* 25, 28, **56,** 56
Trollblume *Trollius europaeus* 147, 150, 174, 178, 180, 188
Trübgrünes Sonnenröschen *Helianthemum ovatum* 15, 71
Trugdolden-Habichtskraut *Hieracium cymosum* 28
Türkenbund *Lilium martagon* 137
Ungarische Soldanelle *Soldanella hungarica* 200
Untergetauchte Wasserlinse *Lemna trisulca* 40, 41

Vielblatt-Lupine *Lupinus polyphyllus* 99
Vielblütige Große Sumpfbinse *Eleocharis palustris subsp. palustris* 92
Vielfarben-Wofsmilch *Euphorbia polychroma* 52, 56
Vielsamiger Gänsefuß *Chenopodium polyspermum* 39
Visiani-Lotwurz *Onosma visianii* 16, **22,** 30
Vogelfuß-Segge *Carex ornithopoda* 133
Vogel-Kirsche *Prunus avium* 56, 106
Vogel-Wicke *Vicia cracca* 71, 145

Wald-Bingelkraut *Mercurialis perennis* 53, 174
Wald-Frauenfarn *Athyrium filix-femina* 112, 146, 161, 207
Wald-Gelbstern *Gagea lutea* 31, 109
Wald-Gilbweiderich *Lysimachia nemorum* 146, 162
Wald-Habichtskraut *Hieracium murorum* 68
Waldmeister *Galium odoratum* 53, 68, 124, 133
Waldschlag-Weidenröschen (Schmalblatt-W.) *Epilobium angustifolium* 99, 134
Wald-Soldanelle *Soldanella montana* 109
Waldsteppen-Windröschen *Anemone sylvestris* 52, 54, 135
Wald-Sternmiere *Stellaria nemorum* 105
Wald-Storchschnabel *Geranium sylvaticum* 150, 177, 188
Wald-Veilchen *Viola reichenbachiana* 133
Wald-Vergissmeinnicht *Myosotis sylvatica* 132, 177
Wald-Weißwurz *Polygonatum multiflorum* 106, 133
Wald-Witwenblume *Knautia maxima* 109, 159
Wald-Ziest,*Stachys sylvatica* 134, 159
Warzen-Spindelstrauch *Evonymus verrucosa* 32, 105, 122
Wasserdost *Eupatorium cannabinum* 159
Wasser-Greiskraut *Senecio aquaticus* 101
Wasser-Minze *Mentha aquatica* 40
Wasserschlauch *Utricularia* 96
Wasser-Schwertlilie *Iris pseudacorus* 37, **39,** 40
Wechselblatt-Milzkraut *Chrysosplenium alternifolium* 109, 174
Weg-Ringdistel *Carduus acanthoides* 64, 109
Weiches Lungenkraut *Pulmonaria mollis* 67
Weiden-Alant *Inula salicina* 136
Weißdorn *Crataegus* 14
Weiße Österreichische Bärenklau(e) *Heracleum austriacum subsp. austriacum* 162
Weiße Waldhyazinthe *Platanthera bifolia* 150
Weißer Fuchsschwanz *Amaranthus albus* 39
Weißer Gänsefuß *Chenopodium album* 39
Weißer Krokus *Crocus albiflorus* **157,** 157, 169
Weißer Steinklee *Melilotus albus* 15
Weißes Fingerkraut *Potentilla alba* 67
Weiß-Germer *Veratrum album* 145, 181, 188
Weißliche Hainsimse *Luzula luzuloides* 68
Weiß-Mauerpfeffer *Sedum album* 71, 74, 162
Weiß-Pestwurz *Petasites albus* 109
Wenigblüten-Gänsekresse *Arabis pauciflora* 82
Widder-Kohlröschen *Nigritella widderi* 180, 191
Wiener Gamander-Ehrenpreis *Veronica vindobonensis* 28
Wiesen-Alant *Inula britannica* 40, 42
Wiesen-Flockenblume *Centaurea jacea* 20, 71, 84, 145
Wiesen-Glockenblume *Campanula patula* 107
Wiesen-Hainsimse *Luzula campestris* 67
Wiesen-Kerbel *Anthriscus sylvestris* 105

Wiesen-Leuenzahn *Leontodon hispidus* 145, 180
Wiesen-Pippau *Crepis biennis* 20, 145
Wiesen-Salbei *Salvia pratensis* 56, 67, 84, 123
Wiesen-Schaumkraut *Cardamine pratensis* 109, 116, 150
Wiesen-Witwenblume *Knautia arvensis* 20, 71
Wilde Brunnenkresse *Cardamine amara* 132
Wilde Möhre *Daucus carota* 71
Wilde Sumpfkresse *Rorippa sylvestris* 39
Wild-Engelwurz (Brustwurz) *Angelica sylvestris* 99, 109
Wild-Leindotter *Camelina microcarpa* 57, 67
Wild-Platterbse *Lathyrus sylvestris* 71
Wimper-Alpenrose *Rhododendron hirsutum* 151, 179, 182, 192
Wimper-Kälberkropf *Chaerophyllum hirsutum* 188
Wimper-Mannsschild *Androsace chamaejasme* 191, 192, 194
Winter-Linde *Tilia cordata* 82, 134
Wolfs-Eisenhut *Aconitum lycoctonum* 146
Woll-Hahnenfuß *Ranunculus lanuginosus* 132
Wolliger Schneeball *Viburnum lantana* 32, 51, 56, 65, 67, 83, 122
Wollkopf-Kratzdistel *Cirsium eriophorum* 145

Zart-Simse *Juncus tenuis* 93
Zerbrechlicher Blasenfarn *Cystopteris fragilis* 146, 160
Zickzack-Klee *Trifolium medium* 137
Zierliches Federgras *Stipa eriocaulis* 30
Zirbe *Pinus cembra* 202
Zotten-Klappertopf *Rhinanthus alectorolophus* 20
Zotten-Lein *Linum hirsutum* 52, 56
Zottiges Habichtskraut *Hieracium villosum* 180, 191
Zungen-Mäusedorn *Ruscus hypoglossum* 130, **131**
Zweiblatt-Blaustern *Scilla bifolia* 31
Zweiblüten-Läusekraut *Pedicularis potenschlagii* 191, 192
Zweiblüten-Veilchen *Viola biflora* 179
Zweifarben-Sonnenröschen *Helianthemum nummularium* 136
Zweihäusige Krähenbeere *Empetrum nigrum* 203
Zwergalpenrose *Rhodothamnus chamaecystus* 151, 169, 174, 181, 194
Zwerg-Alpenscharte *Saussurea pygmaea* **193,** 193
Zwerg-Fingerkraut *Potentilla brauneana* 191
Zwerg-Holunder *Sambucus ebulus* 134
Zwerg-Miere *Minuartia sedoides* 192
Zwerg-Sauerampfer *Rumex acetosella* 67
Zwerg-Schwertlilie *Iris pumila* 15, **16,** 16, 17, 21, 29
Zwergständel *Chamorchis alpina* 191, 193, **194,** 194
Zwerg-Weichsel *Prunus fruticosa* 19, 52, 57, 64, 65, **69,** 74
Zwiebel-Rispengras *Poa bulbosa* 70
Zwiebel-Steinbrech *Saxifraga bulbifera* 28
Zwiebel-Zahnwurz *Dentaria bulbifera* 132
Zwittrige Krähenbeere *Empetrum hermaphroditum* 203
Zyklame *Cyclamen purpurascens* 133
Zypressen-Wolfsmilch *Euphorbia cyparissias* 25, 39, 52, 56, 126, 133

Register der Ortsnamen

Alpengarten (Rax) 187, 188
Annaberg 139, 140, 141
Anninger 13, 14
Antenfeinhöfe 112
Arbesbach 108, 112
Asparn an der Zaya 58

Bichleralpe 139, 141, 143
Blockheide (Gmünd) 87, 97
Bockstall (Burgstall) 49, 51, 78
Boding (Lunz) 168, 169
Braunsberg 31, 33
Brillergraben 132
Brunnecker Hütte 177, 182
Buschberg 59

Deutsch-Altenburg 24
Dreimarkstein 193
Dürrenstein 155, 185

Eggenburg 61, 62, 63
Eichkogel (Mödling) 11, 19
Eisenwurzen 156
Erlauftal (Kleines) 157
Ernstbrunn 59

Fadental 139, 149, 152
Feenhaube 61, 63, 65
Flatzer Wand 119, 121, 123
Flusslehrpfad (Kamp) 70

Galgenberg 48, 55
Galmeikogel 142
Gars am Kamp 62
Glaslauterriegel 11
Gmünd 87, 97
Goggendorf 50
Gölsental 129, 132
Gösing (Flatz) 119, 121, 125
Göstling an der Ybbs 172, 173
Grafenberg 61, 63
Granitklamm
(Heumühle / Rappottenstein) 113
Grillenstein 97
Groß Gerungs 110
Große Schütt 110
Großeibenstein 97, 100
Gumpoldskirchen 13, 19
Hainburg 23, 24, 29, 31
Hainburger Berge 23
Haslach (Hollabrunn) 51

Hauswiesenmoor 104, 114, 117
Heferlberg 11
Heidenreichstein 87, 90
Heiligenstein 62, 72, 75
Herdengl 165
Herzstein 117
Hinterhaus (Ruine) 79
Hirschwang 186, 187
Hocheck (Annaberg) 142, 144
Hochkar 171, 173, 178, 183
Hochkarschacht 173
Hochwechsel 197, 198, 199, 202, 204, 205
Höhereck (Spitz) 84
Hollabrunn 51
Höllental-Aussicht 187, 189
Höllfall 112
Horn 62
Hubertussee 149, 153
Hühnerbühel
(Etzmannsdorf / Grafenberg) 63
Hundsheim 24
Hundsheimer Berg 23, 27, 28

Irbling 61, 66, 69

Jagenbach 110
Jägerriedel (Spitz) 80, 82
Jauerling 81
Johannesbachklamm 120
Josefsberg 141, 145

Kamp (Großer) 103, 104, 111, 113
Kampstein 199
Kamptal (Unteres) 61, 62, 70
Kamptalweg 70
Kienauwald (Langschlag) 111
Kirchberg am Wechsel 199
Klobentörl 190
Klopfhartsberg 66, 68, 71
Kogelsteine 61, 63
Königswarte 33
Kothbergtal 156, 157, 168
Kühnring 61
Kukubauerhöhe 129
Kulturpark Kamptal 61, 62, 63
Lackenhof 157
Langau (Ybbstal) 157
Langschlag 110, 111
Leckermoos 172
Leiser Berge 58
Lohnbachfall 110

Lunz am See 155, 158, 165, 167
Lunzer See 155, 158
Lunzer Seetal 155, 159

Mailberg 57
Malerwinkel 97
Manhartsberg 61, 64
Marchfeld 36
Mariensee 199
Marienseer Schwaig 203, 206, 207
Michelstetten 58
Mödling 19
Moorlehrpfad Heidenreichstein 90
Mühldorf (Spitz) 78
Musterfalten (Lunzer) 156, 165, 166

Nationalpark Donau-Auen 37
Naturpark Gemeindeau
(Heidenreichstein) 87, 90
Naturpark Hochmoor Schrems 93
Naturpark Leiser Berge 49, 58, 59
Naturpark Sierningtal 120, 125
Naturschutzgebiet
Oberes Kamptal 103, 108
Neuhaus am Zellerrain 157, 169
Niederwechsel 199, 205, 207

Oberschoderlee 50, 55
Obersee (Lunz) 158, 163
Oberstinkenbrunn 55
Oberweiden (Sandberge) 36, 43
Pfaffstätten 13
Preiner Wand 188, 193, 195
Pretrobruck 110, 112, 113
Rappottenstein 113
Rauschmauer 165
Rax (Rax-Plateau) 185, 187, 195, 197
Rechengraben (Halltal) 149
Retzbachtal (Türnitz) 157
Ringkogel 172, 182
Rosenauerwald 111
Rossbachklamm (Rohr im Gebirge) 157
Rosskopfarm 34, 41, 42
Rotes Tor 80, 81
Röthelstein (Ruine) 33
Rotmoos (Lunz) 164

Sandberge 35, 43, 47
Schanz 111
Scheibwaldhöhe 190, 192
Schloss Rosenau 110
Schmalzmauer 177, 180
Schmelz 140, 142, 144
Schneegraben (Hochwechsel) 197, 204, 207
Schöberlriegel 199, 200, 203
Schönberg am Kamp 62, 66, 70
Schrems 87, 93
Schwalbeninsel 38, 39
Schwarzalm (Zwettl) 107
Schwarzwalster 139, 1409, 157
Seelucken 172, 177, 181
Seeweg
(Rax-Plateau) 187, 189, 193, 194, 195
Semmering 186, 197
Sengenebenberg 129
Setzberg (Spitz) 77, 83
Silberstollen (Annaberg) 139, 142
Simonsfeld (Ernstbrunn) 58
Spitz an der Donau 77, 80, 81, 85
Spitzerberg 23, 32
St. Aegyd am Neuwald 149
St. Oswald 104, 114
St. Peter am Wechsel 199
St. Veit an der Gölsen 129, 131
St. Veiter Staff 129, 131, 136
Steyersberger Schwaig 199, 200, 203
Stiefern 66, l68, 71
Stiegengraben 165, 168
Stopfenreuther Au 35, 37
Syrafeld 107

Tausendeimerberg 83, 85
Ternitz 121
Teufelsmauer (Spitz) 79
Thermenalpen 119
Thermenlinie 12
Tirolerkogel 141, 145
Totenkopf 117
Trinksteinsattel 193

Ulreichsberg 149, 157

Wachau 77, 78
Walster 149
Wasserleitungsweg 13
Wechselgrube 202, 204
Weinsberger Wald 103
Wienerwald 11, 129

Ybbstal (Oberes) 155, 156, 157, 167, 169
Ysper (Yspertal) 114

Zöbing 72
Zogelsdorf 61
Zwettl (Zwettltal) 103, 104, 105, 109
Zwingendorf 50

Literatur und Kartenmaterial

Adler Wolfgang / Oswald Karl / Fischer Raimund, Exkursionsflora von Österreich, Ulmer-Verlag, Stuttgart - Wien 1994.
Baumgartner Bernhard, Wandererlebnis Waldviertel (1997), Wanderparadies Voralpen (1996), Wandererlebnis Wallfahrerwege (1998), Wandererlebnis Ötscher (mit Tippelt Werner, 1998, bzw. Ötscher-Führer 1995), NP Buchverlag, St. Pölten – Wien.

Weiterführende Literatur:
Botanik:
Fischer Manfred, Österreichs Pflanzenwelt, in: Naturgeschichte Österreichs, Forum, Wien 1976.
Stüber Eberhard, Der österreichische Naturführer in Farbe, Pinguin-Verlag, Innsbruck 1989.
Steiner Gert Michael, Österreichischer Moorschutzkatalog, Styria, Graz 1992.
Aus der im Buchhandel aufliegenden umfangreichen Auswahl von „Blumenbüchern“ sind gut verwendbar:
Pareys Blumenbuch und Bergblumenbuch, ferner der „Pflanzenführer“ von Schauer-Caspari (BLV).
Es gibt auch sehr informative lokale Führer zu Naturlehrpfaden, etwa Moorlehrpfad Heidenreichstein oder Hundsheimer Berg.
Die wissenschaftliche Literatur entnimmt man der „Exkursionsflora“.

Geologie:
Thenius Erich, Niederösterreich, Geologische Bundesanstalt, Wien 1974.
Hartmann Helga und Wilhelm, Die Höhlen Niederösterreichs, 4 Bände, Landesverein für Höhlenkunde (1020 Wien, Obere Donaustraße 97).
Exel Reinhard, Die Mineralien und Erzlagerstätten Österreichs, Wien 1993.
Steininger Fritz, Erdgeschichte des Waldviertels, Waldviertler Heimatbund, Horn 1996.
Weitere empfehlenswerte Veröffentlichungen durch die NÖ Naturschutzabteilung (3109 St. Pölten, Landhausplatz 1) und durch den Naturschutzbund Niederösterreich (1080 Wien, Alserstraße 21). Ferner „Wissenschaftliche Schriftenreihe Niederösterreich“, NP Buchverlag, St. Pölten.